行知徽州

下册

《行知徽州》编委会 编

中国科学技术大学出版社

第五章

贾儒商教

古徽州丛山环峙，高台城垒，很少有平原旷野，陆路相对比较封闭。山区的茶、漆、竹、木等物产丰富，山明水秀，历来是宜居之地，但是山多田少人众，生存不易。宋室南迁后，江南商品经济进一步发展，加上明清实学思潮"新四民观"的影响，大批徽州人敢为天下先，走出山区，经营四方，以就口食。明成化、弘治之后，徽州人"十三在邑，十七在天下"。"做生意"已经普遍地成为徽州人的生活习俗。徽州人下苏杭，驻扬州，驰骋两淮遍江南，运河通达到京城，关里关外显身手，溯江而上入川陕，闽粤海上有声名，经商的"足迹几遍域内"。他们发扬"徽骆驼"精神，含辛茹苦，开拓产业，成就了"无徽不成镇"的历史辉煌。徽商跻身盐、典、茶、木业和其他各种商业领域，经营的行业无所不包。歙县的盐，休宁的典当，绩溪的徽菜，祁门、婺源的茶叶，尽显徽商的豪迈。徽商经营资本巨大，"藏镪百万""千金之子比比而是"。

徽商在经商所到之地，普遍建立徽州会馆，制定经商规条，以朱熹儒学理念为经商的指导思想，倡扬"以义为利"，讲货真价实，讲诚信戒欺，奉行"宜他人而得利"，坚守为商之"大道"，把赚钱发财的商"道"努力变成"仁者爱人"、实现人生价值的人"道"。贾而好儒的徽商以众帮众，相互扶植，积极融入当地社会，善于凝聚力量，特别热心社会公益。

明清以降，徽商或祭酒，或总商，百业恒通，快意驰骋，纵横捭阖，曾执商界牛耳数百年。以了不起的文化自觉，在创造中国经济发展奇迹的同时，特别热心地倾情于文化教育事业，崇文重教，促成了徽州文化

第五章 贾儒商教

在中华各个领域的历史辉煌。

　　明清时期的徽州是中国古代教育最为发达的地区之一,并且具有不同于其他区域独特的教育特色。徽商在取得商业上的成功之后对徽州教育所做出的贡献是徽州教育蓬勃发展的重要原因之一。徽商的"贾而好儒,弃贾从儒"观念对家庭教育、书院教育,以及社会教育产生了积极的影响。徽商对徽州教育的发展产生了深远的影响,同时教育也在徽商崛起的过程中起到了重要作用。

行知
徽州

徽

第五章　贾儒商教

第一节　徽人徽商徽骆驼

引言

　　骆驼侠是一位背包旅行者，更是一位徒步爱好者，早就听说徽杭古道是中国继"丝绸之路""茶马古道"之后的第三条著名古道，所以今天特意来此感受一下徽杭古道的自然风光。

　　站在古道入口处，看着徽式建筑，红砖白瓦，静美无比；远处漫山云雾缭绕，令人神往；低首处的丝丝清泉，有野草微掩，加上缭绕的晨雾、氤氲的晨露，让人有入仙境之感。走到了"江南第一关"的石碑前，骆驼侠看到一位中年背包客在凝望远方，见他独自一人，便上前搭话。

骆驼侠　您好！您也是来此旅行的吗？

中年人　你好！是的，这是我第三次来此了。

骆驼侠　这条路今天走起来都如此困难，当时修路时，肯定更加艰难。

中年人　这条路的修建，据说有两个传说。

骆驼侠　　是怎样的传说呢？

中年人　　南宋时期，当时建都临安。绩溪人每次去杭州，都要绕行歙县才可以进入浙江境内，路途遥远让大家颇为苦恼。有一个临安的官员叫胡润，听闻此事后，决定在悬崖绝壁上开辟新路，经过千辛万苦，才有了早期徽杭古道的雏形。这是徽杭古道的第一个传说。

骆驼侠　　第二个又是什么呢？

中年人　　到了明嘉靖时期，抗倭英雄胡宗宪嫌宋朝开凿的古道太窄，于是又投入大量的人力和物力，开凿拓宽这条古道。据说他有一只灵性的神犬，施工时只要按着它走过的路线开凿、拓基、铺石阶，建成后的古道就是最理想的路线！修路过程中胡宗宪还将张风凹垫口劈开，这个垫口成了一道险要的关隘，之后胡宗宪登临关上，不禁为这江南绝险惊叹，便取了"江南第一关"这个称号。后来，历经几代人不畏山高水险的开凿，造就了今日中国第一商帮古道的"徽杭古道"。

骆驼侠　　原来这就是"江南第一关"的由来。我发现走出古徽州的路，似乎都不太好走。

中年人　　确实如此！古徽州藏在一个多山的地域中间，四面都是

第五章 贾儒商教

山，山地丘陵占了总面积的 90% 以上。北边是嶂山；南边是祁门县境内的牯牛降和休宁、婺源交界的大嶂山；西边是黟山，也就是黄山；东边是歙县的发祥地天目山。在这样的群山环绕中，为了连通外界，古徽州人在崇山峻岭中开辟出通向四面八方的贸易走廊。徽商古道就是这些贸易走廊的典型代表。

骆驼侠 这些大山真是太讨厌了。

中年人 也不全是缺陷，换个角度来看，其实也是优势。就像休宁的白际山脉，它的植物覆盖率高达 90%，每当湿润气流携带着雨水来到这里，就会被白际山脉截住。常年充沛的雨水，滋润了这一带的生态环境，云雾缭绕，特别适合茶叶生长，这一带也盛产茶叶。这可是座"金山"呢！

骆驼侠 按照您的逻辑，那爬山其实还是一种很好的锻炼呢。

中年人 当然了，这也是我喜欢来这里的缘故呢。其实，徽州人尤其是徽商的很多特点，与爬山、环境恶劣有着不可分割的关系。徽商大多小本起家，特别能够吃苦耐劳。一代代的徽州人贩运茶叶、山货，赶着马匹历经生死，沿着古道，走出大山，走出了一条条饱含风霜的经商之路，造就了"徽州的繁荣"。

骆驼侠　是啊是啊，徽州民谣"前世不修，生在徽州。十三四岁，往外一丢。雨伞挑冷饭，背着甩泥鳅。过山又翻岭，一脚到杭州"，说的就是这样的场景吧。

中年人　是的。这条路成为无数徽州人外出谋生、养家糊口甚至功成名就的一条"龙门之道"。他们有的是年满十三四岁的少年，有的是新婚的丈夫，有的是留下妻子、儿女的父亲，有的则是耄耋老人……清朝大商人胡雪岩年少时也曾沿着古道肩挑背扛进浙经商，艰难求生，后来生意越做越大，不仅在徽州，甚至在上海、京城都有了分店，成了全国第一大商人。古往今来，这里走出了无数的徽

第五章　贾儒商教

州人，他们或求官或经商或求学，在更广阔的天地施展才华，做出了影响中国的大事情。

骆驼侠　大叔，我也要多走几趟古道，说不定前面也有属于我的成就呢？

中年人　古道走出来的坚韧品质，其实也是你的收获呢！

在以农耕文明为基础的古代中国，从商是一种下等职业，如今声名显赫的徽商，在其发端，却是为现实所迫。顾炎武就曾一语点破："徽州之民，中家以下皆无田可业，徽人多商贾，盖势其然也。"多山林而少田地，缺乏发展农业的基本条件和日俱增长的人口因数，硬生生逼出了一个商字，同时，也逼出了徽州的苦难，更逼出了徽州的辉煌。

徽商和自古以来的商人最不同的地方在于好儒。其实，传统儒家对商业一向鄙薄，但徽商群体却积极向儒家靠拢，当精明的商业头脑和儒家文化结合时，立刻在明清两朝的商场上势不可挡，使徽商一时纵横海内，登临商业巅峰，一览众"商"小。正所谓，商人不可怕，就怕商人有文化。

徽商好儒的根基在于古徽州儒风独茂的传统，是理学大家朱熹的故里，更是宋明理学的大本营。而自元朝起，朱熹的书就被列为科举必读之书，天下考生莫不朝夕诵读，而徽州人读老乡的书，当然更自豪更有感觉，所以"以邹鲁之风自待，而以朱子之风传之子若孙也"，而朱子家礼也自然而然地成为徽州人的日常生活行为准则，在这样的地方生长的徽商，好儒简直就是一种必然。

徽商的起步其实也是贩卖，但贩卖的货物却相当有文化含量，早期的徽州商人主要经营"文房四宝"及茶叶、木材等，大多是直通书房的物品，与文化都有着不解的渊源。先天的文化底子以及业务经营范围的文化加持，使得徽商的文化水平远非其他商帮可比。余英时先生在《中国近世宗教伦理与商人精神》中就指出，至明清，商业本身越来越要求一定的知识水平，商业经营的规模愈大，对知识水平的要求就愈高。在这样一个历史的关口，徽商的文化优势很快转化为商业版图上巨大的能量。

第五章 贾儒商教

想在明清两朝的商场上执牛耳,就离不开一个字——盐。事实上,徽商在资本和财富上真正崛起的标志,正是他们在盐业上的百年称雄。盐是垄断性刚需商品,利润巨大。但盐的贩卖权在官府,在徽商走向徽州盐商的道路上,必须依附于官府和朝廷,甚至是皇帝本人,官商合一成为必然的选择。在这场游戏里,官商互惠,心照不宣的金钱效劳,心知肚明的利益交换,心有默契的情感投资,都是决不可少的套路。而这种套路,有文化的徽商最为擅长。明清两朝的官员选拔途径是科举,文官群体是当时最大的知识分子群体。好儒的徽商在与官员的社交中更有文化上的共同语言,各种套路的玩法更风雅也更有文化含量。这是当时其他的竞争者晋商、陕商所不可比的,当官府向徽商彻底倾斜后,最大的商业蛋糕也就成了徽商的囊中之物。

清乾隆年间,仅徽州盐商的总资本就可抵得上全国一年财政的总收入;扬州从事盐业的徽商资本有四五千万两银子,而清朝最鼎盛时的国库存银不过7000万两。苏北的仪征、淮安等地由于盐业市场的繁荣,当时有"无徽不成镇"之说。徽商通过盐业生意,完成了资本的原始积累,其活动范围东抵淮南,西达滇、黔、关、陇,北至幽燕、辽东,南到闽、粤。徽商的足迹还远至日本、暹罗、东南亚各国以及葡萄牙等地,无论从业人数、经营行业与资本,都居全国各商人集团的首位。

但别以为徽商的文化只会用来"善行媚权势",那不过是一种手段。如果徽商是只会躺在垄断的商品上发财的掮客,也绝无可能成为中国历史上声名卓著的伟大商帮。儒家文化使徽商取得的最了不起的成就在于,它创造了中国历史上此前从未有过的一个商人群体——儒商,并形成了一整套完整的商业伦理、商业规范和商业道德体系，这一切最终凝成了不朽的徽商精神，至今看来仍是那么光彩照人，为当代所纪念和借鉴。

  徽商以"儒家文化"来约束和规范自己的商业行为，根植于厚实新安文化土壤之上的徽商，当时是一个整体文化素质最高的商帮。他们在商业活动中，以罕见的自觉用儒学思想来指导经营，先儒后商，或儒或商，行商中讲究义利之道，见利思义，以义取利，讲究诚信商德，不事欺诈，货真价实。要知道，那时的中国，长期的封建专制造成人们的法制观念普遍低下，在英国特使马戛尔尼的观察日记中，连一个地摊小贩都热心于短斤押两的把戏。而明朝的传教士们更是直接批评当时的中国商人在信义上实在不堪，与欧洲重契约的成熟商业操守差距太大。徽商的出现给腐气沉沉的明清商业伦理道德注入了可贵的新鲜血液，并为自己赢得了商业上的人心和口碑。儒家文化的加持也让徽商拥有了更广阔也更敏锐的商业眼光，他们善于把握商机，权衡大道，从而在商海竞争中技高一筹。更重要的是，徽商虽然在商，但却不只言商，眼睛里不只是盯着金钱。徽商致富后往往重视文化建设，捐资兴学，刻书藏书，修方志，邀讲学，大力培养子弟读书入仕，其中有谋求政治地位提高的实际需求，但也在客观上促进了地方文化的繁荣。这也与当时的晋商形成了鲜明的对比，在理念上，晋商重钱不重官，"学而优则商"，从小就教育子弟怎样赚钱，而徽商重官不重钱，赚钱为仕途铺路，从小教导子弟读书。因此徽商取得的辉煌最终不仅是商业上的成功，更有文化上的成就，也为中国历史树立了一代儒商的新形象。

  而儒学的理念更让徽商在创业上刻苦顽强，具有强凝聚力的宗族精神，

第五章 贾儒商教

在守业上分外勤俭。胡适先生曾经将此总结为"徽骆驼精神"。"徽骆驼"之所以成为徽商的代称，最大特点是徽商的日常营生最为节俭、最为刻苦。明嘉靖年间，婺源人李祖纪经商富裕后，仍保持贫困时的节俭习惯，日常粗衣淡饭，还比不上一般贫苦人家。他所住的房子极为简陋，一件布衣穿了几十年还是新的，若谁沾了一下这身衣服，他还要不断地擦拭，生怕被污腻，一双新布鞋，也总是穿着见客，客人走后，就脱下来放着，舍不得穿。明成化、正德年间歙县溪南的江才，明朝末年休宁汉口的赵相，清同治、光绪年间祁门渚口的倪尚荣，等等，都是克勤克俭、艰辛创业的"徽骆驼"代表。歙县人汪玩，随父兄到楚、蜀、吴、越、闽、粤等地经商，廉朴为本，虽岁入千金仍力求节俭，一件衣服穿了十几年，手肘处都磨破了也舍不得丢。劳作洗衣，粗茶淡饭，坚守勤俭遗训。明朝歙县人许尚质辅佐父亲贩木，深入四川、云南、贵州深山老林之中，攀走在悬崖峭壁与大壑深谷边沿，踏行在冰雪之上，多次遇险，差点送了性命，晚年回乡清简淡泊，不事奢华，坚持劳动，平日粗茶淡饭，穿着简朴，出行也不坐车马。他常常告诫子弟：创业艰难，守成不易。

徽商初打天下时，几乎都是勤俭起家，历尽艰辛。顾炎武有言：徽商俭甲天下，所以富亦甲天下。以骆驼来形容徽商，一方面说明的是徽商创业的

艰辛，另一方面指的是徽商具有忍辱负重、坚忍不拔的精神。这种精神正是徽商创业成功的重要因素之一。

徽商显示了"徽骆驼"们智慧、创造力和主观潜能的巨大发挥，促成了徽州文化在明清时期的全面发展，达到新的历史辉煌，使徽州文化成为中华传统文化在特定时段的典型代表。徽商促进了两淮、江浙城镇化的进程，广泛影响了江南社会的习俗和民风。徽商为徽州人才的培养和成长创设了一个新平台，形成了徽州人才"长于内而成于外"的格局。徽商勇敢挑战海洋，和国际接轨的尝试，给大国崛起之路提供了有益的历史启迪。

我国经商的历史可以追溯到商朝，但中国商帮的崛起却一直推迟到明清时期。明清之际曾引发了一场"商业革命"，在这场"商业革命"中相继崛起了晋、徽、陕、鲁、闽、粤、宁波、洞庭、江右、龙游十大商帮，他们的贸易活动领域遍及全国各地，对当时市场经济的发展和我国近代对外贸易的兴起起到了重要的促进作用。

晋商：宽厚存心，学而优则贾。十大商帮中最早崛起的是山西商人。晋商是明清时国内最大的商帮，在商界活跃了500多年，足迹不仅遍及国内各地，还出现在欧洲国家以及日本，完全可以与威尼斯商人和犹太商人相媲美。晋商经商秘诀是守信、讲义、学而优则贾。其中，学而优则贾是晋商家族的重要传统之一。

徽商：贾儒合一，长袖善舞。徽商与晋商齐名，作为中国商界中的一支劲旅，曾以"无徽不成商"叫遍天下，在中国商界称雄数百年。徽商与其他商帮的最大不同在于"儒"字。徽商以儒家的"诚、信、义"道德说教作为其商业道德的根本。贾儒合一的徽商，恪守做人第一、经商第二的准则，商人的务实和精明，加之厚重的历史使命感和责任感，使得他们处处体现着儒家理想人格的魅力。

陕西商帮：行道多多，货通南北。在明朝的商业界里，山西与陕西商人常利用邻省之好，互相结合，人们通常把他们合称为西商或山陕商帮。西商在明朝前期的势力很大，他们从经营盐业中获得了厚利，后来因为利益，陕西盐商与山西盐商分道扬镳。最终，陕西盐商到四川独立发展，这也为陕西商帮的最终形成奠定了基础。陕西商帮以盐商最为著名，同时，经营布业、茶业和皮货业也是陕西商帮盈利的重要途径。

山东商帮：大柔大刚，趋义避财。山东商人深受儒家思想的影响，经营时行为规范、童叟无欺，给人一种"拙朴"感，即"大柔"。"拙朴"为他们换来了"诚实""信任"两大利器，从而使对手不能望其项背，这就是"大刚"。山东商帮的致富之道，其实就是长途贩卖和坐地经商。

福建商帮：以海为生，海上之王。大海不但给了福建商人彪悍的体魄、强悍的心智，还铸就了他们善观时变、顺势而为，敢冒风险、爱拼会赢，合群团结、豪爽义气，恋祖爱乡、回馈桑梓的经商精神。随着中国封建社会的消亡，福建商帮在南洋等地开辟出新的商业场地。

广东商帮：靠地生财，金山珠海。广东商帮的崛起，在于他们善于充分利用地形的优势来创造商业利益。粤商的辉煌时期在近现代。近代粤商发扬了古代广东商人冒险开拓、独立进取的商业精神，而在参与国际商业贸易的过程中，他们又具有了开放的心态。

宁波商帮：奇谋生财，以新制胜。宁波商帮是中国商帮中的后起之秀。它从形成之时起便表现得卓尔不群。擅长以奇制胜，他们的出奇就是创新，他们认为唯有新东西才是别人所不具有的、想不到的，才能谋取最大的利益。他们的致富之道是以传统行业经营安身立命，以支柱行业经营为依托、新兴行业经营为方向，并且往往一家经营数业，互为补充，使自己的商业经营在全国商界中居于优势地位。

洞庭商帮：审时度势，以变求存。洞庭商帮是所有商帮中最善于变化的一个群体，他们笃信"变则通，通则存，存则发"的经营理念。利用洞庭湖得天独厚的经商条件贩运米粮和丝绸布匹。在经商过程中，洞庭商人还根据市场行情与商品交换情况的变化来改变自己的经营策略，不拘于成见。

江右商帮：讲究贾德，由小变大。赣商在历史上被称为"江右商帮"。便利的赣江水系和最具运输力的长江水运是江西独有的交通条件。精明的江西人运用其具有的经济实力，凭借丰富的物产，利用当时较为发达的运输系统，从小本经营开始，并迅速发展起来。江右商帮深受儒家传统的哺育，提出了"君子爱财，取之有道"，并由此形成了"以诚待客，以义制利""和气生财，公平守信"等一系列道德要求，为赣商们所共同遵守。

龙游商帮：稳中求进，守本经营。龙游商帮是指以浙江衢州府龙游县为

第五章 贾儒商教

中心的衢商集团,它萌发于南宋,兴盛于明朝中叶,以经营珠宝业、贩书业、纸张业著名。其经营之道是"稳中求进,日积月累"。他们在经营时态度谨慎,不求一夜暴富,只求细水长流。

研学感悟

第五章　贾儒商教

第二节　世称无徽不成镇

引言

在新安江、横江和率水三江汇流之处,坐落着一条古老而繁华的商业街市,宋式崇楼,水畔长街,犹如一幅活动着的《清明上河图》,展现出名街与秀水、文化与旅游、艺术与商业、传统与现代完美融合且交相辉映的秀美图景。它,就是屯溪老街。

有人说,了解一座城市的最好方式,就是到这个城市的老街去走走。随着城市道路的不断拓宽,一座座现代化建筑拔地而起,一批老街却从地图上消失了。当然,也有一些老街跨越了历史长河,如今却依然繁华。这一天,骆驼侠来到了屯溪老街。

屯溪老街,1995年被国家建设部命名为国家级历史文化保护街区;2008年被国家文化部命名为国家文化产业示范基地;2009年经国家文化部、国家文物局批准与北京国子监街、苏州平江路一同当选为"中国历史文化名街";2015年被评为首批中国历史文化街区,是安徽省唯一入选的街区。

傍晚的屯溪老街最是迷人,天边的夕阳和街上陆续点亮的路灯把老街装扮得五彩缤纷。老街的徽派古建筑色彩淡雅古朴,路面石板拼接有序,缝隙清晰美观,街道两旁店铺鳞次栉比,整个街道古拙质朴。骆驼侠走进一家土特产店,看见店主一边看着店,一边看着书,就忍不住上前攀谈。

骆驼侠　您好!这家店有年头了吧!生意挺火啊!

店　主　是的。我是本地人,家里一直经营着徽州土特产,开这家店是有些年头了。生意嘛,还算不错。

骆驼侠　这条街名为"老街",到底有多老呢?

店　主　如果从明弘治四年(1491)《休宁县志》首次出现"屯溪街"的名称记载算起,屯溪老街已经五百多岁了。

骆驼侠　确实够"老"!

店　主　不仅"老",还很"完整"!屯溪老街是目前全国保存最完整的具有宋、明、清时期徽派建筑风格的步行商业街,被誉为活动着的《清明上河图》。

骆驼侠 这样的"老"街,最初是如何诞生的呢?

店　主 屯溪老街的形成,与独特的地理位置和徽州商业的活跃密切相关。屯溪位于皖、浙、赣三省结合部,地处"两江交汇,三省通衢"的优越位置,驿道通畅,更因新安江舟楫便捷,一直就是皖南山区的物资集散中心。老街同时也是伴随着徽商的发展而兴起的。元末明初,屯溪率口人程维宗在屯溪建造店房47间,用以招徕商贾,囤居客货商物。明嘉靖年间已是全国著名茶市,汇集"祁红""太平猴魁""黄山毛峰""屯绿"等享誉中外的名茶。明清两朝,徽商崛起,屯溪作为徽州水陆交通枢纽,刺激了老街的迅速发展。到了清末,屯溪老街已发展成为钱庄、典当、银楼、药材、绸布、京广百货、瓷器、黄烟、酒楼、饭庄等行业齐全的繁华街市,商肆林立,市声鼎沸,成为徽州最大的进出口、转口码头。

骆驼侠 老街的商品,应该也与徽州商业的发展有关吧?

店　主　　那是一定的，屯溪老街是徽商文化的见证，因此它的形成和发展应当从徽商说起。早在东晋时期就有新安商人活动的记载，以后代代有发展。徽州在五代十国时属于南唐。南唐时期文化繁荣，尤其南唐中主和南唐后主两代君王均才华卓著，对文化繁荣起到了推波助澜的作用，南唐后主李煜更是对后世词坛影响深远，他脍炙人口的诗词至今广为流传。文化的繁荣极大地刺激了笔墨纸砚等文化用品的生产，南唐时期所谓的文房四宝均出自徽州及周边地区。

骆驼侠　　原来徽州商品与李煜的词还有这么密切的联系，难怪文房四宝中三样最著名的都出自徽州。

店　主　　现在的老街上，文房四宝仍旧是主要的商品种类之一。

第五章　贾儒商教

到了宋朝，特别是南宋时期宋徽宗移都临安（现杭州），距离的拉近使得帝都对徽州在经济文化等方面的影响更加明显。比如，外出的徽商返乡后，模仿帝都宋城的建筑风格在家乡大兴土木，所以，老街被称为"宋城"。至于商品种类就更多了，木材、茶叶、竹材、桐油、土特产和金融等行业陆续崛起。到了明清两朝，徽商崛起，从明朝中叶到清乾隆末年的300余年，是徽商发展的黄金时期，营业人数、活动范围、经营行业、资本，都居全国各商人集团首位。徽商造就的屯溪老街，自然就更成为商业重镇了。

骆驼侠　　但我感觉屯溪老街与其他地区的商业街相比，不仅商业味道浓厚，似乎文化也很厚重呢。

店　主　　你说得对，屯溪不仅是历史悠久的商业重镇，更是古徽州的文化重镇。首先，老街古朴的徽派建筑艺术营造出幽雅的文化氛围，让人感受到徽州文化的底蕴。其次，老街的商业经营方式，继承了徽商"以诚待人，以信接物，以义为利，仁心为质"等传统商业道德，是优秀商业文化的传承。

骆驼侠　　我觉得很多招牌上的书法也独具特色。

店　主	你有点眼光。老街上的店招，出自王朝闻、启功、沈鹏、亚明、唐云、林散之、苗子等书坛魁星之手，还有很多省内名家和地方书法精英的墨迹。"三百砚斋"还藏有吴作人、沈鹏、罗工柳、刘炳森四位大师题写的匾额。这些琳琅满目的店号招牌，构成了一座书法艺术的博物馆。
骆驼侠	还有还有！美食文化！
店　主	美食就太多了！毛豆腐、臭鳜鱼、黄山烧饼等著名传统美食，以及寸金糖、麻酥糖、秤管糖、坑口麻饼、茯苓玫瑰酥、芙蓉糕和徽州月饼等徽州传统糕点。其中，徽州顶市酥制作技艺、徽州烧饼制作技艺、徽州臭鳜鱼制作技艺、徽州挞粿制作技艺、徽州馄饨制作技艺、徽州寸金糖制作技艺，均为非物质文化遗产项目。此外，老街还另有黄山石耳、芡实糕、黄山蕨菜、黄山竹笋、黄山香菇、剁辣酱、徽墨酥、五城茶干、程德馨酱油、皖花火腿等地方特产。街区内的中国徽菜博物馆也已经正式开馆。
骆驼侠	我现在才真正明白了诗中所称赞的"屯溪留得长街在，不换巴黎十座城"啊！

第五章 贾儒商教

踏在印满无数游人足迹的青石板上,骆驼侠缓步而行,闲逛屯溪老街的夜市,仿佛人在画中游。站在老街大桥头,望着远处游动着的点点渔火,无限的思绪带你畅想徽州老街的过去,感知老街现在的繁华,也祝福着老街美好的未来。

如果走进黟县西递古村那座300多年历史的老宅——笃敬堂,你会在它的正厅看到这样一副极特殊的对联:读书好,营商好,效好便好;创业难,守成难,知难不难。在那个举国信奉"万般皆下品,唯有读书高"的年代,徽州人已明确地提出,读书是本,耕田是本,营商同样是本。所谓思路决定出路,在那个绝大多数中国人面朝黄土背朝天,千百年来只能向土地讨生活的时代,被万山围困的徽州人面对的是地狭人稠的现实困境,困守已不可能有任何出路,不甘宿命就只能将眼光投向山外,他们毅然做出了选择——天下之民,寄命于农,徽民寄命于商。在超越现实困境的过程中,徽州人的世界观和价值观彻底转变,十三在邑,十七在天下。从16世纪初的明朝中叶开始,徽州的崇山峻岭间掀起了一轮又一轮商品经济的狂潮,从商之风兴起,延续长达4个世纪。从大山深处走出的徽州商帮开始用商业席卷这个世界,终于创造出"无徽不成镇"的商业神话。这句话原是当年流行于长江流域江南地区的一句民谚,按照安徽绩溪徽商世家出身的近世文化巨擘胡适先生的说法,一个地方如果没有徽州人，那这个地方就只是个村落，一旦有徽州商人进驻，它就会发展成为一个有影响力的市镇。这句古谚也正是明清时期徽商足迹遍天下、叱咤风云于中国商界并创造了历史辉煌的真实写照。

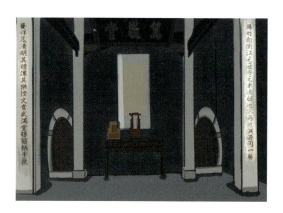

徽商的崛起是一场由近及远的征途：欲收天下之利，必先收江南；欲收四海之利，必先收中国。因此，徽商的第一个主战场就是苏浙和两淮。南宋绍兴八年（1138），南宋将都城迁至杭州，中国的政治、经济、文化中心随之南移，杭州一跃成为中国最大的都市，这给徽州人带来了前所未有的商业机遇。近水楼台的徽州人把本地出产的木材、茶叶、桐油、新安四宝等，通过新安江源源不断地运往杭州，从而攫取了历史上的第一桶金。在一波的商业发家浪潮里，就有朱熹的外祖父祝确，他当时在徽州府建造了大批的商店和客栈，号称"祝半州"，连圣贤的外公都以商为本，可见商业基因在宋朝就已深深根植于徽州这片土地。

明朝另一位圣贤王阳明的出现使徽州人经商的思想锁链被彻底砸开。王阳明通过"龙场悟道"，憋出了大招，创立了自己的学派。王阳明与程朱理

第五章 贾儒商教

学放眼于士大夫阶层不同,在王学看来,商人、田夫、市民等都具有良知,虽终日做买卖,不害其为圣为贤,"良贾何负闳儒",王学把商人提高到跟士大夫平等看待,一向高高在上的圣贤终于接了地气,从庙堂走进了市井和村落。最后一层从商的思想顾虑被打消后,"做生意"已经彻底而普遍地成为徽州人的生活习俗,徽商真正开始了"甩开膀子加油干"。

以杭州为大本营,徽商开始席卷两淮和江南,江苏盛泽镇的兴衰就是其中的一个缩影。盛泽镇明朝初年还是个五六十户人家的荒凉小村庄,这里地处长江三角洲和太湖地区的中心地带,地理位置优越,宜稻宜桑。徽商选取这里作为经商中心,广开店铺。到嘉靖年间,盛泽已发展成为有百余家商铺的市镇。清康熙年间,盛泽镇成为著名的鱼米之乡、丝绸之都,号称华夏第一镇。嘉庆、道光年间,盛泽镇徽商联合宁商倡建徽宁会馆。后来由于当地不良势力敲剥骚扰,经商环境变坏,许多徽商因此撤出,盛泽镇曾一度衰落。

荒凉小村尚且如此,商业重镇更不用说。扬州是明清两淮的盐业中心,徽州盐商很快就占据了绝对的优势,所谓清朝扬州八总商,"歙人恒占其四"。扬州的典当、米、棉等行业成为徽商经营的响当当的字号。在雄厚的资本、丰厚的财力的基础上,庞大的徽商群体在扬州大兴土木,盖徽宅,建园林,葺废桥,整街肆,修码头,建书院,兴诗社,蓄徽班,演徽剧,印图书,藏古籍,大兴文化教育事业,扶植扬州学派,有云:"扬州之盛,实由徽商开之。"而放眼这一地域的其他商业中心,浙江兰溪、上海松江府都是徽商重镇,苏州是徽州布商、丝绸商、粮商、木商聚集之地,淮阴是徽商的重要据点,江苏无锡是徽州布商码头。

在"无徽不成镇"的背后,是徽州商人吃苦耐劳的品性和高明的商业运作。在明末的南京,曾发生过一场鲜为人知的商战,当时城内共有500家当铺,由徽商和闽商分别把持,"福建铺本少,取利三分四分",为战胜对手,徽商采取了统一行动,"徽州铺本大,取利一分二分三分",这样的价格战实在太狠,将福建典当铺彻底打垮,徽商垄断了典当行业,江南人称"无徽不成典"。而生存的巨大压力磨砺出徽州人能吃苦、尚节俭的商业品性,既然寄命于商,就只能全力以赴;只有艰苦奋斗,才能使自己的经商得以进行下去。与别的商帮相比,徽商对商业钻得更深,热情更足,韧性也更强。他们更知道,在残酷如战场的商场上,经商是件高风险的行业,在经营上只靠单打独斗,哪怕再擅长经营,也难免有马失前蹄的时候。因此,抱团取暖,共渡难关,成为徽商的选择,互助意识成为徽商普遍遵守的规则,这也让徽商在数百年惨烈的商战中有着不怕失败、败而复起的顽强韧性,这一顽强韧性是徽商得以称雄天下的一大原因。这也彻底改变了宗族的本质,宗族不再只在乎血亲,而是已然成为了徽商基于血亲关系的贸易组织。在明清时期徽州修建了6000多座祠堂,这不只是为了炫耀,更是一种对贸易组织的强化。利用宗族关系来控制从商的伙计,通过宗族关系来建立商业垄断,通过宗族关系来加强商业竞争,甚至,通过宗族关系来投靠封建势力。这也正是徽商能在商品经济并不发达的明清书写传奇的重要原因。

当这张大网彻底形成巩固后,徽商就以苏浙两淮为根据地,开始向世界范围扩张。因为在贱买贵卖的商业营利模式下,只有不断扩张,才能利用地域价格差让这一营利模式最大化地变现。后世学者对明清大宗商品的价格进行系统研究后,发现了商人通过长途贩运而获利的奥秘,以苏浙和湖广地区粮价为例,最大差价在百分之五十左右,有时竟高达百分之百,棉布的差价更大,最高获利可达五倍。这样的暴利,正是驱动徽商顽强扩张的最大动力。

而扩张的路径早已策划好。一本由明朝徽商黄汴撰写的徽商的必备书《天下水陆路程》就详细记载了北京、南京以及全国13个布政司的143条水陆路线、道路安全情况、注意事项和各地风土人情等。据说为了打造这本经商宝典,作者足足花了27年。方向已经确立,金钱在远方招手。无数徽商或通过大运河北上,山东临清"十九皆徽商占籍",徽人往北京、天津城做生意的历史悠久,顺着大运河,徽骆驼把生意往北一直做到关外;或通过长江水路西进,把生意一直做到两湖、川陕。明清以后,在武汉经营的徽商人数众多,涉及盐、粮、木、茶、棉布、丝织、墨、典当、药、杂货、饮食等多个行业,行商坐贾兼而有之,出现了"新安街""新安巷""徽州街""新安市场"等徽州人社区。再以中部的武汉为中心,徽商挺进大西南,直达云南昆明、沾益、曲靖,徽商开设的徽菜馆成为当地一道鲜美的风景。

而徽商南下的道路则走得更远,从明朝中期开始,一些徽商就积极参与挑战海洋的世界浪潮,纷纷投入民间私人海外贸易活动。歙县东关人许谷得其兄长许禾千金资助,"贩缯航海",在大海大洋中闯荡,得利百倍。歙北许村的许松、许栋、许楠、许梓四兄弟,先后下海到暹罗大宜(即今之泰国北大年)、马来西亚满剌加(即今之马来西亚的马六甲)通商,把佛郎机国(即今之葡萄牙)商人从马六甲带到浙江的双屿港、大茅港,并且为他们组织货源,充当国际贸易经纪人的角色,收取高额佣金。歙县人许长江、许本海、许辰江等，或在海上卖丝织品，百倍获利；或出海远航做生意，和外国人打交道，善于贸易斡旋，经营得心应手，被时人称为良贾。

正是在徽商纵横世界的经营浪潮中，"无徽不成镇"成为了解说这个商业神话的最好俗话。但与这个俗话最相关联的却是另一句同样流行的徽州土话：出门身带三条绳，可以万事不求人。意思是说，跋山涉水，行囊坏了，或是肩挑的扁担断了都用得着绳索，而且还有别的用途。以自己的身家性命和一生劳碌来博取一份商海前程，无怨无悔，至死方休。千百年来，徽州人正是抱着这种破釜沉舟的信念，前赴后继地投身商海，才最终创造出了那一句"无徽不成镇"。

"会馆"又名公所，是外地商帮或商人组织在都市、商埠建立的工商

业者行帮组织，同时也兼施同乡在该地的利益互济互助之职。它有专门的组织机构与活动经费，并建有馆所供同乡、商会集议事与寄寓之用，以保护商业利益、联络乡谊、互通信息为宗旨。

徽商会馆是徽州会馆、新安会馆、新安公所及徽属某县会馆的总称，是旅居异地的徽州商人结成团体，集会居住的馆舍。主要是联络乡谊，为本帮商人提供方便，代表商人与官府交涉商业事务，为徽人举办公益事业，有的会馆还延师教习同乡子弟。同时代为传递乡人信函和官府文告，会馆经费由会馆所在地徽商提供。

最早的徽商会馆为北京钦县会馆，建于明嘉靖三十九年（1560），由旅京徽州人杨忠、鲍恩首倡，位于正阳门之西。初为三进九室建筑，后历经扩建、重修，规模宏大。会馆的建立，标志着徽商集团的形成，为徽商开辟了立足、发展之地。湖北汉口新安会馆，为旅汉徽商提供行商便利，扩充路径，开辟码头，置买店房，形成"新安街"，石镌"新安街"额。苏州吴江市盛泽镇徽宁会馆（同相邻的宁国府属邑合办）有房产、田产、义家和供装卸货物用的驳岸，仅会馆建造就花了20多年，规模宏大。明清徽商鼎盛时期，徽商会馆遍布全国，大至苏州、杭州、澳门、广州等大都市，小至淄院、姜湖、黄康等小镇，均有会馆设置。仅南京一地就有徽商会馆数处：马府街有新安会馆，太平街栏杆桥、上新河各有徽州会馆，钞库街有新歙会馆等。

据相关史料记载，历史上各省、市建有的安徽会馆、徽商会馆170多处，由于种种原因大多衰落。目前，有些安徽会馆（徽商会馆）正在被当地政府修复保护，有些在逐步遗失，有些新的安徽会馆（徽商会馆）正在创设，这些会馆都是徽商辉煌的记忆，是徽商传播徽州文化和传承徽商精神的载体。

一批老的安徽会馆，如北京安徽会馆（旧京著名会馆，位于北京市宣武区后孙公园胡同，原为明末清初学者孙承泽寓所"孙公园"的一部分，后作为清朝古建筑被国务院批准列入第六批全国重点文物保护单位名单）、苏州安徽商会会馆（位于苏州古城内南显子巷，建于清同治四年至六年(1865~1867)，为江苏省文物保护单位）、南宁安徽会馆、扬州安徽会馆、保定安徽会馆、济宁安徽会馆、南京安徽会馆、济南安徽会馆、杭州安徽会馆、武汉安徽会馆等都作为历史遗迹供今人观赏，同时也发挥着新的作用。如昆山市安徽会馆、河北省安徽会馆、上海市徽商会馆、苏州安徽商会馆、温州

徽商文化会馆等一批新的安徽会馆（徽商会馆）已经或正在修建。过去的安徽会馆代表了徽商的辉煌过去，今天的安徽会馆或徽商会馆是徽州文化传播的载体，是徽商间交流的平台，有效地搭建异地徽商与家乡沟通的桥梁，记录着新一代徽商在异地的崛起。

研学感悟

第五章　贾儒商教

第三节　贾而好儒真徽商

　　读书是精神的旅行，旅行是身体的阅读。爱读书、爱旅行的骆驼侠在外出旅游时从不忘记随身带着书，在黟县碧山村旅游时看到有一家书店，他更忍不住去"淘宝"。

骆驼侠　老人家您好！您这家书店有些年头了吧，藏书不少啊！

老　者　是的。我以前是这里的村主任，退休后赋闲在家，喜弄文墨，也研究收藏一些族谱和与徽州文化相关的图书。这店原是村里的一家旧祠堂，已经荒废多年，这几年随着乡村旅游的兴起，我就将这里改造成了乡村书店。书店只有两层，藏书有一万多册，同时也销售历史、地理、艺术及文学类图书。

骆驼侠　那您这里收藏的都有哪些宝贝，能介绍一下吗？

老　者	因为地缘因素，我特别喜欢收藏与徽州文化相关的图书。你看这套《知不足斋丛书》，是清乾隆、嘉庆年间徽州藏书家鲍廷博父子刊刻的中国大型综合性丛书，算是我的经典藏品了。
骆驼侠	鲍廷博不是扬州著名的盐商吗？他还是一位藏书家？
老　者	鲍廷博生于歙县长塘，后随其父鲍思诩居杭州。世代经商，殷富好文，笃好书籍，取《戴记》"学然后知不足"

第五章 贾儒商教

之义名其书室。藏书中有不少人所未见的善本。尝据所藏善本刊刻《知不足斋丛书》,并亲自雠校。嘉庆十八年(1813)方受畴任浙江巡抚,以此丛书第二十七集进献给皇帝。在他逝世后由其子鲍士恭继续刊行,至道光年间共刻成30集,共收书207种。

骆驼侠 鲍廷博作为商人,还这么喜欢读书、藏书,像他这样的徽商还有吗?

老　者 徽州教育一直很发达,徽州子弟通过读书而入仕,仕途不畅则入贾。但在经商的同时仍然读书不辍,不少在文化上还有所建树。盐商程晋芳,独好诗书,喜爱学术研究,他曾拜刘大櫆和程廷祚为师,在语言学、经学、史志、诗文诸方面均有较深造诣，曾斥资购取图籍，藏书五六万卷，并经常邀请才学之士来家共同钻研学问，与袁枚、朱筠、戴震、姚鼐等名流相游。明朝歙商郑孔曼，出门必携书籍，供做生意间隙时阅读。他每到一个地方，商务余暇时当即拜会该地文人学士，与其结伴游山玩水、唱和应对，留下了大量篇章。还有同县西溪南的吴养春，是明万历年间雄资两淮的显赫巨贾，祖宗三代书香袭袭，家筑藏书阁，终岁苦读。

骆驼侠 徽商之所以能雄踞商界数百年，他们的崇文尚学对商业发展一定大有裨益。

老　者 的确如此。客观地说，促使徽州历史上的繁荣，与其说是商业，不如说是文化，因为从这块文化氛围极其浓郁的土地上走出去的商人与其他地域商人自身素质的差别，便是拥有深厚的文化底蕴，先读书，后经商，是他们成功的根基。读书提高了徽商的文化素养、文化品位。这样，较高的文化素质就成为他们与官僚士大夫交往的"黏合剂"。同时也给徽商的商业经营带来了许多便利。读书使得徽商善于从历史上汲取丰富的商业经验、智慧，促进自身商业的发展。读书还增强了他们经商的理性认识，

第五章 贾儒商教

即他们能够以所谓的"儒道经商",从而形成良好的商业道德。

骆驼侠 徽商是商人,但他们醉心于文化。徽商对徽州教育的反哺一定也是不遗余力的。

老　者 明清时期徽商雄踞商界几百年,富裕的徽商更是出资办学,传承文化,使得徽州教育得到了大规模发展。徽州历史上许多成功的商人,对家乡的教育事业都情有独钟,他们基于对自身成功的体味和感悟,给予家乡教育事业巨大的回报。黟县西递人胡贯三,6岁入"燃藜书馆",14岁外出当学徒。致富后,感叹早年读书无多,乃捐白银5000两协建碧阳书院。历史上商人的社会地位比较低下,倘不捐官,就是一介平民百姓,然而正是这些平民百姓对教育的重视和投入,奠定了徽州繁荣的基石。

虽然中国的商业发展已有四五千年的历史,但直到明清之际,儒商这一新物种才真正登上历史的舞台。这一称谓首次见于明清时期一批亦儒亦商人士的言论和著述中,其中最具代表性的就是徽商。早在汉朝,司马迁就对商人群体进行了模糊的分类，将其划分为"良贾"和"贪贾"，而所谓"良贾"的商人群体已经具备了一些儒家伦理，提出了一些儒家色彩的从商伦理，如当时就认为成功的商人应具备智、勇、仁、强等素质能力。但从汉朝开始，中国历史重农抑商的发展脉络，使商业与儒教真正意义上的全面结合后延了近两千年。

儒商的产生前因已经具备，但要想在轻商鄙商的农耕文明里结出辉煌的果实还需要苛刻的历史条件：一方面，要具备重商经商的传统基因；另一方面，还要具备尊崇儒家文化的深厚积淀。纵观几千年历史，中国虽大，但同时具备这些条件的地域却唯有明清时的古徽州。促成这些条件形成的因素主要有三点：一是南宋时期中国政治经济文化中心的南迁，二是程朱理学在古徽州的兴起，三是古徽州极不适宜开展农耕生产的先天地理环境，这三者缺一不可。而当这三者兼备时，只需经过时光的发酵，"贾而好儒"就在徽州这片土地上产生了。

在很多人的印象里，提起儒商，脑补的形象大多就是那种既腰缠万贯，又吟诗作赋，既要白天打算盘，又要晚上读圣贤书的老板，一句话，就是有文化、有知识的商人。其实，这个理解既过于简单，也流于片面。何谓儒商？特色就是"贾而好儒"，他们或由儒入贾，或先贾后儒，可谓亦贾亦儒、时贾时儒。儒是思想，商是行动，这里的儒不能简单理解为读书或是有知识，而更应上升到儒家的伦理道德层面，以儒家思想为主导，以儒家伦理道德规范为核心道德观和价值观的商人，才能称为儒商。儒商定义的关键也绝不仅仅在于"君子爱财，取之有道"的经营层面，以正常手段致富的人自古大有

第五章 贾儒商教

人在，但这还不够。关键在于致富的精神境界。唯有富则兼济天下，穷则独善其身者，才能称得上真正的儒商。而审视明清徽商群体，正是这一精神境界的突出代表。仅仅具备巨大的财富和深厚的知识含量并不足以让徽商在历史上散发出可以穿越百年的独特光芒，真正让徽商及其精神光照至今的，是其致富前后的道德修养和行为表现。

儒家伦理的核心是"仁、义、礼、智、信"，"贾而好儒"的徽商正是自觉地以儒家的伦理来引导规划自己的商业，积极以儒家伦理要求自己的商业行为。于内，以修身为己任，强调"克己复礼"；于外，则以仁者爱人为规范，强调仁以济世，匡世济时，以惠及他人为目的。徽商的行为模式在经商的同时，也不断加深自身的修养，虽然寄身商海，却没有放弃读书的理想，他们以此来修炼自己。著名徽商程淇美，从16岁开始经商，但始终"雅好诗书，虽在客中，手不释卷"。歙县大盐商王廷璋身为盐贾，"喜读经史，衡论古今，虽硕儒老宿，咸称其当"。可以说,徽商群体通过不断地读书习理,始终在不断加深自己的理论修养。而这些理论修养也外化为徽商的经商行为规范，这主要表现为徽商对儒家"义利"价值判断的尊崇。在商业经营上追求"以义为利，先义后利，舍利取义"。婺源商人朱文炽去珠江贩茶叶，抵达后却错过交易的最佳时机，新茶不再新，于是他在卖茶时挂出"陈茶"的招牌，伙计劝他去掉这两个字，但朱文炽"坚执不移"，致使自己亏耗数万金，卒无怨悔。徽商吴鹏翔一次性购买了800斛胡椒，但在付款前却发现这批胡椒有毒，卖方愿意收回，但吴老板仍按原价买下，再一把火烧掉，他认为如果退回，卖主可能会再转卖别人，这样会害更多的人。这样的商业精神即使今天读来仍让人动容，尤其是在食品安全领域事故频发的当下，古老的徽商曾体现出的儒商品行，有助于重建当代企业家精神，让更多的企业家的血管里流淌出道德的血液。徽商群体的可贵之处更在于，积数百年之经商，在生意场上始终对此坚持不渝，最终形成了徽商的优良传统。

贾而好儒的徽商不但坚持在致富前"君子爱财，取之有道"，而且在致富后仍能够做到"达则兼济天下"，积极关怀和回报社会，做到"义行天下，急难输财"。徽商致富后大多生活节俭，严于克己，却将大量的财富用于赈济灾民，帮助政府捐纳、助饷、筑水坝、置义学、修桥铺路，造福乡里。历代徽商致富之后都有慷慨捐输、报国爱乡、大仁大义之举。明朝中叶，休宁商人汪福光、明末休宁人程德乾于国乱时捐金为国。清康熙九年（1670）淮北水灾，歙县岑山渡富商程大典招募船只拯救百姓上千人，到处筑庐盖楼，以供灾民栖身。歙县江村的江氏家族爱国爱民，元末明初，江元助朱元璋饷

第五章　贾儒商教

银10万两；江演慨然赈济扬州火灾，又捐金疏浚断流官河，花巨资重开歙县至绩溪县叶坝岭新路；江演之孙江春，凡遇国家大工大役，均率领众商向朝廷捐输巨额银两。

许多徽商对社会公益事业倾情付出，把儒家"仁者爱人"的理念作了最出色的发挥。元末明初休宁商人程维宗在致富之后，建"宅积庄""高远庄""知报庄""家礼庄""尚义庄"，担任副粮长负催征税粮进纳之责，坚守清廉自律，事必躬亲，连所耗的车马费用都自己承担，一力承担造黄册伙食、纸笔等费用，尽量不给百姓增加负担，花重金雇佣工人修造水渠，引水灌溉，造福一方百姓，饥荒之年，将130余石小麦无息借贷于佃民。清朝歙县岩镇人闵世璋致富后，用所得资财做善事从不张扬，有时还假名他人，许多善事别人并不知道。里巷行旅之人，指其事而口颂之者不可胜计。

大徽商发了财，富而好仁，损有余以补不足，更加难能可贵的是有些做小本生意的徽州老乡，赚钱虽然不多，却也孜孜慕义如渴，让人油然而生敬意。清康熙年间，潜口坤沙村有一位自编簸箕贩卖的小贩郑成仙，见村前河上的木桥屡被洪水冲毁，行人不便，便把自己数十年编簸箕所得的积蓄全部捐出，买石雇工修造石桥。高大坚固的石桥造成以后，百姓为之感动，著名文人许楚将桥名为"簸箕桥"，并作《簸箕桥记》刻碑留念。在歙县上丰村也有一位以编草鞋贩卖为生的鲍姓老人，他几十年淡饭粗茶，节衣缩食，努力积钱，为的是要聚资建造村头河上的石桥。在乡亲们的帮助下，鲍姓老人晚年终于建成了石桥，实现了夙愿。村人为永远记住老人的功德，感恩老人的施惠，将石桥命名为"草鞋桥"，百姓们亲切地称该石桥为"鲍公桥"。

　　徽商贾而好儒,特别重视商业理性的提升,特别重视从商中的"做人",尤其重视文化的作用。徽商多以血缘、亲缘、地缘为维系纽带,以众帮众,不搞内讧。徽商突出社会担当,热心社会公益,慷慨捐资奉献。徽商塑造了一代中华儒商的形象,形成了让世人瞩目的"徽商精神",产生了影响巨大的"徽商文化",锻就了彪炳千秋的中华商魂。

　　徽商是一段光荣历史,是一种经济现象,也是一种文化现象。徽商精神的形成,归根到底是徽州文化哺育的结果。古徽州商人在长期商业实践中形成和发展了富有地域特色的价值观念、行为规范和物质文明,铸就了以"徽骆驼""绩溪牛"为形象代表,以"诚、信、勤、义、仁、和"为经营理念的徽商精神文化,以"货真、价实、量足、守信"为经营准则的徽商制度文化,以"薄利生财、甘为廉贾"为经营信条的徽商行为

第五章　贾儒商教

文化，以"商品、会馆、商标、商号"为经营环境的徽商物质文化。综合考察历代徽商及徽州文化之历史发展，其蕴含着"爱国、诚信、礼义、尚学、敬业、和谐"这六大精髓。

有学者将中国徽商精神总结为：

崇文向善、务实求真的人本精神；

勤俭努力、艰苦创业的奋斗精神；

敢为人先、开拓进取的创新精神；

重义诚信、有道经商的敬业精神；

审时度势、出奇制胜的竞争精神；

以众帮众、协力同心的团队精神；

仁心济世、爱乡爱国的奉献精神。

中国徽商以"徽骆驼""绩溪牛"名世，正是中华民族"自强不息、厚德载物"精神的生动体现。

研学感悟

第四节 程朱阙里兴文教

  书院是中国古代特有的一种教育组织形式，它融教育、科研、藏书等多种功能于一身，在社会生活中扮演着重要的角色。今天，骆驼侠来到了被誉为歙县最大私学之一的古紫阳书院。

  古紫阳书院坐落在今歙县中学校址的后山上。走到书院入口处，骆驼侠看到一老者在端详山门坊上的"古紫阳书院"五个古体字，而且他还空手执笔，好像在临摹这几个字，骆驼侠忍不住上前问询。

骆驼侠　老人家您好！您这是在练习书法吗？

老　者　你好，我是本县的退休老师，素爱文墨，闲暇时就来这古书院里看看。这"古紫阳书院"五个字是清朝名臣曹文埴所书。

骆驼侠　　这个人据说是魏武帝（曹操）嫡脉后裔，也是《四库全书》的总裁之一。

老　者　　曹文埴在诗文、书法上均有建树。他的学识、才能、品格得到了乾隆皇帝的高度赞赏，不仅把他本人封为一品大员，还诰授其父、伯、祖父和曾祖父一品官衔，故称"四世一品"，此为极大的荣耀啊！

骆驼侠　　我听说这书院已经有700多年的历史了，为何书院牌匾到了清朝才题写呢？

老　者　　因为"紫阳"是理学大师朱熹的号，为了尊崇理学和纪念他，以"紫阳"命名的书院很多，徽州、苏州、杭州、

第五章 贾儒商教

漳州和汉口等地都有紫阳书院。南宋淳祐六年（1246），徽州知州韩补在歙城南门外紫阳山麓创建书院，宋理宗御题了"紫阳书院"匾额。其后两次毁于战火。后来多次重建，又多次毁于战乱。到了清乾隆年间，歙人曹文埴、鲍志道将县学后的朱文公祠改建为"古紫阳书院"，重振讲学之风。这五个楷体大字，正是曹文埴当年所书。不过当时建的那个书院，后来还是再遭兵毁，现在仅存的就是这个"古紫阳书院"的碑了。

骆驼侠 原来如此，这字迹遒劲有力，虽显古旧，却依稀可见当年风采。不知当年书院授课方式与现在是否一样？

老　者 书院采用的是自由开放、师生平等的自学、交流、辩驳、析难的教学形式。书院的大殿叫"明伦堂"，这"明伦"出自《孟子·滕文公上》"夏曰校，殷曰序，周曰庠，学则三代共之，皆所以明人伦也"。旧时各地孔庙的大殿也称为明伦堂，是老师向学生教授文化知识与传播伦理道德的地方。这个书院的"明伦堂"是用来"会讲"的，这个制度尤为独特。

骆驼侠　　有何独特之处呢?

老　者　　"讲会"是一种与书院教学、学术活动相联系的学术组织。其开展的聚会活动称为"会讲"。朱熹曾在白鹿洞书院开展会讲,回徽州省亲时,又在歙县天宁山房开展会讲,这可以算是徽州书院会讲的起源。后来,"讲会"和"会讲"逐渐普及。徽州书院会讲的独特之处是,有明显的网络特征。最基层的是一个书院组织的"院会";在此之上,还有一乡一坊组织的"坊乡之会";一县是"邑会";六县是"郡会";"四郡大会"则是徽、宁、池、

第五章 贾儒商教

饶共同参与的会讲。各级会讲活动时间交错，频率不同：院会每月举办一至两次，邑会每季举办一次，郡会每年九月安排一次，四郡大会每年暮春轮流举办。每次郡会参与者都在百人以上，堪称学界盛事。

骆驼侠 那会讲主要的目的是什么呢？

老　者 《中国教育史研究·明清分卷》里面谈到了会讲的目的："会讲是书院讲学的一种形式。其目的在于相互探讨争辩，或发挥一个学派的精义，或辨析不同学派之间的差异。"但更重要的是，通过讲会和会讲的制度，构建良好的学习氛围。

骆驼侠 如何构建呢？

老　者 "会讲"中，特别强调对学术争辩应端正态度，讲究虚心向学，反对矫揉造作、盛气凌云，既不可互相吹捧，窃取荣名，也不应专事谩骂，相互攻讦。比如紫阳讲堂的会约规定："欲登讲尚为名高挟浮说而取胜者，勿令入会。"正是这种提倡虚心探讨学问、不图虚名的学风，成为了许多书院"讲会"和"会讲"的好传统。书院"讲会"和"会讲"，多是师生一起参加，对老学者十分尊重，为后学树立楷模；对年轻有为、虚心好学的后学积极鼓励，促其精进。朱熹、陆九渊、王守仁、湛若水等人都是通过这种方式，带出了一批高足弟子。

骆驼侠　无怪乎徽州学者大家辈出，这么好的教学方式，对今天的教育也有很好的借鉴意义啊！

曾有人在书中这样描述徽州："山川清淑，风气淳古，弦诵之声，比舍间答，其人类无凉薄之心，而有士君子之行。"这么好的民风习尚，绝不是天上掉下来的，而是文化的积淀、教育的成果。与这一自夸相映衬的是古徽州的另一美誉——东南邹鲁。

徽州文教源远流长，崇尚教育遍及城乡，所谓"十户之村，不废诵读""远山深谷，居民之处，无不有师有学"正是这种风尚的真实写照。从渊源上，徽州自古就不仅是财富的聚集地，还有坚定信奉儒学准则、身体力行的群体，因为徽州正是程朱理学的故土，而理学的兴起之地，正是书院。歙县紫阳书院是朱熹父子的读书之处。在书院中酝酿出朱子理学，最终与古徽州的民风合拍，成为左右徽州人心态的思想，更成为定义徽州人人生的标准。朱熹曾两度回徽州省亲，并在徽州讲学。从南宋前期至清乾隆年间，新安理学在徽州走红了600多年，对徽州文化及社会习气产生了很大影响。徽州人喜欢读书，徽商"贾而好儒"的风气，从源头来说，都是受朱熹理学的重大影响。崇尚义理和文教重塑了古徽州的观念，人们坚定地认为，只有财富是远远不够的，只有兴旺的书院和学堂，才能让这方土地的未来有希望，才能让徽州这条河流源源不断、生生长流。

徽商的强盛和反哺教育对徽州教育的兴起有强大的支撑作用。作为文化商人，经商不是目的，而是过程和手段。他们经商，或为生活所迫，或因科举失利，其终极追求是业儒入仕，即便自己无望，也要为后代奠定基础。捐资助校就是他们普遍采取的方式。徽商们知道，"士"比"商"高出更多，让自己的子孙读书、做官，才是他们最可观的收益。因此，他们发财之后，在投资教育上毫不吝惜，他们有的设立塾学，广请名师，以培养自己和宗族内的子弟，从而光大宗族。有的还设立义学，为贫寒的子弟提供读书的机会。从兴办塾学、义学到捐助县学、书院，他们出力最多，甚至还资助参加科举考试的学子路费、试卷费用等。正因为如此，徽州自宋朝以来，社学、塾学、义学、县学、书院一直保持着稳定。

据史书记载，徽州州学、祁门县学是徽州出现最早的地方官学。村塾私学十分发达,文风鼎盛。而在村塾之上,则是书院,书院,作为府学,是县学以外的私立教育机构。它最耀眼的作用就是向科举输送考生。徽州最早的书院出现在北宋。景德四年(1007),胡忠在绩溪龙井创建桂枝书院,延聘名士训育子弟。十余年后,张舜臣在婺源建龙川书院。百年后,许润又在绩溪墈头建乐山书院,远近闻名。徽州书院在南宋大有发展,新建14所,其中歙县5所,婺源4所,休宁3所,绩溪2所。那时书院多在乡间,虽然交通不便,但多是大姓名宗聚居之地。南宋创建的书院中,以紫阳书院名气最大。

元朝虽然不重视科举,却支持书院的活动。在徽州,不仅一些旧书院得以重建,还新建书院25所。明初,朝廷对书院并未认可,直至成化年间,书院才随着王阳明"心学"传播而兴盛。万历年间,首辅张居正认为书院"群聚徒党""空谈废业""摇撼朝廷",禁止各地"别创书院"。应天府等64处书院先后遭毁。婺源紫阳书院被拆毁,30多年后才复建。

天启年间,魏忠贤严令各地拆书院,变卖材料以助兴修宫殿。结果,休宁还古书院被毁三分之一,婺源紫阳书院改为"三贤祠",黟县碧阳、中天、淋沥书院均被毁。歙县紫阳书院主讲多人遭处分。魏忠贤倒台后,以上书院才先后复建。道光《徽州府志》自豪地声称:"天下书院最盛者,无过于东林、江右、关中、徽州。"这是明清时徽州书院的写照。

明清时期的徽州书院，官办数量少，除府属的紫阳书院外，歙县有斗山、崇正，休宁有还古、海阳，婺源有紫阳，祁门有东山，黟县有碧阳，绩溪有颍滨、峿公。这类书院由于是知府或知县倡修，举足轻重。歙县竹山、休宁柳溪、婺源桂岩、祁门窦山等书院，则是个人创建，全族子弟受惠。这类书院后来也逐渐演变为共建。如黟县集成书院，前身是元末黄真元捐田 42 万平方米设立厚本义庄中的书院，清初，黄真元后人已无能力，于是，族众共同重建。一族合创书院更为普遍。黟县南湖书院，则是嘉庆时由汪氏族人集资修建。休宁槐荫书屋，则是由村中大姓李氏创立。项氏是溪口小丙村的望族，清初，族人兴建步云书屋；乾隆时期，项士基兄弟三人再建明道书院。

书院依培养目标不同分成不同的层次。紫阳、古紫阳书院，与徽州府学一样，属本地最高学府，学生均是从六县选拔的生员，目标是在乡试中斩获举人的功名。相当于县级书院的还古、紫阳（婺源）、东山、碧阳、颍滨，地位与县学相当，也以备考乡试为目标。大部分乡族建的书院，定位于获得秀才的功名。休宁率溪书院等则属于启蒙阶段的塾学性质，层次最低。

徽州书院的兴盛，离不开师资、资金、学生三要素。徽州学术思想繁荣，各种思潮能在宽松环境中自由交流，此为师资之利；徽商不吝资财、乐于捐献，此为资金之源；官学规模有限，无法满足众多学子的进学愿望，则让书院有了持久的社会需求。

据统计，宋朝徽州建有书院 18 所，约占全国新建书院总数的 4.5%；

元朝建有书院24所,约占全国新建书院总数的8.5%;明清时共存在过的书院约93所。至于社学、塾学、义学,更遍布城乡。赵汸有言:"自井邑田野,以至远山深谷、民居之处,莫不有学、有师、有书史之藏。"如此众多的教育机构,按不同的目的组合成一座体系严密的金字塔:数量庞大的蒙馆是塔基,传授的是生活、生产等最需要掌握的内容;经馆是塔身,数量稍少,向期望以儒为业的学子传授儒家经典的基本知识;书院、官学(府县学)是塔顶,服务于立志三元及第、蟾宫折桂者。而教育的兴盛也给徽州带来了丰厚的回报。明清时的徽州府当称全国"状元府"之一。据地方志记载,明朝徽州有举人1100多人,进士452人(其中状元3人);清朝徽州有举人1536人,进士684人(其中状元19人,含本籍4人,寄籍15人,比苏州府多1人)。若以县域为比较单位,休宁可称"第一状元县",从宋至清共有19位文武状元。徽州村落多为独姓村或以一大姓为主,因此,科举成功者也就有了明显的"宗(家)族链"特征。歙县雄村曹氏从明成化到清乾隆有"一门八进士",其中曹文埴、曹振镛为父子,曾分任户部、工部尚书,又称"父子尚书"。唐模一村也有许承宣、许承家、许承尧三翰林。

深厚的文教底蕴让徽州一直到近现代仍对国家的文化发展产生着影响。19世纪末20世纪初,闭关锁国的中国大门被轰开,中国早熟的农业文明突遇西方工业文明的强烈冲击。一夜之间,天翻地覆。在新旧交替、世事剧变的背景下,一些跨时代的人物挺身而出,其中从徽州走出来的胡适就是最耀眼的代表。在胡适身上,集厚重的传统文化底蕴和新时代文化探索于一体,使他最终成为新文化的闯将、旧礼教的楷模。几乎同时,在徽州还诞生了一位一直静静地做着惊天动地事情的伟人,他就是平民教育家陶行知,他的一生致力于推进平民教育和乡村教育。他想用一种水滴石穿的精神来改变中国落后的面貌,改变中国人的心灵状态。"捧着一颗心来,不带半根草去"是陶行知的一句名言,从某种程度上说,这个徽州人是一个十足的理想主义者,在他身上,我们更能看到古徽州的文教血脉在近代的传承和闪光。

新安理学,形成于南宋,是中国思想史上曾产生过重大影响的学派,而在新安(后称徽州)的传播和影响尤深,因徽州旧称为新安郡,故这一学派以"新安"定名。朱熹亦自称"新安朱熹"。理学的奠基人洛阳程颢、程颐和集大成者婺源朱熹的祖籍均在歙县篁墩(今属屯溪区),故篁墩被誉为"程朱阙里"。新安理学是朱子学的重要分支之一,该学派以徽州籍理学家为主组成,奉祖籍徽州婺源(今属江西省)的朱熹为开山宗师,以维护继承、发扬光大朱子学为基本宗旨。

新安理学在近700年的发展、演变过程中,大致经历了四个时期:一是南宋形成时期。这一时期的主要代表人物除了朱熹之外,还有、程大昌、吴儆、汪莘、李缯、程永奇、吴昶等。他们环护在朱熹周围,精研性理之学,著书立说,确立了学派以朱子学为宗旨的基本原则。二是宋元之

行知
徽州

第五章　贾儒商教

交与元朝的发展时期。这一时期的主要代表人物有程若庸、胡方平、胡一桂、许月卿、陈栎、胡炳文、倪士毅、汪克宽等。他们针对朱熹之后"异说"纷起的学术界状况，致力于维护朱子之学的纯洁性，将排斥"异论"、发明朱子学本旨作为学术研究的重心。同时，元朝新安理学家崇尚"气节"，不仕元朝，将精力集中于讲学授徒，培养了一批有一定建树和影响力的新安理学学者。此时的新安理学人才辈出、学术研究不断深化和普及读物大量出现。三是元明之际与明朝的盛极复衰时期。这一时期的主要代表人物有郑玉、朱升、赵汸、朱同、范准、程敏政、汪道昆、程文德、潘士藻等。明前期的郑玉、朱升、赵汸等人在批评元朝理学家墨守门户、死抱师门成说之弊的基础上，先后提出了求"本领"、求"真知"、求"实理"的新的治经主张，并据此指导思想进行学术研究，形成了或"旁注诸经"发明朱子之学，或"和会朱陆"弘扬本门宗旨的不同学术风格。从学术研究的成就和特色来看，这是新安理学发展史上最丰富灿烂的时期。明朝中后期的新安理学学者因受"心学"影响，阐释朱子之学不力，整个学派出现萎靡不振的衰落迹象。四是清朝的终结时期。这一时期的重要代表人物有江永、戴震、程瑶田等。他们在清初学风的影响下，倡导汉学，培养了一批以考据见长的新安经学家，最终实现了徽州地方学术从新安理学到徽派朴学的转变。

新安理学从南宋到清朝的演变过程，正是12世纪以后中国哲学史和学术思想史的缩影。它对中国封建社会后期历史的发展，特别是对明清时期徽州社会的发展产生了巨大的影响。

第五章　贾儒商教

研学感悟

第六章

艺术百工

自然造化、山水之美一直是艺术创作的源泉。新安大好山水广泛孕育了徽州文化，也直接孕育了独有的徽州艺术。

徽州艺术种类涵盖面极其广泛，包括戏曲、音乐、舞蹈、绘画、书法、篆刻……异彩纷呈，绚丽多姿。木雕、石雕、砖雕，并称徽州"三雕"，它们既是徽州古建筑的"三绝"，也是徽州艺术的巅峰代表作品；被誉为新安"四宝"的笔、墨、纸、砚，是徽州特有文化艺术，同样是中国文化的瑰宝；新安画派、徽派版画、徽派篆刻，这三者被统称为徽州的"三派"，其艺术成就之高，影响之深远，令人叹服。

回望徽州艺术，能够取得如此高的成就，与它紧密联系生活、兼收并蓄、突出地方特色、以儒雅为宗旨以及强烈的扩张意识有着莫大的关联。

天开神境，巧夺天工。徽州艺术有着高雅优美的艺术品位，细细鉴赏，如春风化雨，润物无声，令人回味，使人难忘，在不知不觉间洗涤人的心灵，陶冶人的情操。

艺术是人类生活、情感真实的流露，它所体现出来的文化影响力最直接，也最具感染力。今天，当我们迈进徽州文化这座金碧辉煌的大厦时，令我们眼前一亮的，无疑是这些灿烂辉煌的徽州艺术。

第六章 艺术百工

第一节 徽州三雕：刀尖上流动的艺术

引言

徽州，从民宅到祠堂，从门楼到窗棂，各种各样的雕刻非常之多，非常精美，这就是传说中的"徽州三雕"。"徽州三雕"是徽州最为宝贵的文化遗产，是徽州人民智慧的结晶！

这一天，骆驼侠专程来到"徽州三雕"非遗传承人的门店，登门求教。

骆驼侠 雕刻技术，在中国很多地方都有不同的发展，为什么"徽州三雕"最为著名，被誉为中华文化的瑰宝？为什么"三雕"只出现在古徽州呢？

非遗传承人 "三雕"在徽州出现，并达到艺术的巅峰，不是偶然的。这大致有三个方面的原因。一是徽商巨贾的经济能力和光宗耀祖的欲望。这些背井离乡、辛辛苦苦做了一辈子生意的徽商们，为了回报桑梓，同时也为了叶落归根、光宗耀祖，他们有财力、有欲望在家乡修祠堂、树牌坊、建宅第，也有足够的财力和雅趣用于精雕细刻，以尽显其豪华富贵之气势，这是"徽州三雕"应运而生的首要因素。二是徽商们超越社会等级的诉求，通过精雕细刻实现变相的越限。在"重农抑商"的时代，徽商心态始终处于压抑窘境，一方面想借大兴土木之机大肆张扬释放，但另一方面又限于礼制法规不得超越界限，于是只得将财力、精力和发泄欲全部花在精雕细刻上面，来个变相越限，照样辉煌壮观。三是能工巧匠尽施绝技。徽州自古多能工巧匠，扬州园林大多出自徽州匠人之手，曲阜孔庙大成殿石柱上的雕龙也出自徽州匠人之手。徽州这么多身怀绝技的能工巧匠，使得"徽州三雕"艺术特色独具、精湛隽永、日臻完美、登峰造极。当然了，徽州文化博大精深，程朱理学、新安画派，甚至包括新安医学都对"徽州三雕"的艺术审美产生了积极的影响。

骆驼侠
非遗传承人
"徽州三雕"起源于哪个时期？都有哪些特点呢？
如果算起来，"三雕"的历史源于宋朝，至明清而达极盛。明朝初年，徽派木雕已初具规模，雕风拙朴粗犷，以平面淡浮雕手法为主，一般只有平雕和浅浮雕，借助于线条造型，而缺乏透视变化，但强调对称，富于装饰趣味。明朝中叶以后，随着徽商财力的增强，炫耀乡里的意识日益浓厚，木雕艺术也逐渐向精雕细刻过渡，多层透雕取代平面浅雕成为主流。木头容易受潮，保存起来比较麻烦，所以后来就出现了石雕、砖雕。到了明清时期，"三雕"艺术的发展最为鼎盛，尤其是刀功、技艺已到了"天工人可代，人工天不如"的艺术意境。如果在现场看艺人雕刻，你会发现，他们执刀有力，运刀自如，刀可随意变动，真是一种美的艺术享受。

骆驼侠 要想雕刻出一件精美的作品，材料、工具都要精心选择吧？

非遗传承人 那是自然，缺一不可。传统的"徽州三雕"首先重视的就是选材和选题。木雕用料大多选用产于当地的名贵树种，如檀木、银杏、红杨、槠树、石莲等。石雕的取材来源主要有青黑色的黟县青石和褐色的茶园石，色泽有别，观感亦有差异。砖雕的用料比较讲究，一般采用经特殊技艺烧制而成的掷地有声、色泽纯青的青砖为材料,在雕刻前,还应将青砖细磨成坯。"徽州三雕"在选题上首先考虑的是建筑部位的需要与可能,其取材甚为广泛,有人物、山水、花卉、禽兽、虫鱼、云头、回纹、八宝博古等,主要追求的是吉祥如意、安康和谐、天人合一的人生境界。雕刻手法上大多平雕、浮雕、圆雕、透雕和线雕并用。当然了,最好的材料都要依靠人的智慧,少了执刀的那个人,再好的材料也是白搭,你说是不是?

骆驼侠点点头,表示认同。

非遗传承人	(叹气)不过,老祖宗传下来的技艺有的都快失传了。
骆 驼 侠	为什么会出现这样的情况呢?
非遗传承人	古"徽州三雕"有很多艺术珍品。因为各种各样的原因,许多珍贵的"三雕"艺术品离开了它的母体,成为人们争相收藏的对象。比如将窗户从房子上拆下、把砖雕从墙体中拆除等,还有的被大量运往外地,流入他乡。最重要的是,"徽州三雕"技艺要

求从事者远离浮躁，静下心来，在清贫中从事默默无闻的劳动，这让当今的年轻人望而却步，少有问津。同时，由于劳动回报微薄，一些原本从事"三雕"技艺的民间艺人中途放弃了。当前，从事"徽州三雕"技艺的队伍已是今非昔比了。

骆驼侠　　那可要抓紧保护啊，这样精美的艺术要是失传了就太遗憾了。

非遗传承人　　是啊，现在政府已经开始重视，对"徽州三雕"进行了保护，把它列入了非物质文化遗产，但仅仅靠政府还是不够的，我们这些手艺人尤其是年轻人要能耐得住寂寞，不仅要传承，还要创新，这样才能对得起这笔珍贵的文化遗产啊！

  如果给你一把刻刀，外加一块木料，或者一块砖头、石料，你会做什么？又能做出什么？就在你茫然不知所措的时候，智慧的古徽州人早就给出了答案：艺术，精美绝伦的雕刻艺术。心到眼到手到，聪慧的徽州人匠心独具，刀人合一，硬是把一块块死气沉沉的木头、砖头、石料变成了鲜活的艺术品。仅仅称其为能工巧匠似乎还有点委屈，"化腐朽为神奇"才是最恰当与贴近的描述。

  "徽州三雕"是徽州木雕、砖雕和石雕的总称，追溯其历史，源于宋朝，至明清而达极盛，主要应用于民居、祠堂等类建筑物的装饰以及家具等工艺品的制作。"徽州三雕"在风格上一般可分两个阶段，明末以前的雕刻朴拙古雅，多平雕和浅雕，缺少透视变化，主要借助线条美感获得近于平面的装饰美。入清以后，雕镂渐呈细腻，多深浮雕和圆雕，具有镂空效果，层次繁复，给人以玲珑剔透的精美感。

  题材广泛、内容丰富是"徽州三雕"的一大特点，传说故事、民情风俗、名人逸事、宗教画像、戏剧人物、现实生活境况和花鸟虫鱼、飞禽走兽及各种纹饰图案纤毫毕现。雕刻作品因材而雕，而又各呈其态、各蕴其韵。徽州文化的源远流长为"三雕"艺术提供了艺术的源泉，"三雕"艺术深受新安画派、徽派版画、剪纸和徽派盆景的影响，比较注意构图变化和透视效果，内容上也注重整体性和情节性。技法上实行多样化，高浮雕、透雕、层雕和镂空雕等，根据不同情况加以运用。有的浑厚沉雄，神威逼人；有的质朴简练，工写兼得；有的灵活有趣，主体突出；有的层次分明，远近有序，富有强烈的空间效果。

"徽州三雕"其实与西方的哥特式建筑雕刻对比起来看，两者都是在建筑的本身上穷尽雕功，也都是用刻刀完成自己最渴望的表达。但两者又是那么迥然不同，在西方人的刻刀下，是战栗、狂热的教会表达，建筑物被密布的雕刻包裹，足以让密集恐惧症患者感到不安。宗教和神迹题材的雕刻伴着高耸的尖顶不断上升，强烈地表达着离弃尘土、亲近上帝的神学意图，那些雕刻也像是犀利的呼喊，回旋在上帝领地的上空，试图从那里听取天堂的声音。而徽州的"三雕"恪守的则是大地的法则，游动的刻刀将这一法则精妙地镶嵌进家族现实生活的场景。福禄寿喜表达着最现实的世俗欲望诉求；戏剧故事承担着儒家的教化；梅兰竹菊彰显着主人的品位；灵兽飞禽暗示着吉祥的寓意。如果说哥特式建筑雕刻是中古神启时代终结前的最后一次照耀，是从一个极端的立场重申对神的敬意，那么"徽州三雕"则是古典中国的精致在家族庭院投射出的句号，它用令人惊叹的技艺寄托了东亚农耕文明对世俗日常生活的满腔痴情，以及对家的无限眷恋。走近"徽州三雕"，其实是走近一段古老的岁月,以及生活在这段岁月中的人,对内心的观照,对生活的理解。

木雕是"徽州三雕"中最早的,徽州山区盛产木材,建筑物绝大多数是砖木石结构,尤以使用木料居多,于是徽州成了木雕艺人发挥聪明才智的用武之地。徽州木雕用于旧时建筑物和家庭用具上的装饰,遍及城乡,其分布之广在全国屈指可数。宅院内的屏风、窗棂、栏柱,日常使用的床、桌、椅、案和文房用具均可一睹木雕的风采,几乎是无村不有。徽州宅第木雕取材以柏、梓、椿、桧、榧、银杏、杉树为主,家具木雕则以红木、乌木和楠木为贵。木雕题材以江南民间吉祥图案、宗教人物、戏曲故事、山水、花鸟虫鱼为多,颇有情趣。

徽州木雕的代表作,一个为黟县卢村的志诚堂,另一个为宏村的承志堂。承志堂前厅的冬瓜梁上设计了"宴官图",中门上方精雕了"百子闹元宵图",画面上一百个天真活泼的孩童,放爆竹、玩龙灯、舞狮子,个个活灵活现,呼之欲出;后厅梁枋间的木雕为"郭子仪上寿"和"九世同堂",寓意深远,惟妙惟肖。志诚堂位于黟县宏村镇雉山村,雉山村又名卢村,故志诚堂又称作卢村木雕楼。木雕楼始建于清咸丰年间,占地面积约200平方米,其主体建筑志诚堂以精美木雕而著称,采用了混雕、线雕、剔雕、透雕等精湛工艺。其系两楼三间砖木结构,梁垫、雀替、挂落、裙板、隔扇无不精雕细刻。志诚堂正厅的板壁,天井四周连花厅的梁柱,厢房的门窗、槛台等都饰有精美木雕。每块画面都饱含着中国传统文化,从儒家思想到佛家经传、道教教化,从三国故事到二十四孝和神话传说,从文人典故、琴棋书画到民俗活动,样样俱全。行刀用凿,手艺精湛,从大小喜鹊身上根根可数的羽毛,到如黄豆大的人物面上的喜怒哀乐,都刻得活灵活现、清晰逼真,可谓木雕中的精品,被誉为"木雕艺术的民间殿堂""徽州木雕第一楼"。

徽州老房子很讲究门面,大门是外墙装饰的重点。门楼上面大多镌刻着一幅幅生动的画面、一个个精美的图案,这就是流传在徽州的砖雕艺术。

徽州砖雕艺术始于明朝。砖雕图案具有浓郁的民间色彩,较为常见的是戏曲故事和花草动物,诸如"古城会""打金枝""梅、兰、竹、菊"等。砖雕堪称民间艺术的一朵奇葩,艺人在见方尺余、厚不及寸的砖坯上雕出情节复杂、多层镂空的画面,令人产生精妙无比的美感。作为古徽州一种重要的建筑装饰艺术产品,砖雕在徽州城乡随处可见。徽州砖雕不同时期风格各异:明朝稚拙粗犷,金石味和装饰味很强;清朝,随着徽商的崛起,经济富庶,砖雕艺人又受新安画派的熏陶和影响,风格渐趋细巧精美,层次不断加深,精品不断涌现。

大阜潘氏宗祠、棠樾女祠的八字墙上所饰的砖雕,精致华美;徽州区潜口镇蜀源村清朝民居思恕堂,是由5幢不同朝向的主建筑及单披厢房、内天井、小院落、夹巷、通道组合而成的一个建筑群体。各幢始建年代不一,其正堂大门门罩装饰的精致砖雕,为扬州瘦西湖景致,画面山水花木、楼阁亭桥、

人物器具布局巧妙，线条细腻，是徽州砖雕艺术的精品。

走进徽州，就如同步入一个石雕的世界。且不说那些高耸的牌坊和祠堂前的石鼓、石狮，单说那古建筑中的石雕漏窗和镶嵌在祠堂栏杆上的石雕图，就足以令人赏心悦目了。

徽州石雕题材受雕刻材料本身限制，不及木雕与砖雕复杂，主要是动植物形象、博古纹样和法书，而人物故事与山水较为少见。在雕刻风格上，浮雕以浅层透雕与平面雕为主，圆雕整合趋势明显，刀法融精致于古朴大方，没有清朝部分木雕与砖雕那样细腻繁琐。石雕精品比较常见的是宅居的门罩、院墙的漏窗和各种石牌坊。

漏窗或圆或方，或如扇面，或似葫芦，有扇面形的"琴棋书画"，也有倒叶形的漏窗寓意，落叶归根，凡此种种，各有立意，各得其妙。黟县西递村西园中有一对石雕松石、竹梅图漏窗。"松石图"漏窗上，两株奇松斜立于嶙峋怪石之上，十分刚劲有力，颇有"咬定青山不放松"的意味；"竹梅图"漏窗上，弯竹梅影，婀娜多姿，可谓是"寒梅疏竹共风流"。雕刻静中有动，画中有诗，构思高超，虚实有致，刀法遒劲，造诣高深，堪为石雕精品。

徽州木、砖、石三雕，精细雅致，巧夺天工，具有明显的地方特色，富有浓厚的乡土气息。"三雕"作品中的山水多是徽州地区有代表性的景观，如常见的黄山松涛、白岳飞云、新安归帆等；"三雕"作品中的植物多是徽州地区典型植被，如松、竹等；"三雕"作品中的戏剧画面多是徽剧演出的场景，甚至连一些三国的故事雕刻，也都徽剧化了……

第六章　艺术百工

"徽州三雕"精美绝伦，当我们徜徉、惊叹其精美艺术时，其实更应致敬的不是那把刻刀，也不是那些片迹可寻的木材、石料，而是握着那把刀的人。"天工人可代，人工天不如"，是他们把雕刻这门技术上升为艺术，用刻刀雕刻出了时代的美学，他们才是"徽州三雕"的真正灵魂。

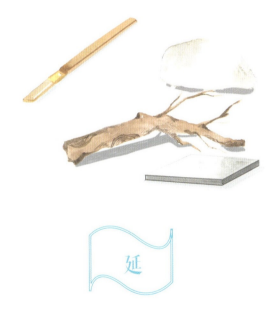

国画大师黄宾虹这样形容徽州雕刻："多奇杰异能之士……一技一能，具有偏长者莫不争为第一流人。"

2006年5月20日，"徽州三雕"经国务院批准列入第一批国家级非物质文化遗产名录。

2007年6月5日，经国家文化部确定，安徽省黄山市的方新中、冯有进为该文化遗产项目代表性传承人，并被列入第一批国家级非物质文化遗产项

目代表性传承人名单。

2014年6月12~17日，由安徽省文化厅、安徽大学主办的2014中国文化遗产日安徽主场活动在安徽大学艺术学院举行。以"从黟县百工出发，行动中的民艺"为切入点，邀请徽州木雕传承人汪德洪等现场展示徽州的传统艺术，这是非物质文化遗产首次走进高校。

2018年12月，教育部办公厅公布安徽师范大学为"徽州三雕"中华优秀传统文化传承基地。

第六章 艺术百工

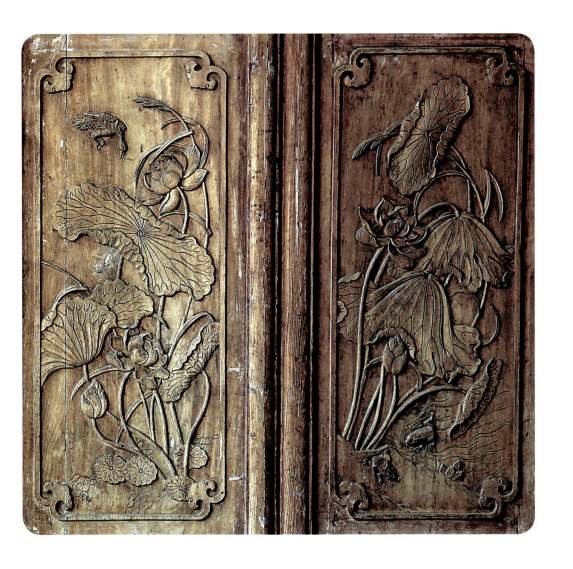

研学感悟

第二节 新安四宝：穿越古今的文化名片

早就听说徽州的文房四宝非常有名，尤其是徽墨、歙砚，都是中国文房四宝的代表。徽墨凭什么这么珍贵？好奇的骆驼侠决定去徽州这个曾经的全国制墨中心深入了解一下。骆驼侠的运气实在不错，徽墨的传承人正好有空，接待了他。

骆驼侠　古语传说"一两徽墨一两金",这个说法靠谱吗?

传承人　古时确实有这样的说法,不过,这是指那些上等的徽墨,比如说超顶漆烟墨,非常名贵,别说一两金,应该是"金不换"才对。制作徽墨的成本在那里,一锭墨,两个打火机那么大,就要近千元的成本。

骆驼侠　除了顶级的徽墨,还有哪些其他种类呢?

传承人　徽墨以松烟、桐油烟、漆烟、胶为主要原料制作而成,是传统书法和绘画使用的一种特殊颜料。历代徽墨品种繁多,主要有漆烟、油烟、松烟、全烟、净烟、减胶、加香等。我刚才说的高级漆烟墨,是用桐油烟、麝香、冰片、金箔、珍珠粉等十余种名贵材料制成的。真正的徽墨制作配方和工艺非常讲究,它集绘画、书法、雕刻、造型等艺术于一体,使墨本身成为一种综合性的艺术珍品。徽墨的制作技艺复杂,不同流派各有自己独特的制作技艺,秘不外传。

骆驼侠　为什么要以松烟、桐油烟、漆烟为原料呢?加麝香、冰片能起到什么作用?

传承人　用松烟、桐油烟手工制成的徽墨耐腐蚀、抗氧化,落纸如漆,色泽黑润,经久不褪,舔笔不胶,古代字画能传承几百甚至上千年，与所用好墨息息相关。徽墨配方中加入冰片、麝香等十几种名贵中药，能稍微消解胶味，但其真正的作用是防腐、防蛀。此外，麝香能起到穿透作用，过去文人在牌匾上题诗写字"入木三分"，那是因为麝香把墨带进木中了。所以啊，对于优秀艺术作品的传承、传世，徽墨一直做着自己的贡献。

骆驼侠 哇，原来这么讲究。徽墨制作的工序应该也很复杂吧？

传承人 那是当然。历史上，徽墨素有"拈来轻、磨来清、嗅来馨、坚如玉、研无声、一点如漆、万载存真"的美誉。要承担这样的美誉，就要付出相应的努力，这两者之间是对等的。简单来说，徽墨制作有二十多道工序，炼烟、洗烟、熬胶、拌料、成坯、烘烤、锤打、定形、晾晒、打磨、描金、雕刻……每道工序都需静心凝神，一点都不能马虎，还要加上时间的等待，单晾墨阴干就需要6~8个月，所以说啊，徽墨的制作周期是比较长的，要耐得住寂寞，制墨的过程其实也是历练人生的过程。

骆驼侠　现在市场上的徽墨与之前的有何区别呢？徽墨的鉴别，有什么诀窍呢？

传承人　现在街头十几元、几十元的所谓徽墨，很多是用现代墨汁做的。这样的东西，根本不能算作徽墨，先要排除在外。要想鉴别一块徽墨的好坏，除了看其制作图案是否精美、涂金之色是否纯正以外，还可以从辨色、听音、观形三个方面来进行。辨色，就是辨别墨的色泽，以紫色为最好，墨色次之，青色最差；听音，就是听墨在桌上轻轻叩放时发出的声音，以清脆音亮为好，不清为差；观形就是看墨的外形，以挺直、干燥为好，弯曲、霉湿为差。这个和中医的"望闻问切"有点像。

第六章 艺术百工

骆驼侠　我们现在用毛笔非常少,即便写点书法,也是用墨汁,连磨墨都不会,徽墨未来出路在哪里?

传承人　这确实是我们面临的实际问题,也是我们一直在思考的。所以,我们不仅要传承,更要创新,要转型升级,没有创新,不转型升级,徽墨不会有出路,也不会有未来。

"水复山重客到稀，文房四士独相依。"文房四宝在文人墨客眼中不仅是工具，更是陪伴，这样的陪伴历经岁月，历久弥新。如果要追根溯源，则不得不去一个地方——徽州。

文房四宝是中华文明最独特的传承载体，九州虽辽阔，但徽州却独据这一载体的大半壁江山。四宝产地虽多，但四宝样样齐备、水平始终一流的，纵观千年，唯有徽州。徽州所产笔墨纸砚，世人视为文化精品，早在宋朝就已作为"新安四宝"进贡朝廷，誉满天下。

中华千年，瑰宝万千，但真正能抵得过岁月者并不多。尤其是古典器物，绝大多数都以湮灭为最后归宿。这湮灭有时是个体代谢的结果，而有时则是整个物种的消亡。这条路上充满了老旧、毁损和被掩埋。而大量器物制造技术的湮灭更是毁灭性的，它会导致整个"物种"的大规模消失。在资本主义科技和工业复制时代到来之后，乡村手工业作坊及其技术开始湮灭，旧式工匠带着祖传的技能相继谢世，老式器物向人的日常生活告别。那些油灯、烛台、帐钩、夜壶、滴漏、臼杵、陶罐、蓑衣、绣架、长衫、木屐、织机等，数千年来一直是华夏民族农业生活的守望者，最终却被时间的洪流所吞没，只有极少数得到营救，成为博物馆里的孤寂展品。尽管它们可以召回人的记忆，但玻璃罩和警报器却要阻止人与物的亲密接触。这其实就是生与死的互望。在人与历史器物之间，出现了无法逾越的屏障。

第六章 艺术百工

透过这无数的湮灭和死亡来看文房四宝，我们就更会惊叹它的不朽。即使在今天，我们仍能在五星级酒店和小区厅堂里看到墨写书法，仍能在机场的柜台和普通人的书房里看到精美的砚台，甚至和一千年前一样，现在的人们仍会用文房四宝，作为相互表达心意的礼品。那种融情于笔墨纸间，纵情于宣纸之上的诗意情怀，至今仍滋养着现代人疲惫的心灵。时光，似乎在它的身上凝固；岁月，也要为它的魅力静止。

徽州成就了四宝的精工，四宝也成就了徽州的辉煌，徽州在文化上的流光溢彩，一个重要的标志就是推进了作为中华文化载体的文房四宝向前发展。想领略徽州文化的万千气象，首先就必须以笔、墨、纸、砚的发展与联系为中心，一览其从古至今的发展之路。

文字的流传离不开毛笔。笔是文化传承最重要的工具，在文房四宝中排第一位。"落纸惊风起，摇空见露浓。"这是唐朝大才子耿湋《咏宣州笔》中的名句，假如他见到徽州笔，不知会作何感想，又该会发生怎样的慨叹？

徽笔的来源，同三国时期的制笔名家韦诞有关系。明朝的博物学家李日华在《六研斋笔记》中说，宋朝黟县吕大渊领悟了韦诞制笔方法，为黄庭坚制作了二十余支笔，都很优良。后来吕大渊见黄庭坚家中有金丝猴毛，于是将这批金丝猴毛制作成丁香笔，黄庭坚拿到笔后非常满意。黄庭坚在《山谷笔说》中提到了北宋时期的另一位徽州制笔名家吕道人。黄庭坚认为："歙州吕道人，非为贫而作笔，故能工。"他指出吕道人制笔并不是为了谋生，而是作为一种爱好，所以其所制之笔比起以制笔为生计的工匠所制之笔，要精致许多。吕大渊、吕道人是否同根同源不得而知，但有一点可以肯定的是，他们与徽笔都结下了极深的渊源。

到了南宋，徽州出了一位制笔大家——汪伯立。汪伯立是歙县人，南宋理宗时期新安制笔名家，所制之笔列入"贡品"，是新安文房四宝在历史上非常具有影响力的产品之一。汪伯立笔制作精细，以精挑的毫毛作笔头，锋长腰直，锐利如锥。羊毫以细嫩尖锋为好，兔毫长而锐，黄鼠狼尾毫以冬尾为最。用作笔杆的原料也很讲究，一般用竹木制成，亦有以象牙、犀角为之。笔杆长约5寸（约16.67厘米），前端制成空管，将制好的笔头嵌于笔管中。制成的笔，笔锋长，笔毫很细，笔管小。

元朝以后，湖笔崛起，徽笔一度被湖笔所掩。但经营徽墨、歙砚的商号，同时也经营纸和毛笔，制笔名工代不乏人。尤其是明清时期，徽州人开设的笔庄墨肆遍及全国各大城市，有的笔庄老店直到民国时期还在经营。然而，时至今日，毛笔已不再是人们日常的书写工具，毛笔市场急剧缩减。因此徽笔及其制作技艺日渐式微。

第六章 艺术百工

新安四宝之中,徽墨和歙砚名气最大,尤为出众。这固然有其质量上乘之因素,却也与其攀上皇家、沾上官气有关。南唐后主李煜虽然皇帝没当好,把国家给丢了,但他的诗词千古风流,对徽墨、歙砚以及澄心堂纸都是青睐有加,为它们历史地位的奠定立下了汗马功劳。

唐朝《歙州图经》《元和郡县志》都曾记载,黟县县南有墨岭,出墨石,当地人将其加工后,当成墨来用。可见,徽州人很早就知道使用石墨来写字。但是,徽州大规模生产松烟墨始于唐末,与北方制墨工匠奚超、奚廷珪父子南来有较大关系。河北易水在唐朝是全国制墨中心,有许多制墨名家,奚超、奚廷珪父子就是其中的制墨名家。唐末战乱,大量北方墨工纷纷南迁,奚超一家由河北易水南迁至徽州,被这里的大好山水所吸引,尤其见皖南古松是制墨的好原料,于是定居徽州。奚氏父子所制松烟墨质量上乘,受到南唐后主李煜的赏识,赐其国姓李,提拔李廷珪为墨务官,专门为皇家制墨,全国制墨中心因此南移到了徽州。

宋朝制墨在制造范围、制墨高手、采用原料、加工艺术等各方面,相比南唐都有了较大发展。到了元朝,因社会动荡,徽州的制墨业也暂时低落。即便如此,极富地方特色的徽墨制作工艺从未中断。歙县陶得和专制桐油烟墨,受到当时名公巨卿的赏识,著名画家倪瓒对他极为推崇,写有《赠陶得和制墨》。明朝是徽墨发展最为辉煌的时期。据明末麻三衡《墨志》记载,当时徽州墨工有120余人,真可谓群星灿烂。明朝徽墨制作的主要特色是广泛采用"桐油烟""漆烟",并在其中加入麝香、冰片、金箔等十几种贵重原料,墨的品质不断提高,而且在墨谱的图式、墨模的雕刻方面也各尽其美，徽墨制作达到了历史最高水平。到了清朝，徽墨进一步发展，形成曹素功、汪近圣、汪节庵、胡开文"四大制墨名家"。特别是其中的曹素功和胡开文两家，代代相传，至今这两块招牌依然在上海和徽州两地保留，可见其影响深远。

"妙句之来墨妙同，信知吾道未全穷。"墨是重要的书写工具，但是，如果你想目睹一块徽墨的形成，至少要花上一周的时间。制墨堪比淘金，一间20平方米左右的漆黑的炼墨房，30多个油灯，油灯上面盖上碗，不能扣死，否则灯火会灭。过了几十或上百小时后，倒扣的碗底终于形成薄薄的一层煤灰，这便是徽墨的原料。30多个碗里刮出的煤灰，可能也制不出一块徽墨的二分之一。俗话说，"黄金易得，徽墨难求"，徽墨的珍贵由此可见。

今天提起徽纸，大家都会比较陌生。不是宣纸吗？诚然，但也并不能抹杀徽纸曾经的辉煌。徽州造纸始于何时，并没有准确的记载。但在唐朝，徽州的造纸业已经十分发达，被作为贡品进贡到朝廷。能作为贡品进宫的，自然不是凡品，定是千挑万选的精品。到了五代时期，造纸工艺不断提高，黟、歙之间出了不少良纸。幸运女神再次眷顾，徽纸在对的时间遇到了对的人——还是擅诗词书画的南唐后主李煜，他对进贡上来的徽纸视如至宝，特别将烈祖李昪节度金陵时宴居、读书、阅览奏章的"澄心堂"用来贮藏，因此将其命名为"澄心堂纸"，并设置专门机构监制这种佳纸，以供宫中长期使用。"澄心纸出新安郡，腊月敲冰滑有余。"澄心堂纸质量极高，但传世极少。南唐灭国以后，澄心堂纸落到北宋一些诗人、

第六章 艺术百工

画家和文学家手中,成为北宋文人之间一段流传千年的佳话。

歙县人潘谷不仅精于制墨,也是雕砚造纸高手,曾经仿制过一批澄心堂纸。潘谷与梅尧臣是好朋友,于是送了300张仿制的澄心堂纸和一方歙砚给梅尧臣。梅尧臣以《潘歙州寄纸三百番石砚一枚》为题,赋诗一首以志其事。到了宋朝,徽州已经成为全国的造纸中心之一,所生产的徽纸行销全国。但是,元朝以后,徽纸的声誉逐渐被宣纸所取代,虽然造纸工艺一直得到传承,也有所发展,终究不复当年的英姿与风采。

在新安四宝中,歙砚是最得宠的,也是名头最响的,为历代文人所称道。"涩不留笔,滑不拒墨。瓜肤而谷理,金声而玉德。"这是苏东坡对歙砚的评价。米芾则称:"金星宋砚,其质坚丽,呵气生云,贮水不涸。"黄庭坚、欧阳修也都用过不同的诗句来赞颂它。相对这些大书法家、大文学家的评价,南唐后主李煜另辟蹊径,此时他一改婉转缠绵之风,简单粗暴却直白有力:"歙砚甲天下。"

据唐积《歙州砚谱》记载，唐开元年间，歙县猎人叶氏追逐野兽来到长城里，见一叠一叠的石头垒得如同城墙一般，石质莹洁可爱，于是捡了一块拿回家。回来以后，他粗粗地将这块石头制成砚的形状，在使用过程中叶氏发现这方砚的细腻温润程度竟然超过端砚。后来，叶氏的裔孙将这方砚献给了县令，县令非常喜爱，请了当时著名的砚雕名匠将这块砚石精心雕琢成砚台。从此，这里的砚石就传开了。

五代后梁太祖朱温曾赐给宰相张文蔚和杨涉各一方"龙鳞月砚"，《清异录》称"龙鳞月砚，歙产也"。所谓龙鳞是指砚石纹如龙鳞，而月砚则指形状如月。歙砚在此时已成为御赐品，可见其珍重程度。南唐时期，歙砚进一步得到宠遇。据《歙州砚谱》记载，南唐元宗李璟精意翰墨，雅爱文房，见歙州太守所献歙砚，石色青莹，石理缜密，坚润如玉，发墨如油，十分喜爱，于是在歙州设置砚务，提拔砚工李少微为砚务官。帝王新设置砚务官督理采制歙石歙砚，是前无古人的盛举。到了宋朝，歙砚进入大发展的时期。景祐和嘉祐年间，钱仙芝、王君玉前后任歙州太守，督理采石雕刻歙砚，通过大规模开采，不断发现歙砚精品。然而，到了元朝之后，歙砚的开采与制作一路下行，逐渐没落……如今，要找一块普通的歙砚或许不难，但要想寻得一块上好的歙砚，也只有祈祷上苍赐予机缘和运气了。

"磨润色先生之腹，濡藏锋都尉之头。引书媒而黯黯，入文亩以休休。"抚今追昔，新安四宝，有的已经沉寂，有的已经难寻，但无可否认的是，它们不仅仅是简单实用的书写工具，更是传承千年中华的依托，是传统文人世界的映射，是穿越古今的文化名片，永垂史册。

第六章 艺术百工

徽墨"落墨如漆,万载存真";歙砚"涩不留笔,滑不拒墨";澄纸"洁白如玉,细薄光润";汪笔"尖、齐、圆、健"四德具备。古徽州在宋朝中叶前称新安郡,故此地产品被称为"新安文房四宝"。

徽笔,宋朝名笔,因产于徽州而得名,又名"汪伯力笔"。2014年,由黄山市屯溪区申报的"徽笔制作技艺"入选第四批国家级非物质文化遗产名录。

徽墨有落纸如漆、色泽黑润、经久不褪、纸笔不胶、香味浓郁、奉肌腻理等特点,素有拈来轻、磨来清、嗅来馨、坚如玉、研无声、一点如漆、万载存真的美誉。2015年12月,徽墨成功获批国家地理标志保护产品称号。

徽纸,又名"澄心堂纸",南唐后主李煜十分钟爱,特别在"澄心堂"贮藏,并设置专门机构监制这种佳纸。

歙砚,全称歙州砚,中国四大名砚之一,与甘肃洮砚、广东端砚、黄河澄泥砚齐名。2004年,歙县被授予"中国歙砚之乡"荣誉称号。2006年5月20日,歙砚制作技艺经国务院批准列入第一批国家级非物质文化遗产名录。2007年6月5日,经文化部确定,歙县的曹阶铭为该文化遗产项目代表性传承人,并被列入第一批国家级非物质文化遗产项目代表性传承人名单。

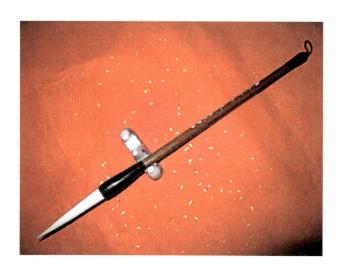

第六章 艺术百工

研学感悟

第三节 徽州三派：新安山水孕育的神韵

新安江山水画廊一年四季景色各异，似一幅流动的山水画卷。

骆驼侠这一日到了此地，果然名不虚传，行走其间，犹如人在画中游，心旷神怡。饱览风景之后，恰巧路过一家画廊，店主也是一位书画家，于是他们攀谈起来。

骆驼侠	新安山水实在是太美了,都说一方水土养一方人,请问知名的新安画派是否也与这美丽的新安山水有所关联呢?
画廊老板	新安画派和新安山水,这二者既有关,又无关。
骆驼侠	请您细细道来!
画廊老板	说无关,是因为一个是自然山水,一个是艺术流派,看起来风马牛不相及;说有关,是因为绘画题材的关系。明末清初,徽州一批遗民画家,很多以新安山水为创作题材,最后形成了一个流派,也就是新安画派。
骆驼侠	看来两者还是有很大的关系的,当地画家画当地山水,你中有我,我中有你啊!您说的"遗民",倒是第一次听说。
画廊老板	"遗民"风格,是新安画派和其他流派的一个显著差异。新安画派的领袖,多为明末的遗民,因为怀念前朝,往往将情绪和心绪寄情山水和绘画。在绘画中,偏爱硬朗的线条、疏密相间的构图、方折尖峭的笔法和枯涩简淡的用墨,笔下的山水往往呈现一种"孤冷荒寒"的特点,彰显出画家的内心悲凉和无奈。
骆驼侠	原来如此。艺术是情感的流露,新安画派表现出来的

冷然绝尘的意境，原来不仅是远离尘嚣的新安山水给画家们带去的灵感，还是改朝换代之际，新安画家苍凉孤傲之情的体现。新安画派的风格，还有什么特点吗？

画廊老板　新安画派的风格，其实可以用 8 个字来总结：枯淡、幽寂、清冷、洁净；强调风骨、诗意，师法自然，以真山真水为师；师古但又不泥古。不过，最重要的特点还是"以画抒情"。

骆驼侠　"以画抒情"也是与时代变迁有关吗？

画廊老板　徽州是朱熹的故乡，其"义利之辨"和"修身为本"的学说，培育出一大批颇具正义感和民族气节的仁人志士，他们把保持"名节"看成是最高道德规范。所以在明末清初改朝换代之际，他们或以身殉明，或高举抗清的大旗。新安画派的奠基人和开创者渐江就投入抗清第一线；还有一些画家，既然上不了战场，就用画笔来表达自己的情感。

骆驼侠　能介绍一下代表性的画家吗？

画廊老板　比如查士标，原本家中很富裕，他自己也很有才气，乡里人都称他为"查文学"。清兵入关以后，家庭被战乱所毁，他的生活道路被改变了，从此他开始了不应科考、专事书画的隐居生活，整日闭门高卧，不见宾客，只到深夜才临池作画。作为遗民，大明的残山剩水是他一生的牵挂，这种遗民情绪在他的画中表现出一种设境幽僻、意趣荒寒的特色。还有郑旼，原名郑旻。入清以后，将"日"字移左边，意思是在我的上面再也没有君王了。在生活极其贫困的情况下，他坚持不与官场人士结交。他的作品意境荒寒，凄厉清绝，流露出一种愤懑郁结的心绪。他的画运笔尖锐、迅疾，正是他那愤世不平心境的体现。

骆驼侠　看来，新安画派的遗民意识，换个角度看，体现出的是一种强烈的故国之思。我们都说言为心声，其实，

第六章 艺术百工

画廊老板 画作也是一种语言,"画为心声",道理都是相通的。
你说得没错,从艺术上看,情感表现是中国文艺最本质、最明显的特征,在大明既灭、大势已去的情况下,新安画派画家更多的是把自己悲愤痛切的情感通过绘画表现出来,因此其作品更多地带有"感伤"的性质。

艺术来源于生活,但又高于生活,因为加入了作者的情感与态度、创作的技巧等,所以要想领略艺术的魅力,不能仅仅停留在作品本身,作品背后的背景、故事都有助于读者更好地去理解作品。

有山的地方就有韵味,有水的地方就有灵气。自然造化,山水之美,一直是艺术创作的源泉。徽州号称"山郡",据浙江上游水云深处,地势斗绝,山川雄深,山峭厉,水清澈;东边有大鄣山为屏障,西边有浙岭扼守。这里重峦叠嶂,河溪纵横,黄山、白岳矗立云间,峥嵘挺拔,锦绣连绵,新安江奔流于山谷盆地之间,波光潋滟,晶莹如玉,素有"大好山水"之誉。新安大好山水广泛孕育了徽州文化,也直接孕育了新安画派、徽派版画,以及徽派篆刻。作为徽州美术艺术的代表,它们在中国绘画、版画、篆刻史上均写下了精彩的华章。

"师古而不泥古,以真山真水为师;新安画派,独树一帜。"这是世人对新安画派的评价。新安画作由来已久,元朝时,绩溪人程政以新安大好山水入画,成为新安山水画的先驱。歙县画家朱璟大雪天独坐空山之巅,领悟大自然的美景。别人不理解,问他干什么,他回答说:"我这是在将丘壑之美,装进我的胸中。"到了明嘉靖年间,休宁的丁瓒开始用简洁清淡的笔法描绘新安山水。这种简洁的笔法,更容易表现黄山石质岩体的层峦叠嶂。从此,这种简洁清淡的笔法一直被明清徽州画家所继承,为新安画派的形成奠定了笔墨基础。

"敢言天地是吾师,万壑千言独丈藜。梦想富春居士好,更无一段入藩篱。"渐江的出现,使新安画派真正登堂入室,成为中国山水画一个全新的艺术流派。清乾隆年间,张庚在《浦山论画》中提出:"新安自渐师以云林法见长,人多趋之,不失之结,即失之疏,是亦一派也。"意思是:新安这个地方,

第六章 艺术百工

自从渐江以模仿倪瓒简洁清淡的画风而著称于世,大家都争相仿效,成为一个画派。人们于是把渐江作为新安画派的奠基人和开创者。

渐江,姓江名韬,歙县东关人,渐江只是他的号,后来拜古航禅师为师,受戒为僧,释名弘仁。明崇祯初期,渐江在家乡就已经是一个很有名气的画家了。如今存世最早的作品《秋山幽居图》作于崇祯七年(1634),当时他只有25岁。在新安画派的艺术风格形成过程中,渐江虽然称不上是开创者,但以他的艺术成就却是新安画派中的佼佼者,是新安画派最优秀的代表人物。南京博物馆藏有一幅渐江画的《黄山天都峰图》,画面中天都峰高耸突兀,层峦陡壑,几乎所有的山石由大大小小的方形几何体组成。山石多用线条勾勒,没有大片的墨,没有粗拙跃动的线,除了少量坡脚及夹石外,基本没有繁复的皴笔和过多的点染,然而这正是黄山的本来面目。

与渐江一起,被称为"新安四家"的还有查士标、孙逸、汪之瑞三人。查士标是休宁城西人,出身于书香世家,诗、书、画都很精通,重视师法自然。黄山市徽州文化博物馆藏有一幅查士标山水轴,近景坡石上有几棵柳树,树旁疏叶中露出几间茅舍,隔水中远景是横向延展的山峦,完全是徽州山水真景的写实。孙逸也是休宁县人,其山水画枯笔焦墨,淡而神旺。他作画多以家乡山水为底本,以表现超逸自然的情怀。汪之瑞是休宁县徽光人,他早年在徽州,后期浪迹江湖,在江浙、河南等地以绘画谋生,画山水喜爱用披麻及荷叶皴法,多取背面山景入画,画风简淡,别具一格。

当时,在"新安四家"周围凝聚了徽州的一大批画家,形成了一个画家阵营,无论是师是友,或亦师亦友,他们同有一个结合在一起的目标,那就是描绘新安大好山水。正是新安大好山水将大家聚在了一起，一起观览大好山河，一起切磋技艺，一起提高。最终简而深厚的笔法、冷然绝尘的意境成了大家的共同追求。这，就是新安画派的风格。

民国时期，黄宾虹继承新安画派的文人画传统，于平淡中见奇伟，于幽曲中见险峻，笔法纵逸，意韵峻拔，气度雄浑。他将新安画派的道脉传薪到一个崭新的阶段，开中国山水画一代新风。

"徽"字，上下是山水，左右是人文。除了山水画，徽州的人物画、花鸟画同样很有成就。元朝绩溪人戴仲德画起马来，惟妙惟肖，人称"几夺造化"。明成化至嘉靖年间的休宁画家汪肇，擅长画翎毛花卉，笔意恣肆。"扬州八怪"中的汪士慎、罗聘均是徽州人。汪士慎以画梅、水仙和竹类花卉著名，所作梅花繁枝千花万蕊，疏枝半开花朵，冷香清艳；罗聘以画鬼见长，平生最得意的作品为八幅《鬼趣图》，自称目能见鬼，刻画出了各种离奇古怪鬼的形象，用来讽刺当时的社会风气。清末歙县人虚谷以画花鸟和小动物著称，是晚清海派绘画大师，与任颐、吴昌硕并称"海上三杰"……

如果说画作是"雅"的代名词，为文人骚客所独有，那么版画就是一门"雅俗共赏"的艺术。中国古代散件印刷品和书籍都是雕版印刷的，版画也就是散件印刷品和书籍中的插图，用来帮助读者深入了解书籍所记载的内容，极为生动，不仅得到了文人的称赞，也得到了一般读者的欢迎。

徽派版画也是伴随着徽州刻书而产生的。早期的徽州版画作品已经遗失，无迹可寻了，现在存留最早的《黄山图经》是明天顺六年（1462）的辑刻本，可以从中得见唐宋徽州版画的一些影子。

第六章　艺术百工

　　一个艺术流派，必然有着与别派不同的艺术特色。徽派版画线条纤丽秀劲、构图富丽精工、印刷绚丽多姿的特点，是徽派版画在中国传统版画领域独占鳌头的标志。《程氏墨苑》中的《维摩说法图》，是一幅国画理论和技法运用于版画的成功之作，也是徽派版画的代表作之一。画面山水云树环绕四周，布局参差错落。在技法上，画家和刻工在处理山石线条时用的是短促的牛毛皴，用刀疾速，锋利逼人，刻松针也是刚劲有力，柏叶则圆润隽永，行云流水，线条如丝，刀法细腻。这充分表现出徽派版画刚柔相济、动静结合的特点。

　　构图简单是万历以前所有版画的通病，主要原因就是绘图工匠的技艺不精，无法绘出布局完美的图画。文人画家介入版画领域，使绘图艺术队伍更专业化，这对克服版画构图简单产生了重大作用。丁云鹏为《程氏墨苑》绘《百子图》时，为了增加构图的完整性和观赏性，将100个儿童的游乐背景置放在皇家园林之内，有高台、有流水、有栏栅、有假山、有树木、有小鸟，图像布满整个画面，线条一丝不苟，繁而不密，富丽精工，堪称徽派版画的代表作。

彩色套版印刷是版画艺术的最高境界。胡正言悉心研究雕版赋彩印刷技法，在总结前人经验的基础上，将彩色画稿分别用各种颜色勾摹下来，分成数块小版雕刻，叠彩套印，创制"饾版"；又特制凹凸版，印时不用任何色彩，只把纸在版上压印，凸现无色图像，造成浮雕效果，时称"拱花"。饾版和拱花的出现，把版画印法提高到前所未有的水平，开创了后世"木版水印"方法和套色木刻艺术的先河。徽派版画套版赋彩印刷技法所创造出来的艺术风格，影响了全国版画艺术风格的发展方向。

徽州地处偏僻，交往不便，徽州书商、画家、刻工中的一部分人到外地去发展，重新开辟战场，使得徽派风格传播到外地，影响全国。徽州这些优秀的刻工高手在各地操刀刻画，不仅为当地雕刻版画水平的提高做出了贡献，他们还以身作则，以精湛的技艺做示范，使当地的同行大开眼界，吸收了许多技法绝招，因此影响了那个时代全国各地刻书行业和版画风格，使其他地区的版画风格向徽派版画靠拢，形成了明末清初以徽派版画为主流的中国传统版画全盛时期。"世界版画中国为最，中国版画徽州为最。"此话一点也不过分。

篆刻是书法与雕刻的结合，既有实用价值也有欣赏价值，是文人意趣的体现。徽派篆刻之前，还没有真正意义上的文人篆刻。文人篆刻作为一种完整的艺术体系，必须要有一定数量的创作队伍，有一批作品，有一定的创作理论。而这一切都是由徽州人来实现的。徽州人创造出了中国文人篆刻史上第一个文人篆刻流派——徽派篆刻。

徽派篆刻地位的确立以何震为标志。何震是休宁县前街人，晚年寓居南京。他一生以刻印为生，率先对先秦刻石、金文进行研究，从先秦刻石金文中汲取印学营养。他以刀代笔，再现秦汉印章中的凿、铸、镂、琢之美，气韵流畅，成为明末印坛上的领袖，是当时印坛万人景仰的对象，被誉为"海内推第一"。

与何震同时代的徽州人苏宣、朱简、汪关，在明末印坛上也是赫赫有名的人物。苏宣是歙县人，曾经跟从文彭学习六书、篆刻，所刻作品气势雄浑，布局严正。朱简是休宁县北门人，篆刻别开蹊径，以草篆入印，自成一格，创用短刀碎切技法，增强点划之间、字与字之间笔势的牵连、呼应和顾盼，产生出一种富有提按旋转、跌宕起伏的笔意。汪关是歙县人，他参习佛学，心平气和，所刻印章沉稳安详，篆法精严，饶有雍容华贵气象。

何震、苏宣、朱简、汪关在印坛的崛起，影响和造就了徽州大批篆刻人才，形成了一个印人群体，他们互相学习，互相提高，震动了当时的印坛，成为印坛上最早的篆刻流派。

左手紧把印石，右手奏刀工镌，方寸之间，别有乾坤。篆刻的主要表现形式是篆字造型，对于篆字的了解、研究和书写，是篆刻艺术有别于实用印章的关键。徽派篆刻以前虽有对篆法的探讨，但深入系统地对篆字造型进行研究却始于徽派篆刻。徽派篆刻家治印，很注重从篆字入手，精研六书（象形、指事、会意、形声、转注、假借），钻透汉字结构，同时扩大入篆字体范围，从金石、碑版、法帖、钟鼎、泉币、砖瓦等篆字造型上吸取营养，构思篆法与章法。休宁人程原曾说："六书不精义入神，而能驱刀如笔，吾决不信。"他强调了篆刻家精通篆字造型的重要性。

徽派篆刻作为一个统一的艺术流派,有着共同的特征。这就是一以贯之的"崇古"思维,注重学养的创作取向,追求雅逸平和的审美意趣和突出个性的印学理念。徽州印人的"崇古"思维,从何震一直到黄宾虹,一以贯之。他们从借鉴乡贤印风入手,追踪秦、汉,一直到三代。印外求印,师从而不守旧,崇古而不泥古。用不同的方式,从不同的层面汲取古代印章的营养,形成个人印风面貌多样的格局,成为徽派篆刻的艺术特征之一。

徽派篆刻的崛起,才真正确立了文人篆刻艺术的地位,实现了由实用印章向篆刻造型欣赏艺术的转变。徽州以外的文人篆刻流派无一不与徽派有着千丝万缕的关系。徽派篆刻一直是中国文人篆刻的主流,一部徽派篆刻史几乎就是中国文人篆刻流派史。

历史是曲折的,又是公正的;岁月是无情的,也是有心的。新安画派由于徽州独有的地域特色和"江山代有才人出"的技法师承,表现出旺盛的生命力,而徽派版画却随着历史变迁不自觉地走进了低谷,徽派篆刻也趋于消沉。新安山水孕育的神韵——徽州三"派",命运各有沉浮,冷暖世人自知……

在新安画派概念的形成过程中,还出现了"天都十子""海阳四家""新安四家"与"黄山画派""安徽画派"等不同的称谓与说法。

新安画派不仅在国内有着影响和名声,国外也不例外。20世纪80年代中期,美国加州大学伯克利分校东方艺术博物馆就曾经举办过一个"新安画派作品展览",印出大型画册《黄山云影》,还曾举办过研讨会,以资深教授高居翰为首的一批专家学者和青年人撰写的多篇论文刊在画册中。

徽派版画对金陵版画、苏州版画、杭州版画都产生了不同程度的影响。尤其《十竹斋书画谱》和《十竹斋笺谱》出版不久即传到日本,不仅对日本版画,甚至对日本整个绘画界都产生了巨大、深远的影响。郑振铎先生评价《十竹斋笺谱》:"雅丽工致,旷古无伦。""实已跻彩色版画至高之界。"

作为绘画艺术形式之一的连环画,最早也由徽州创造。徽派版画《圣迹图》,是我国现存最早的反映人物事迹较全、具有完整故事情节的连环图画,共 100 幅,对后世连环画的形成与发展都产生了深远的影响。

中国古代印章一般由铜铸或凿制,也有金、玉等其他材质刻制的印章,主要为实用。宋元以降,由于米芾、赵孟頫、吾丘衍等文人的提倡,印章开始由实用向艺术过渡,他们自己篆字,请人雕刻。真正开文人刻印风气、自篆自刻、把篆刻推向艺术高峰的是徽州人何震、苏宣、朱简、汪关,世人称之为"徽派"。

第六章　艺术百工

研学感悟

第七章

科 技 之 光

行知
徽州

徽

长期以来，得益于灵山秀水自然环境的滋养、兴学重教社会风气的熏染、经世致用治学风格的影响，特别是繁盛徽商经济基础的奠定，一批又一批儒士、仕宦、商贾、匠师及其他社会贤达竞比风流，一代接一代的徽州俊彦尽情发挥着无穷的聪明才智，终身耕耘在徽州文化的沃土之上，勤于春种秋收，促其开花结果。他们不仅在文学、艺术、哲学及其他社会科学方面开风创派多有建树，在自然科学方面也硕果累累，在姹紫嫣红的徽州文化园圃里绽放出绚丽多姿的科技奇葩。这些都在英国著名学者李约瑟的《中国科学技术史》中留下了令人豪迈的珍贵记录。

徽州科学技术于宋元时期在全国开始崭露头角，到了明清时期得到空前发展，在全国独树一帜，有晚出后熟、后来居上的特点。一时间，科

第七章 科技之光

技名流和能工巧匠人才济济，群星闪烁，科技著作井喷猛增，发明创造层出不穷，形成了明显的"家族链"和"师承链"特征，无论是科技水准，还是代表人物所占比例，徽州在全国都位居前列，有些甚至独步领得世界风气之先。创新是一个民族的灵魂，是科学技术的动力，也是明清时期徽州科技在全国独树一帜的重要原因之一。

徽州人在数学、天文、历法、农学、水利、地学、医学、物理、生物、建筑、交通等诸多领域都取得了令人瞩目的成就，产生了广泛的影响，涌现了朱熹、程大昌、张杲、程大位、汪机、方有执、徐春甫、黄晟、詹希元、吴昆、汪灏、江永、戴震、汪莱、罗士琳、齐彦槐、程瑶田、凌廷堪、郑梅涧、俞正燮、郑复光、黄履庄、詹天佑等一大批科技名家，为连绵千秋的中国科技史谱写了杰出的历史篇章！

行知徽州

徽

第一节 数学天算著华章

"一上一,二上二,三下五去二,四下五去一,五去五进一……"

这天,骆驼侠刚来到程大位珠算博物馆,就被这朗朗的读书声给吸引住了,原来是一个孩童正跟着一位老师学习背口诀。孩童背完后,就开始拿着算盘像模像样地拨弄着珠子。骆驼侠赶忙向这位老师请教。

骆驼侠 您这是在教打算盘吗?

老 师 是的,我是国家级非物质文化遗产"程大位珠算法"传承人,课余时间义务来这担任讲解员,很多孩子喜欢珠算,我也教他们一些珠算的基础知识。

骆驼侠 据说"珠算"一词最早见于汉朝文献,是中国传统的数字计算方式,没想到在徽州还有这么悠久的历史。请问珠算的厉害之处在哪里呢?

老　师　　你听过"各打各的算盘"这个说法吗?

骆驼侠　　这句话很熟悉呀,意思是每个人都有自己的主意和打算,不是一条心。

老　师　　其实这句话说的就是明朝之前算盘种类的实际情况。

骆驼侠　　请老师给我详细说说。

老　师　　自古以来,做生意就离不开算账、记账,所以算盘很早就在商业领域中得到了广泛使用,几乎每一家商户的老板都离不开算盘。不过那个时候全国商人们使用的算盘,种类各异,有三五珠的,有三四珠的,还有四四珠的,不仅珠子数量不同,打法上也不统一。每一次商人们聚在一起谈生意,一到了算账的时候,就真的成了"各打各的算盘"了。

骆驼侠　　原来这句话里还藏着这么有趣的故事!那么,难道算盘的统一与徽州有什么关系吗?

老　师　　统一算盘的,正是名叫程大位的徽州人。他出生在一个商人家庭,自幼聪敏好学,因商业上的需要,自小就对数学很感兴趣。由于家境富裕,程大位没有与同辈人一样,"十三四岁"就走上"往外一丢"的经商之路,而是到了二十岁才出外经商,也就开始了他一生的"珠算生涯"。

第七章　科技之光

骆驼侠　　这位程先生经商也使用算盘吗？

老　师　　当然使用，而且程大位刚开始经商时，马上就发现了全国各地商人所用算盘都不统一的问题。因此他决心要统一中国的算盘。程大位始终在学习，书中说他在经商期间遇有"通数学者，辄造访问难，孜孜不倦"，一直不断学习和积累。到了四十岁，程大位就回到了家乡徽州。

骆驼侠　　回来就开始研究算盘和珠算了？

老　师　　不错。回来后先是认真钻研古籍，撷取名家之长，接着又花了二十年的时间，写成了巨著《新编直指算法统宗》17卷。之后又花了六年，对此书的内容删繁就简，写成了《算法纂要》4卷，成为后世民间算盘使用者最基本的读本。

骆驼侠　　前后一共花了四十多年！

老　师　　确实如此，这一部书耗尽了程大位大半生的心血。不过，这部书填补了中国算学著作的空白。同时，它也是一部广征博采诸多算学典籍精华的集大成之作，更是一部荟萃了大量应用算学难题的教科书。尤其是《算法纂要》，因通俗易懂，一度成为中国会计人手一册的必备工具书。

骆驼侠　　如果放到今天，一定会名列畅销书榜首。

老　师　　当时就是畅销书,人们把它与四书五经相提并论、等量齐观,几乎是"海内握算持筹之士,莫不家藏一编"。徽商自己要用它,徽商教子要用它,徽商办学要用它,徽商在商务关系中将它作为礼品送给各地的商业伙伴、亲戚朋友,再加上专门从事贩书业徽商的广为推销,这部书很快便"风行宇内",成为中国科普书籍出版史上难以企及的畅销三百年的巨著之一。

骆驼侠　　难怪算盘在徽州这么流行呢!

老　师　　"打得一手好算盘"自古在徽州人看来,就是一项安身立命的基本生存本领呢。古徽州孩童的童子功,就是"打算盘"和"写毛笔字"。这两项内容是徽州人人生文化的启蒙课,伴随着他们的终身,打到老、写到老,须臾不能离分,甚至还由此产生了很多的"徽州算盘崇拜"习俗。

第七章 科技之光

骆驼侠　什么样的习俗呢？

老　师　比如，不准脏手打算盘，必须先洗手再操算；不准将算盘翻转成为滑车在桌面或地面上嬉玩，违者必受戒尺皮肉之苦；不准将算盘挂在墙上，必须用绸布拭净平置于案桌或柜台之上；不准留数字在算盘上过夜，必须及时清盘……

骆驼侠　这样从小训练，难怪徽州既出文人又出商人呢。

老　师　可以说，当时在徽州，算盘打得好坏已经成为才华高低的重要标准。介绍徽商的史书中，大多要提及他们的珠算技能，有时甚至会把其珠算技能与商务业绩挂钩。古徽州如此浓厚的珠算崇拜氛围和良好的珠算教育，使得很多徽州人一踏上商路就备受商家青睐，他们大多凭借一手好算盘而早早走上会计、管事的管理岗位呢。

骆驼侠　有这样的出路，确实能够激励大家。

老　师　不仅仅是出路。程大位先生的珠算成就和珠算之法，还传到了日本、韩国以及东南亚各国。明万历年间，日本人毛利重能受日本朝廷派遣来到中国学算术，得到了程大位的亲自指点，还被赠予了书和算盘，毛利重能如获至宝，随即回国翻译出版。此后，日本一直将程大位当作算神，每年都会抬着他的塑像到街上拜祭，并跳算盘舞来纪念这位先贤。

骆驼侠 太令人神往了，我也要买一本珠算书和一个算盘！

注：2006年8月，黄山市政府和中国珠心算协会，以珠算鼻祖、明朝人程大位编的《算法统宗》为代表的大批珠算著作与算盘、珠算共同组成"珠算文化"，一同申报国家级非物质文化遗产。2008年，第二批中国非物质文化遗产名录公布，程大位珠算法和珠算文化入选，被列在国家级非物质文化遗产中的"民俗"目录下。2013年10月31日，珠算入选2013年人类非物质文化遗产代表作名单。

研

数学如今被称为自然科学的王冠，但在这顶王冠的竞争上，中国古代数学的发展却更像是"起个大早，赶个晚集"。它的起步很早，至迟在商朝已经出现十进位值制，商周时期已经有了四则运算，到春秋战国时期整数和分数的四则运算也已相当完备。但在近代，却被西方数学全面超越。中国的数学发展始终仅仅依靠极少数数学家的天才洞察力给出进步，而西方的数学发展却最终完成了数学体系的建立和推演。这让现代

第七章 科技之光

的人们在仰望古代世界的数学星空时，更多地记住了毕达哥拉斯和欧几里得，记住了高斯和黎曼，但对中国历史上的数学家反而相对陌生。其实，那些以孤军奋斗的姿态，凭一己之力拉动着中国古代数学走向进步的天才，同样值得人们去记住，因为正是他们的出现，才让数学成为古代中国科技史中不灭的火光，让数学闪耀出中国特色的异彩。而在这一群体中，古徽州的数学家们是一种闪光的存在。

假如全世界的计算机在一夜之间全部被病毒摧毁会怎么样？答案是，你会在全世界听到打算盘的声音，这是任何病毒都无法摧毁的计算器。其实，即使这个假设不成立，在电脑设备发达的今天，在无数的财务室里，算盘依然有自己的一席之地，它简洁、灵便、准确的优点，至今仍让财务会计们欲罢不能。而另一个假设则是，如果我们的生活中失去了卷尺，这个世界会变成什么样？这显然是个很糟糕的假设，缺少了尺寸数据的支持连在网上购买一套合适的衣裤都很难。巧合的是，这两个假设都会将我们的视线指引向同一个徽州人——程大位。

程大位，明朝休宁县率口渠东（今屯溪前园村）人。他并没有发明算盘，算盘至少在东汉就已出现，但他却用其天才的数学头脑将算盘变成了真正可精密使用的计算器。在程大位生活的时代，传统数学研究发生了明显的变化，随着商品经济的繁荣发展，尤其是徽商的崛起，抽象的理论研究趋于冷淡，相应的商业数学骤然吃香起来。明朝商业贸易发展的一个自然结果便是珠算化创新成果及其社会化大普及。这是实用数学借助于计算工具算盘的革新而形成的算法口诀化所带来的成果。算珠一拨，白银千筐；算盘一响，黄金万两。徽商现实的贸易交往追逐的是利润，讲求的是实效。一般商业计算需要的是快速准确的四则运算，而不是什么高深的理论，珠算的兴起和普及契合这种社会需求，也是时代的需要。时代的舞台已经搭好，程大位的登场适逢其时。很幸运，程大位并未走当时主流知识分子应科举的老路，不然，只会让中国的官场多一位知识官僚，而使中国的数学界损失一位巨匠。程大位20岁起便遨游吴楚，在长江中下游一带经商。因商业计算的需要，他随时留心算学，"博访闻人达士"，遍访名师，遇有"通数学者，辄造访问难，孜孜不倦"。他经常深入实际，搜集问题，丈量测算，获得了丰富的数学基础理论和实践知识。40岁后，他弃商归里，"覃思于率水之上"，历经20年的苦心钻研，埋头著述，继《九章算术》余绪，集16、17世纪珠算知识之大成，于明万历二十年（1592）写成《新编直指算法统宗》17卷。此书以《九章》篇目为纲，列章分论，其卷二包括算盘图式、珠算口诀和用珠算解决的问题，其中蝉联算法（珠算开方）是程大位首先提出来的。这标志着由筹算到珠算这一转变的完成，从此珠算成为人们广泛运用的计算方式。

《新编直指算法统宗》后经删繁就简，更臻简明，程大位于明万历二十六年

（1598）另编《算法纂要》4卷，在屯溪刊行。这两本中国古代数学名著出版后，风行宇内300余年，各地书商翻刻100多种版本，"其流通量之大是无与伦比的，流传如此广泛和长久，在世界数学史上也是罕见的"。程大位确立了珠盘算式，并完善了珠算口诀，意味着我国珠算进入了新的发展时期。他对珠算的普及和中国珠算向世界传播起到了重要的作用，于是后人尊称他为"珠算鼻祖""珠算大师"。

特别值得一提的是，在《新编直指算法统宗》卷三中一道测量田地的题里，程大位记述了他设计的一种竹制的"丈量步车"，以便于野外测量之用。他画出了这辆步车的结构图，并附有详细的制作和使用说明。这是我国古代测量工具的一项重要发明，是现代卷尺的鼻祖，由此他被后人称为"卷尺发明家"。

明朝末年，日本学者毛利重能把程大位专赠给他的书籍带到日本，译成日文，开日本"和算"之先河。每逢8月8日，日本全国珠算团体都会以游行、比赛、展览等活动形式进行庆贺。游行时，人们抬着硕大的算盘模型和程大位巨幅画像，以纪念程大位这位"算神"。到了清初，《新编直指算法统宗》与《算法纂要》传入朝鲜、东南亚和欧洲，成为古代东方国家的数学名著。世界著名科技史家、英国人李约瑟博士曾说："在明朝数学家当中，最引人注目的是程大位。""在程大位《算法统宗》以前，没有任何关于近代珠算算盘的完整叙述。"

历史的经验不止一次地证明，大凡某一领域的天才，都会以成群结队的方式在某个时代集中出现。明清时期的程大位也并不孤独，在这一时期，徽州的数学天才可谓辈出，除程大位外，江永、戴震、汪莱、罗士琳、郑复光等都如同闪烁的繁星，耀眼于数学的天空。

清朝杰出的经学家、婺源人江永精研数学，作成《翼梅》8卷，其中包括数学书籍《数学补论》1卷、《中西合法拟草》1卷、《方圆幂积比例补》即《算剩》1卷及《正弧三角疏义》续1卷等。

戴震致力于古算学研究，著有《勾股割圜记》《策算》等，成为"古今算法大全之范"。他奉诏入四库馆参加《四库全书》统筹编纂，负责从明《永乐大典》残本中辑校《九章》《海岛》等古算学典籍。他在古算学、天文历算、动植物训诂学、地理学等领域都有所贡献，确实不同凡响。

歙县瞻淇人汪莱早年研习数学、天文，写了不少数学论文，经过艰苦的探求，在清嘉庆元年（1796）和嘉庆三年（1798），著《衡斋算学》7册及《衡斋遗书》等，论述球面三角形、勾股形等数学理论，讨论弧矢关系，使中国数学史上关于方程论（高次方程问题、代数方程论、方程根）

第七章 科技之光

的研究有所突破，在组合论、级数及二进制的研究上也颇富创见。

清朝中叶影响较大的数学家、歙县人罗士琳"兴复古学、昌明中法"，其突出贡献是为数学典籍，特别是元朝朱世杰《四元玉鉴》这部世界性古代数学精品之作做了大量校正和注疏，在道光十五年（1835）完成了《四元玉鉴细草》，使代表我国宋元时期数学最高成就的四元术（多元高次代数方程组解法）重新被人理解和重视，让世人重新认识了我国古算学的杰出成就。

精通数学、物理与机械制造的歙县人郑复光兼通古今，自幼热爱几何学，著有《周髀算经浅注》《割圆弧积表》《正弧六术通法图解》《笔算说略》《筹算说略》等数学著作。

他们的学术成就，构成了皖南明清数学学派的主体，继承了中国传统数学的源流，也为清朝末期中西数学的合流起到了接轨作用，在中国数学史上享有崇高地位。

我国古代数学研究大多与天文、历法的研究紧密结合，史称"天算"。在这个方面，徽州人群体的历史贡献有：宋朝休宁人吴观万著《潮说》《夏小正辨》《闰月定四时成岁讲义》等；元朝婺源人王遥著《天象考》《坤象考》等；元朝歙县人方回著《古今考》《历象考》等；元朝歙县人鲍云龙著《天象发微》。到了清朝，江永及其弟子戴震、汪莱以及程瑶田、凌廷堪、俞正燮等均称佼佼者，成就更见丰硕。

江永精于古法，著成《翼梅》8卷（包括《冬至权度》1卷、《七政衍》1卷、《金水发微》1卷等）、观象授时的《推步法解》5卷等书。

他不仅阐明了太阳在黄道上的视运动现象,并在对二十四节气做出说明时,引进了西学中本轮、均轮之说。戴震师承江永,继宣城梅文鼎之后,融会新旧法,详勘博考,著有《续天文略》《历问》《古历考》诸书。他对天球视运动作了完整叙述;研究了岁实和朔实的来源以及它们之间的关系;批判继承了古历法中的"九道八行说";对《周髀》中"北极璇玑四游"说做出了合乎近代科学的解释;以岁差解释了古今星象的变化。清朝歙县人程瑶田特别善于运用天文知识去体察具体事物,著有《星盘命宫说》《四卯时天图规法记》《日躔空度出地记》《言天疏节示潘宫生》等天文历法论著,分别论述了回归年、朔望月、闰年法、岁差、日月食和四季日出时刻差异等天文知识。歙县人凌廷堪以精通天文历算而知名,他的遗著由其学生张其锦整理刊印,编成《校礼堂集》《燕乐考原》等。黟县人俞正燮则在《癸巳类稿》《癸巳存稿》中研究和分析了中国古代盖天说、宣夜说,考察过恒星七曜和古代历法,并对以前的古代天文历法多有考订。

  另一方面,明至清前期,徽州人对天文仪器的研制兴趣也很高昂。明初婺源人詹希元为解决溧阳天寒水冻问题而设计的五轮沙漏改进了中国古代的常用计时技术。他通过齿轮组机械调节计时器的速度,制成了五轮沙漏,巧妙地解决了原先所用水漏存在的局限和难题,可谓巧思精构。而到了明朝晚期,天文学家周述学改良了詹希元的沙漏仪器,将其漏孔稍微开大一点,使得流沙不至于在漏孔处被堵塞住,再把齿轮的转速比降低,以保证最后得到的仍旧是原来的运转速度。因此五轮沙漏仪器的运转精准度更有了切实保障。

第七章　科技之光

　　清朝婺源人齐彦槐在天文、历算、地理、交通、农田水利、机械制造等方面有很深的造诣，著有《天球浅说》《中星仪说》《北极经纬度分表》等多部著作，在天文仪器研制方面多有创新，其中以他精心制作的斜晷、中星仪和天球仪最为知名，为我国清朝的天文学科学研究事业的发展添写了绚丽的一笔。同为婺源人的施应旭曾制作铜壶滴漏以计时，无论寒暑，都能准确地计数时刻，不差毫分；而歙县人胡用中制作的自动浑天仪也是径尺、度数、时刻秒忽不差。另外，歙县人鲍嘉荫制造过鼓钟、月钟两架特殊的时钟（自鸣钟），它们都属于设计精巧的天文仪器。黟县人俞正燮则对于当时流行的万安古罗盘专门进行过研究，对种种重要的导航和天文测向工具作了改进，使之能够安装在舟车之上，直接指示车船的行进方向，它还具有测量时刻的功能，是一架特殊的日晷。

　　清朝歙县人郑复光不仅成功地做过削冰取火的实验，还在《镜镜詅痴》中详细地记述了"窥筒远镜""观象远镜""游览远镜"三类望远镜的制作方法和使用方法，对天文仪器双反射八分仪也有过研究并做出了贡献。他又是中国近代研究火轮船的开拓者，还著有一部科普作品《费隐与知录》。他的最大贡献在于亲自制造了我国第一台可以昼夜使用的幻灯机和用于观测月球的望远镜，这成为徽州人永远的骄傲！

  闪耀在科技星空的徽州科技领域还有物理学、地理学、生物学、农学等。

  唐朝名文学家、祁门人张志和还是一位成果颇丰的物理学家。他在《玄真子》中记录了关于物理现象譬如光影变化的光学原理、日食形成天象、液体表面张力现象，以及视觉暂留现象、潮汐的形成、雷电和虹的成因等科学见解，他还做了人造彩虹的实验，这比欧洲在13世纪才开始做的人工虹霓模拟实验要早500多年。

  宋朝休宁人程大昌作为一介大儒的科技贡献，突出体现在跨领域的光学与地学方面：他的《演繁露》充分说明了月面明暗与其离日远近和日光向背的关系。他的《禹贡论》代表了元朝以前关于《禹贡》古地理学研究的最高水平，而《北边备对》和《雍录》则是他对中国西北山川地理研究之作，其中后者被誉为"在舆记之中固为最善之本"。

  南宋歙县呈坎人罗愿所撰《新安志》属于方志学名著，其《尔雅翼》则具有相当重要的生物学价值。元朝休宁人吴瑞所撰《日用本草》是我国最早的食用植物学著作。此外，明朝歙县岩寺（今属徽州区）人潘之恒的《广菌谱》是中国古代水平最高的一部菌类专著。清朝新安画派代表人物释雪庄所绘的《黄海山花图》与《笺卉》堪称最早的黄山植物花卉彩色图谱。清初休宁人汪灏领衔完成的《御制佩文斋广群芳谱》是一部实用植物学巨著。清朝歙县人汪畹腴所撰《培植兰菊法》也是一项植

第七章 科技之光

物学方面的具体成果。《九谷考》《释草小记》《释虫小记》成为清朝歙县人程瑶田在动植物训诂方面的代表作。清朝休宁人程石邻改编而成的《鹌鹑谱》是我国现存最早且流传至今的一部驯养斗鹌专著。……

研学感悟

第七章 科技之光

第二节 新安医学映东方

"昌溪府、坝潭县,定潭是个金銮殿。"骆驼侠一日在游览新安江山水画廊古村落时被这一句民谚吸引住了,今日就特意来到了这里,一探究竟。到了定潭,除了看到徽州村落特有的风景之外,骆驼侠发现当地人提得最多的是世医家族"张一帖"。在"世传张一帖诊所",骆驼侠看到了一位身着朴素的老者在研磨着一味中药材。

骆驼侠　老先生您好,您这是在制作中药吗?

老　者　是的,我是在制作"末药"。

骆驼侠　"末药"?是要把药材碾成药末吗?

老　者　哈哈!末药是指我们祖传特有的"十八罗汉末药",用于治疗急性热病、劳力伤寒、腰肌劳损等内科疑难杂症。

骆驼侠　祖传的?历史很久了吗?

老 者　　是的。我的祖上是北宋名医张扩,他少年时就爱上了医学并立志研习岐黄,曾拜当时被誉为"北宋医王"的庞安时为师。先祖后将医术传于后代,代代相传,前后延绵100多年,形成以张扩为代表的"新安张氏医学"。张氏医学进一步派生繁衍,到了明朝形成了以定潭为中心的张氏医学世家,其代表性人物就是号称"张一帖"的明朝内科名医张守仁。

骆驼侠　　真是医学世家啊!传承数百年了!这"张一帖"又是如何得名的呢?

老　者　张守仁在明嘉靖、万历年间以医术名世，精研"灵素"（《灵枢》和《素问》）以及仲景之作，勤于实践，复得民间医生密授，历30余年反复揣摩、临床验证，研制出一种粉状药剂——末药。此药由18味中草药组成，号称"十八罗汉"，具有疏风散寒、理气和营、健胃宽中、渗湿利水之神效，特别适于医治劳力伤寒、肠胃疾患等，往往以一剂而直起沉疴，受惠病家，遂誉之为"张一帖"。

骆驼侠　药到病除！厉害！

老　者　是的。"张一帖内科"自明至清传至清末第十三代传人张根桂手上，他将家传"末药"加以完善，创出春、夏、秋、冬四时不同的加减法，进一步提高临床疗效，治疗中感、急症等病症常常一剂见效。"张一帖"第十四代传人李济仁、张舜华夫妇在传承张一帖医学方面做出了创新性贡献，2009年李济仁被评为国家级30位国医大师之一。2011年，"张一帖内科"被列入国家级非物质文化遗产名录。

骆驼侠　这是你们家族的荣耀，也是新安医学的荣耀。您刚才说的"末药"必须要手工制作吗？

老　者　以前"十八罗汉末药"是粉末状的，服用不方便。我辈承继家学，发展祖业，将祖传末药改制成丸剂，以便患者服用。然而制丸药的过程既枯燥又费力，也曾想过通过制丸机来制药，但用机器做需要增加辅料，这就改变了"末药"的成分，药效将无法保证，所以一定要手工制作。而且本地有得天独厚的自然环境，我常常上山去采集一些地道的新鲜药材，经过加工炮制后给患者使用，疗效显著。

骆驼侠　您真是医者仁心，向您致敬！

第七章　科技之光

深宫，颤抖的烛火掩映着床榻上有气无力的皇帝。殿内屏息的人们，都在用焦虑的眼光看着把脉的御医，这一刻显得压抑而漫长。终于，那一声"无碍"夹带着浓重的徽州口音落了地，所有人也都暗自舒了一口气。在这样一个宫廷场景中，医生才是绝对的主角，皇上也只能睡在床上"跑龙套"。而在明清两朝，来自古徽州的医学大师们，以他们精湛的医术，引领着整个国家的医学风潮，掌握着一代代帝王的生老病死。在他们的背后，则是一个更为巨大的学术存在——新安医学。

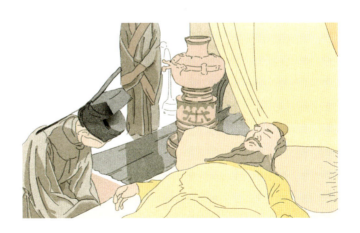

能在古徽州的深山老林、偏僻之地孕育出中国古典医学的"摇篮"，也是历史的异数。而这异数的背后，则是古徽州天时、地利、人和与岁月的一场共谋。新安医学早期发端于山林，在宋朝以前，群山环抱的"新安"成为天然的中草药宝库，对中草药的整理收集成为新安医学最早的文献。但这种完全基于原材料的小打小闹终究成不了气候，所以，新安医学真正的发轫则是在宋朝。宋朝发生了两件事，看上去都似乎和医学毫无关系。一是北宋灭亡，宋王朝在北方游牧民族的打击下南迁。二是程朱理学的兴起。但历史就是这么有趣，偏偏就是这两件事，像一双看不见的巨手，推动着新安医学的发展，使新安医学出现了质的飞跃。

其实，中国的南迁史从晋朝已经开始，特别是宋朝的靖康之变发生后，大量中原人口举家南迁，古新安地区由于地势偏僻、少与外界沟通、战乱较少成为了人们避难南迁的首选，成为了儒生密集之地。尤其是宋朝迁都临安后，促使我国政治、经济、文化重心也随之南移，为古新安地区带来了前卫的中原文化。而伴随着人口的迁入，新安地区汇聚了众多中原地区的名门望族、有学之士，为新安文化的繁荣打下了厚实的基础。而中国的中医学，说到底也是一门国学，本身带有强大的文化基因，它的兴起和发展从来就离不开必要的文化条件。而新安更是朱熹理学的大本营，理学的兴起，要求求学的士子不仅要学经学、史学、文学，还要学天文地理、动植物学、生理医学、天地宇宙等方面的知识，这就让知识分子首次系统地研究医学成为可能。也正是在这一时期，儒而兼医者成为风气，徽州人皆以从儒攻举子业为重，教育、刻书雕版业发达，从而形成了一股兴办书院、撰写医学典籍的风潮。徽州学者一度提出"不为良相，便为良医"的口号，涌现了许多医生和大量的医学书籍，从而强有力地促进了新安医学的形成与发展。而且，早在宋朝的宫廷中，就已经开始活跃着"新安"御医的身影。新安籍医家吴源，在南宋全国医生

第七章 科技之光

的医经考试中夺魁，以顶尖医学学霸的身份被授为御医。他的老乡黄孝通更厉害，被宋孝宗亲自颁赐"医博"称号。所以，新安医学开始发轫就出手不凡，起点很高。

及至明清，新安医学达到了鼎盛期，新安被称为明清中医药的"摇篮"。而这一次，则是崛起的徽商文化再次为新安医学的发展注入了强大的推力。徽州商业的繁荣，为徽州文化的发展奠定了经济基础。同时徽州商人散布全国各地，既利于促进文化的交流，也利于促进医学的交流。徽商更成为新安医学发展最大的赞助商。一方面，徽州商人到处设会馆，以便利徽州人往来住宿，许多新安医家游历全国各地，求师访友，从事著作，出版医籍，都得到了徽商的热情资助。另一方面，徽商各家族一向以"贾而好儒"作为家族信条，他们十分重视发展家乡文化，从而花费很大精力投资教育事业，也培养出了一大批有仁心的儒医，为新安医学源源不断地提供后备军；同时，他们还花费大量财力直接发展医药事业，促进了新安医学的发展，徽商胡雪岩的"胡庆余堂"就是其中的典范。

独特的地理、历史和人文环境造就了新安医学，同时，也让新安医学发展传承并形成了自己独树一帜的特色。儒医众多、医籍浩繁、流派色彩纷呈、家族传承是新安医学的主要特点。据史料记载，新安医家由士儒而习医者占70%，另外30%为继承家学的专科医生。新安为"商贾之乡""程朱阙里"，又为儒教圣地，文风昌盛，明贤辈出。受传统文化的熏陶，生于此地的医家多虚心好学，不耻相师，废寝忘食。他们不避昼夜熟诵儒家经典，深研医家之理，考据严谨，师古而不泥古，推陈出新。

医籍浩繁是新安医学的另一重要特点。新安医家多为儒医，当时文风昌盛，著书立说蔚然成风，很多医家将自己的临床经验、心得笔之于书，公之于世，加之当时徽商经济高度繁荣，雕版印刷和活字印刷的发明更为医籍的传播提供了便利。据史料考证统计，自宋朝中期至中华人民共和国成立的800余年间，以姓名为条目统计的"徽州府"卓然成家者819人，如果加上条目中附录的医家及以经营药材为主兼医者，总数接近千号人，其中420人撰集汇编医籍约739种。仅在明清时期，徽州有名可考的医家就有645人，而徽州医家有关《内经》《难经》《伤寒论》《金匮要略》这四大医典的著作就有70余种，校疏、集解、类纂、约注、条辨、辟谬应有尽有。

新安医学作为地域性鲜明的医学科学，学术门派众多，卓有影响的主要是以方有执为代表研究《伤寒论》的错简重订派，以汪机为代表临证治疗的固本培元派（即温补培元派），以叶天士为代表用药量轻疗效却灵的时方轻灵派，以郑梅涧为代表强调先针后药、针药并举的养阴清润派以及医经考古派、医学启蒙派。新安医家在学术上的治学特点体现为深研医理、考据严谨，问师会友、博采众长、崇尚医德、务实求真。新安医家尤其注重临证治疗活动，这些学验俱丰的临床名医被人们誉为"神医""神工""国手"或"济世良医""急诊妙手"，他们在治病方面的特点为诊断重脉诊、审证慎求因、立法重温补、用药倡轻灵。

在学术传承上重视师门家法，是全体徽学各派的特点，也是新安医学长盛不衰的原因之一。没有创新就没有生命，没有传承就没有根基。师门依师带徒，按法度授学传艺；家学者遵家法，父子、兄弟相传。各行各业大体

第七章 科技之光

是先开童蒙、习小学兼练基本功，后读经典、传授神招绝艺。特别是家学，渊源久远。在"儒学科名"中，徽州有一门三进士、五举人，同胞翰林，父子宰相。新安名医世家传承三代以上至十五代乃至三十代的共有139家，世家名医300余人。从南宋以来传承至今的，有如"歙县黄氏妇科""歙西槐堂程氏群医""歙南定潭张一帖内科""歙西郑氏喉科""绩溪龙川胡氏医学""歙县黄源村吴山铺程氏伤科""黟县碧山寺李氏内科""新安王氏内科""歙县蜀口曹氏外科""休宁西门桥汪氏儿科""祁门胡氏骨科""婺源程氏医学"等。

新安医学研究灿若星河、源远流长，涌现了一大批深明大义、宅心仁厚、医术精湛、医风淳朴的医家。医家之众多、医著之宏富、卷帙之浩繁亘古未有，为徽州沃土注入了无限生机，福泽永存。如今，随着不断发掘、深入研究，新安医学已越来越受到文化界、医史界、中医学术界的重视。对于新安医学史、新安医学文献、新安医家学术观点等的研究，已成为相关学科的重要领域和课题。

新安医学既是中医药的缩影，又是中医药的光彩。如果说中医药是打开中华文明宝库的钥匙，新安医学则堪称为洞观中医药玄机的天窗。

从医家医著而论，新安医学以杨玄操等为先河开宗立派至今已经800余年了，载入史册的医学家有800多位，名标于目录学著作和史志上的医学著作800余种，这三个"800"正是新安医学的千秋光耀，可谓群星穹灿、彪炳史册。

北宋歙县神医张扩第四世孙张杲也以儒医著称，他钻研医学50余年，刊行的10卷本《医说》一书，博采宋前历代医史传记和医案而成，是我国现存最早载有大量医史人物传记和医学史料的书籍，也是第一部较为完整的新安医学著作。

明朝祁门人徐春甫著有《古今医统大全》《医学未然金鉴》《医学入门

捷径六书》。其中《古今医统大全》100卷，约250万字，是一部卷帙浩繁的综合性医学巨著，成为我国现存的十大医学全书之一，至今中医界仍然公认它是"融古通今博大精深的皇皇巨著"。明隆庆二年（1568），徐春甫联系皖浙苏闽等地在京的太医及名医46人，在顺天（今北京）创立了我国历史上第一个有据可考的科技社团——一体堂宅仁医会，它比意大利的山猫学会还要早77年。

明朝御医、古代新安著名的药物学家、祁门县二都（西乡石墅）人陈嘉谟毕生精研医学，以医鸣世，撰书名《撮要便览本草蒙荃》，共12卷，是中医药学的重要文献著作之一。

明朝歙县人江瓘和江应元、江应宿父子所著《名医类案》是我国第一部研究医案的专著。它收辑内容广泛，涉及病类丰富，涵盖了传染病、内科杂病、外科病、五官科病、妇科病、儿科病、精神疾病等多种疾病。该书的编纂，实开我国医案类书编纂之先河，为后世提供了宝贵的借鉴。

清康熙、雍正年间歙县人程国彭认为医者"性命攸关，其操术不可不工，其处心不可不慈，其读书明理，不至于豁然大悟不止也"，撰成《医学心悟》5卷、《外科十法》1卷，作为门人学习的教材之用。他首次完整地提出了中医治疗疾病用"汗、和、下、消、吐、清、温、补"的"医门八法"，为中医诊断学自成体系做出了可贵的贡献，而且在国外也有相当影响力。

清康熙年间歙县郑村人郑于丰、郑于蕃兄弟以"南园喉科"与"西园喉科""一源双流"而闻名于世。南园郑于丰之子郑梅涧继承家传衣钵，擅长用汤药和针灸治疗咽喉疾病，开创了喉科学上的"养阴清润派"，且对淋巴结核病的治疗亦有贡献。其临床经验丰富，救死扶伤者，不可胜数，求治者盈门。乾隆年间，他集多年临床经验，并经方成培整理，撰成《重楼玉钥》。这是当时全国最著名的一部喉科专著，历代翻印次数很多，足见其历史影响之大。

清乾隆年间宫廷御医、歙县人吴谦，于乾隆七年（1742）将一部大型综合性医书编写完成，乾隆赐名《医宗金鉴》，它包括医学各科共15种90卷，为内、外、妇、儿、眼、伤、针灸各科之完备的巨著，是集我国古代医籍文献之大成者。

汪机、徐春甫、孙一奎、吴崑、汪昂、程国彭、叶桂、吴谦、郑宏纲、程文囿被誉为新安十大医家；《名医类案》《古今医统大全》《赤水玄珠》《伤寒论条辨》《医方考》《本草备要》《医学心悟》《不居集》《医宗金鉴》《医述》被誉为新安十大医籍等。从这些医家和医著就可知新安医学在中医史上举足轻重的地位。

第七章 科技之光

研学感悟

第七章 科技之光

第三节 工程奇技泽久长

徽州风景，处处精彩。这一天，骆驼侠来到了练江上的渔梁坝，听说这是新安江上游古代拦河坝，已有1400多年的历史。脚下的青石路在阳光照耀下，映出内敛的光芒。骆驼侠见一老者在河边散步，于是向前问询。

骆驼侠 老先生您好！看这脚下的巨大石块，踩上去特别踏实。这渔梁坝就是用这种石头修建而成的吗？

老　者 是的。这种石头在我们当地叫"歙县青"，坚硬、厚重，历千年不朽。在两千多年的历史长河中，歙县人因地制宜，利用歙县青修建了水坝、牌坊和廊桥，所以我们本地的很多古建筑一直到现在都保存得很完好。

骆驼侠 难怪渔梁坝能有如此悠久的历史，这种石头功不可没啊！

老　者 渔梁坝是新安江上游最古老、规模最大的古代拦河坝，

行知徽州

徽

是徽州古代最知名的水利工程。它的历史可以上溯到隋末，当时只是木头坝，自然经不住江水冲击，自唐至宋，渔梁坝几乎年年要重修。直到南宋嘉定年间，才改用石筑。精巧的设计和坚硬的石块，使渔梁坝变得坚实牢固。

骆驼侠　这大坝的设计有何精巧之处呢？

老　者　渔梁坝的构造十分讲究，构成坝身的每块石头重吨余。垒砌方法科学，每垒十块青石，均立一根石柱，上下层

之间用坚硬石礅如钉插入,这种石质的插钉被称作"稳定",也叫元宝钉。这样一来,上下层互相衔接,极为牢固。在每一层条石之间,又用燕尾形石锁连接,于是上下左右紧密连成一体,使得大坝逾千年而不垮。

骆驼侠　我来的时候看到镇上有块石牌,上面写着"徽商故里渔梁坝",整个徽州不都应该是"徽州故里"吗?为何这里独立此牌?

老　者　歙县在明清时期为徽州府所在地,徽州与杭州、南京、上海等外界的联系全靠新安江这条唯一的黄金水路。渔梁古镇因紧靠新安江应运而生,成为当时徽州最繁华的水运商埠。曾辉煌一时的徽州商人抵钱塘、下扬州都要

|骆驼侠| 从这里起步。这里是古徽州昌盛数百年的水路码头，交通要津，是徽商外出之地，至今还保留着古代街衢、水埠和码头的风貌。

骆驼侠　原来如此。从您的介绍中我能想象到这渔梁古镇往日的繁华之景。

老　者　作为徽商从水路出走的重要码头，不少船只栖集在这里，准备扬帆东行。据说，那时的街道比现在的街道要长得多，街上满是酒楼客栈。东来西往的客人云集于此，无数的迎来送往构成了当年的繁华与悲戚，"渔梁送别"也成为当时的徽州八景之一。

骆驼侠　这渔梁街也因渔梁坝而闻名天下了。

老　者　坝边上的渔梁街，是当时徽商经商往返的必经之路，也是府衙官员们出门的必经之道。街道用清一色卵石有序铺就，恰似鱼鳞，又因古街形似鲤鱼，故又称"渔鳞街"。这渔梁街所在的村庄叫渔梁村，小村落呈现为"中间宽，两头窄"的梭子形，即"鱼"形。

骆驼侠　真是"因渔而梁，继梁而坝，村因梁名，地因坝传"啊！

小船悠悠停靠在千年古坝上，昔日的繁华早已成为云烟，无数的徽商

第七章　科技之光

从此走过，从渔梁坝平静的渡口离开徽州，到外面去寻找自己的梦想。隔着时间的长河，古坝不语自成诗。

古时的中国没有将工程技术和传统技艺与设立专门的学科联系在一起，也没有专门的知识系统。到了儒教当家时，更是把很多工程技术和技艺归于"奇技淫巧"，导致后来读者不会，会者不读。技术发展固然有其进程，但始终无法入读书人之眼，成了地下的暗河。而如今，当我们拨开历史的迷雾，仔细回望那些河上的风光，才会惊叹那些古老的智慧。

古徽州在工程技术层面和传统技术的应用与创制方面，也为古代徽州科技文化史增加了精彩篇章。而作为这一篇章中最著名的遗存，则非渔梁坝莫属。

渔梁坝，坐落于歙县城南练江中，是我国现存著名的滚水坝，也是新安江上游最古老、规模最大的拦河坝，但必须说明的是，关于渔梁坝所建之年代史无明文记载，唯一的线索是清乾隆《歙县志》载："坝权兴于唐宋绍兴间。"依据这个记载，渔梁坝应建于南宋绍兴年间，距今已有近千年的历史。众所周知，古代中国是个典型的农业社会，华夏文明是建立在农业昌盛的基础上的，而水利则是农业的根基。也正因为此，中国自古就对水利上心。管好水，王朝才能兴起，所以大禹要治水；用好水，王朝才能兴旺，所以一座都江堰成就了一个富足的成都平原。但在所有围着一个"农"字下尽功夫的中国古代水利工程中，渔梁坝却是一个异数。它的异处在于，古徽州山林茂密，但土地既贫又少，在一个"农"字上实在很难做出大文章。事实上，让古徽州走向鼎盛的，也并不是"农"，而在于"商"。因此，虽然渔梁坝被誉为"江南的都江堰"，但它们在骨子里其实完全不同，都江堰为成都平原的农业撑起了一片天，而渔梁坝却是为徽州的商业兴起打开了一条路。之所以要建渔梁坝横截练江，固然有农业灌溉上的考虑，但更重要的是想改变水道"急湍陡险"的形势，以利于航运。《歙县志》就明确记载："梁截上流以缓水势，则挽舟易上，挽运不劳。"这一点对于徽州的商业实在太重要了。重要到渔梁兴，则百业兴，货船往来，千船灯火泊梁下，一片繁华，渔梁废则民气不振，丰饶之象成疮痍。

渔梁坝本身也凝聚了古徽州精妙的水利建设技术。坝长138米，底宽27米，顶宽4米，全部用清一色的坚石垒砌而成，每块石头重吨余。它们垒砌的建筑方法科学、巧妙，每垒十块青石，均立一根石柱，上下层之间用坚硬石礅如钉插入，这种石质的插钉被称作"稳定"，也叫元宝钉。这样，上下层如穿了石锁，互相衔接，极为牢固。每一层条石之间大多采用较难的拼接入榫工艺，用石锁将上下左右紧连一体，构筑成了跨江而卧的坚实渔梁坝。坝上有3处宽约10米的凹槽，人称水门。3个水门从北至南渐次低落，练江在常年大部分时间正常水位时，流水只从最南端的低水门流过。北端和中部的两道水门，则保证练江在高水位时，仍具有较大的泄水能力,并能定期冲刷掉一部分因江面在此转折而留下的淤积泥沙。古建专家郑孝燮在考察渔梁坝后认为,渔梁坝的设计、建设和功能发挥,可与横卧岷江的都江堰相媲美。2001年,渔梁坝被国务院批准列入第五批全国重点文物保护单位名单。

除渔梁坝外,古徽州较著名的水利工程还有婺源的平渡堰和屯溪的珠塘坝。当地人们习惯上将那种在江河之上截水引流或者在山间拦水成塘库的土石建筑物叫作堰。平渡堰在修建上的妙处在于,清朝婺源江湾人江永学以致用,以算筑堰,将数学科学巧妙地运用于工程设计。他精心筹算,设计曲尺堨来平复村前河流的水势,并亲自指挥村民建造。时至

今日，当地的人们在农业灌溉上仍然得益于这一工程。江永的弟子戴震则设计修筑了屯溪水利工程珠塘坝，这座石坝高达10米，坝顶长43米，宽22米，可蓄水约100万立方米。塘口用石块造一个塘印（闸门），坝下辟有水沟，直通新安江。

让我们将目光从浩大的水利工程上稍稍移开，看一看古徽州厅堂和书房的景象，就会很容易发现更多传统技艺让日常生活变得如此鲜活。你可以在古徽州人厅堂的案头看到精美的漆品，踱入书房，你可能会对书桌上摆放着的显微镜、望远镜和温度计感到吃惊，以为这是进口货，但它却是地地道道的本土制造物。你甚至还能看到改进后的罗盘和日晷定时仪等近现代科技工具，古徽州的乡村所蕴藏的科技力量总是会这样让客人感到惊讶。其实，所有这些不过是古徽州传统技艺留下的美妙痕迹。在漆器髹饰技艺、罗盘制作技艺、机械制造技术、光学仪器制作技术等方面，聪颖的历代徽州乡贤一直都干出了不少漂亮的"名堂"。

古徽州盛行栽种漆树，徽州漆器正是利用本地所产的生漆为主原料，运用不同的手法与工艺制作而成的，用于装饰家具、容器、日用品和各种工艺品。长期以来，徽州的漆器髹饰技术可谓卓立超群、独领风骚。早在唐朝，徽州就以漆器闻名，到了宋朝，出生于歙县岩寺（今属徽州区）的漆器艺人赵千里用彩色珠光蚌壳嵌入漆层而成的细嵌螺钿漆器更是誉满全国，被人誉称"宋嵌"。而与此同时，菠萝漆工艺也是源远流长的，南宋时期就已经闻名遐迩，当时曾被列为贡品送入临安皇宫，成为皇家使用和赐赏功臣的珍贵之物。明清时期徽州漆器更为精巧。明隆庆年间，歙县人黄晟所撰《髹饰录》是我国最早且现存唯一的传统漆工技艺专著，书中总结了徽州漆器"巧法造化、质则人事、文象阴阳"的美学法则，至今对漆器工艺的发展还有重要参考价值。

古徽州的学者们也没有闲着，他们兴趣广泛，精研细磨，为本地打开了另一方天地。清初休宁人吴鲁衡应用磁学技术改进工艺精制了地学仪器——罗盘以及日晷定时仪器。吴鲁衡是一代罗经大师，他于清雍正年间在万安镇创办了吴鲁衡罗经店，至今有近300年历史。吴鲁衡罗经店坚持时间最长，并将"吴鲁衡"做成了中国罗盘业的知名品牌。其所产万安罗盘设计独特、材料考究、制作精良、品种齐全，被奉为罗盘正宗，享有"徽罗""徽盘"的美誉。该老店罗盘选用徽州稀有虎骨木材料，经裁制坯料、车园成坯、车圈、分格、写盘、油货、装针、包装8道工序进行手工制作，尤其是采用祖传的、独有的天然磁石磁化的独特工艺，具有磁针灵敏度高、永不退磁等性能。其产品还灵巧地将书法、美术、徽雕等艺术融为一体，他的刻意创新使产品有了更多的"文化味"，别具一格。民国四年（1915），由吴氏、胡氏、方氏三家供选的万安罗盘及日晷曾在美国费城举行的巴拿马万国博览会上展出，并获得金质奖章，能把技艺带出国门，走向世界，拿到金奖，徽州人的功夫可见一斑。

清初祖籍徽州的机械发明家黄履庄制作了包括验器（如温度计）、诸镜（透镜、显微镜、望远镜）、诸画（涉及光学仪器）、玩器（如自行驱暑扇及木人、木鸟、木狗、"双轮小车"）、水法（如龙尾车、喷泉）、造器之器（如方圆规矩）等6大类33种富有新意的"奇器"。歙县人张

第七章 科技之光

潮曾经将黄履庄的《奇器目略》收录在《虞初新志》中。徽州乡贤们在机械仪器方面也有诸多技术结晶。清朝歙县人郑复光曾研制成"测天之仪,脉水之车,尤切民用",尤其是关于火轮船的研究,为我国早期从事火轮船研究的先驱之一。郑复光最主要的贡献是在光学研究和光学仪器制造方面。早在清道光初年,他曾制造出白天、黑夜均可放映的幻灯机;道光十五年(1835)冬,他已运用自己掌握的科学知识制作了一台完全合乎光学原理要求的测天望远镜。这是中国第一台自制的望远镜。

仅古徽州一方土地,就产生过这么多聪明的人,并在中国古代科技发展史册上写下了如此多浓墨重彩的华章,可见中国人其实并不缺乏对科学对技艺的兴趣和钻研精神。这也不禁让人们再次想到那个著名的"李约瑟之问",即中国古代的经验科学如此发达,但为何中国没有产生近代实验科学?尽管中国古代对人类科技发展做出了很多重要贡献,但为什么科学和工业革命没有在近代的中国发生?这个问题至今还没有一个完全令人信服的答案,因此又被称为"李约瑟之谜"。当我们回望先贤在科学技艺的辉煌成就时,也许仍然需要注入更多的思考。

这世界上值得思考的谜题也许很多,但值得观赏的谜题却很鲜见,古徽州的花山谜窟就是这样一处难得一见的景观,它被誉为"北纬30°神秘线上的第九大奇观"。它的"谜"在于,如此规模庞大的古石窟遗址,历史上却从无记载,我们不知道它从哪里来、建造的原因、是如何建造的。

花山谜窟位于黄山市屯溪区东部,与渐江组成花山谜窟渐江风景名胜区,是国家重点风景名胜区。花山谜窟共有36座石窟,是目前中国发现的规模最大、谜团最多的古石窟遗址，直到 2000 年才偶然被当地人发现。石窟中的钟乳石年龄已经超过 1700 年，故人们猜测石窟开凿的年代最晚当在晋朝，但是开凿的具体时间以及石料用途却仍然是个谜。

　　花山之谜窟被发现之后，试图解谜者众多。最主流的说法是采石说，认为谜窟是古人采石遗留的采石场。当人们走进 35 号石窟时，宛如走进了一个地下宫殿，石窟里洞内套洞，洞下有洞，结构怪异。奇怪的是，在这深 176 米、总体面积 12000 平方米的人工石洞里，既无壁画又无佛像，石窟岩壁上当年的凿痕印迹至今依然清晰如初，整齐美观。据考证，35 号石窟开掘出的石料应该有几十万立方米，这些石料足以铺就一条从黄山到杭州 2000 千米的石路，其他 35 个石窟开掘出的石料堆在一起岂不铺天盖地？奇怪的是，这些石料现在根本不知被运往何处。徽州留有许多制作精巧的古民居、古桥、古道，还有渔梁坝等古老水利工程，于是也有人大胆猜测，花山谜窟恰处于新安江边，大量石料是否通过新安江而运输到徽州各地作为建材之用？但所有猜测均未落地，历史的谜题仍然待解。但基本可以明确的是，花山谜窟并非自然生成的石洞，而是古代徽州人人工开凿而成的石窟遗迹，如此浩大的采石工程似可称得上惊世骇俗的古代建筑工程奇观。

第七章 科技之光

徽州人可圈可点的卓越贡献还有铁路工程技术的应用。祖籍婺源的晚清铁路工程师詹天佑，先后参加了中国近代系列铁路包括关内外铁路（京沈铁路前身）、关东铁路、津芦铁路、锦州铁路、营口铁路的修建，而且还负责修建了西陵铁路。1904～1909年詹天佑率领工程人员主持修建连接北京和张家口、全长200千米的京张铁路，出色地完成了居庸关和八达岭两处艰难的隧道工程,并在八达岭工程中创造性地设计出了"之"字形线路,他还发明了火车自动挂钩,是我国自行设计和修建铁路的第一人，为中国铁路事业的发展做出了不朽贡献。他毕生致力于此，并为维护我国中东铁路权益与列强中的沙俄作斗争,体现出中华民族强烈的爱国精神，被人们誉为"中国铁路工程师之父"，中华人民共和国成立后周恩来总理曾经赞誉他是"中国人的光荣"。而另一位绩溪人程士范则在民国时期出任总工程师，主持修建淮南铁路（淮南到芜湖裕溪口），成为当时世界上造价最低的铁路，从而对安徽省及祖国铁路事业的发展做出了重要贡献。

古代徽州科技除了表现在歙砚、徽墨、徽纸等传统文化珍品制作技术卓越超群，砖、木、石、竹雕刻技艺精巧绝伦之外，在诸如茶叶采制技术、盆景栽植技术、水磨机械制造技术、瓷器烧制技术、徽菜烹饪技术、焰火制放技术、砖塑米塑技术、竹器编织技术等方面也有某些特色突出的历史创制。

行知徽州

研学感悟

第七章 科技之光

第八章

舌尖徽州

在中华饮食的厚重册页中，徽州饮食占据了重要篇章。

从"饮"上看，徽州最为知名的饮品当推茶叶。从明确记载徽州种植茶叶的唐朝中期至今的一千多年中，无论是"茶圣"陆羽《茶经》、清末程雨亭《整饬皖茶文牍》等有关茶叶类专著，还是南宋胡仔《苕溪渔隐丛话》、清初张岱《陶庵梦忆》等综合性文献收录的茶事、茶话，都少不了徽州茶叶的身影。黄山毛峰、太平猴魁、祁门红茶……均是中国名茶。

至于"食"，徽州在以追求"味道"为目标的菜肴方面，因有丰富的物产作支撑，经数百年的创制、提炼和传播，以"重油、重色、重火功"为典型风格的徽菜跻身全国八大菜系之列。

徽州小吃琳琅满目，诸如石头粿、蟹壳黄烧饼、包袱饺等既可充当主食，也可在茶余饭后略作点缀的"徽州小吃"，也随着徽州风俗的演进，扮演着重要的角色。其鲜明的特色、适口的风味，既引得外来客人为之垂涎，也成为无数徽州游子思念的对象。

一方水土养一方人，一方山水孕育一方文化。徽州饮食如此之诱人，得益于徽州自然与人文的共同巧妙作用，也是天时、地利、人和的最佳体现。

第一节 徽茶：人间有味是清欢

引言

徽茶历史悠久，举世闻名，黄山毛峰、祁门红茶、太平猴魁都是公认的中国名茶，骆驼侠曾听父亲多次提到它们的妙处，尤其是太平猴魁，其色、香、味俱全，是茶叶中的极品，只是无缘品尝到最正宗的太平猴魁，甚是遗憾。骆驼侠决定替父亲完成这个心愿，这天，他乘大车，换小车，然后步行，沿着曲折狭窄的山路辗转来到了位于黄山市黄山区太平湖畔新明乡的猴坑。非常幸运的是，在这里骆驼侠竟然遇到了太平猴魁非物质文化遗产传承人。

骆驼侠 请问太平猴魁的名字由何而来？

传承人 太平猴魁始创于清光绪二十六年（1900），是中国历史名茶。咸丰九年（1859），我的先祖郑守庆在家乡开辟出一块茶园。经过精心培育，茶园生产出散发着阵阵兰花香味的"魁尖"，这就是现在猴魁茶界普遍认为的太

平猴魁的前身。后来，为标明出处，体现品质，便取猴坑和魁尖之首字，再冠以太平县名，组成了茶名"太平猴魁"。

骆驼侠　太平猴魁从外形看确实和其他茶叶不一样，修长、挺直，特别好看。

传承人　这是太平猴魁的一大特色。太平猴魁外形两叶抱一芽，平扁挺直，不散、不翘、不曲，魁岸匀称，全身披白毫，含而不露。叶面色泽仓绿匀润，叶背浅绿，叶脉绿中藏红。入杯冲泡，芽叶成朵，徐徐展开，枝枝树立。或悬或沉，在明澈嫩绿之茶汁中，似乎有群猴在伸头缩尾，有"刀枪云集""群猴闹春"之特色。

骆驼侠　听说正宗的太平猴魁仅产在猴坑，产量很小，一般人根本喝不到，而且价格非常贵？

传承人 物以稀为贵嘛！太平猴魁的采摘时间与其他绿茶不同，每年最佳采摘期是谷雨至立夏前后，当20%的芽梢长出一芽三叶或四叶时便开园，采摘期只有半个月左右，比起一年采三季的茶树来说，确实量少物稀。猴魁采摘极为考究，要挑高山阴面挺直茁壮的茶树嫩梢采摘，嫩梢长约10厘米，一个人一天采摘下来的嫩梢，通常只够制作0.5千克猴魁。

骆驼侠 好的茶叶制作工艺肯定很讲究，太平猴魁更是如此吧？

传承人 你说对了。采摘回来后，第一步是"拣"。要从鲜叶中选出肥壮幼嫩、长度相齐的二叶一芽，俗称"两刀一枪"。两叶一心，长了不行，短了也不行；多一叶不行，少一叶也不行；弯曲、色淡、紫芽、瘦弱的，都要统统挑出来。第二步是"炒"，也就是杀青。这道工序要求适量、适温、杀透，恰到好处。铁锅的温度应在100℃以上，目的是破坏鲜叶中酶的活性，蒸发水汽，增进茶香，防止叶子变红，保持绿茶叶绿汤清的品质。第三步是"烘"。有毛烘、足烘，来回要反复多次，每次要求都不一样。第四步是"复焙"，又叫打老火。足干后趁热装筒，筒内垫箬叶，以提高猴魁香气，待茶冷却后，加盖焊封。

骆驼侠　　真是长见识了,没想到猴魁制作这么复杂,工艺要求如此之高,怪不得一杯难求呢。

传承人　　其实,不仅是猴魁,任何精品背后都凝聚着人们的辛劳和智慧啊!

　　徽州人的一天,大多是从茶开始的。

　　清晨,一小撮碧绿的茶叶,一壶新煮的沸水,香气氤氲,沁人心脾;午后,浓茶一杯,消食健胃,午茶与早茶不同,讲究的是一个浓字;当夜幕降临,一杯香茗饮庭院,一天劳作的疲倦顿然消失,逍遥与惬意则盈满心间。

　　清初学者顾炎武说:"自秦人取蜀,而后始有茗饮之事。"倘若属实,

第八章 舌尖徽州

则茶叶种植与饮用之习当始于四川一带。徽州茶叶种植始于何时，难以确指，不过可以肯定的是，唐朝中期的徽州，茶叶已普遍种植且成为民生所赖。古往今来，若论徽州的名，徽商的利，茶是绕不过的道，也有说不完的题。

徽州名茶众多，黄山毛峰、祁门红茶、太平猴魁、休宁松萝、歙县大方……各县茶叶种植的先后，大概与全国"由西向东"的植茶趋势一致，先从江西进入婺源，再传入祁门。从唐朝到五代，从北宋到南宋，徽茶的命运沉沉浮浮，到了明清两朝，伴随着全国商品经济的发展和徽商的崛起，徽州茶叶生产进入鼎盛期，不仅松萝、大方、祁红等名茶先后创制，而且以绿茶为大宗的茶叶销售遍布海内外。

大凡茶叶品质，皆取决于"天工"与"人力"。凡土壤、光照、雨水、温度诸要素，若恰到好处，非老天帮忙不可；而采摘、制作、储藏与冲泡，拿捏适度，则纯凭老道的手上功夫。徽州从产茶要地升格为名茶产区，靠的是技艺突破。

唐朝及以前，徽州与其他茶区一样，处于蒸青饼茶制作时代。其工序在陆羽《茶经》中有介绍："晴采之，蒸之，捣之，拍之，焙之，穿之，封之，茶之干矣。"即将鲜叶靠蒸汽杀青，用忤臼捣烂，放入模型按压定形，拍出后焙干，再穿串、包装密封即可。所谓方茶、片茶、含膏、团茶之类，即属"饼茶"。

这一时期，慕名到徽州采购茶叶者虽然不少，但徽州能称得上名茶的并不多，甚至是极少。到了宋朝，制茶工艺开始转变，由饼茶改为散茶，即杀青后直接烘干，或称"茗茶"，炒青技术也同时出现。但就徽州而言，茶叶生产除了产量持续提高外，品质上仍难有突破。直至明朝中期，休宁进士汪循还在其《煎茶》中指出：与外地佳茗相比，徽州茶叶虽具天生丽质，却因人力不济，无缘跻身名流。

天生丽质却无缘跻身名流，并不是茶叶原料问题，而是技术问题，更是品牌宣传问题。前者需高人指点，后者需名人代言站台，毕竟，茶香更怕巷子深。一切在明隆庆年间迎来转折，徽州茶叶也终于遇到了自己的"贵人"，好比等待已久的千里马终于迎来了自己的伯乐，"金风玉露一相逢，便胜却人间无数"。

这位伯乐名为大方，是位僧人，在苏州虎丘居住有年，深得炒制之妙。他云游至休宁北郊松萝山，结庵而居，见附近高山常年云遮雾罩，茶叶品质优良，于是，依苏式技艺精心炒制，果然成为妙品。很快，松萝茶大名传遍四方，名流雅士也开始纷纷为徽茶"打call"，明朝文学大家袁宏道曾记述道："今日徽有送松萝茶者，味在龙井之上。"同时代学者谢肇淛也有相似的评价："今茶之上者，松萝也，虎丘也，罗岕也，龙井也，阳羡也，天池也。"清朝著名画家郑板桥有诗："不风不雨正清和，翠竹亭亭好节柯。最爱晚凉佳客至，一壶新茗泡松萝。"明月高悬，翠竹玉立，晚风轻拂，雅客翩翩而至，一壶松萝香茶，天下、书画、人生，这是一幅多么充满诗情画意的闲适画卷！

如果说僧人大方让徽州茶叶脱胎换骨，那么龙膺则令徽州茶叶真正走向了市场。当年，他在徽州府担任推官，不仅前往拜访僧人大方，更为徽州人留下了松萝茶的制法。一僧一儒，一禅一俗，联袂上演了徽州茶叶的"逆袭"，为徽茶乃至徽商的崛起埋下了"伏笔"。

徽州人好儒，儒雅成风，茶为至爱。但文人雅士将茶做得太文化、太精致，普通民众既没闲也没钱，就很难问津。茶工虽巧，奈何文化少，等文人爱上茶事，茶文化才有文化。那有点儿像一种竞赛，你说妙味，我说无上妙味，你讲究火，我就来说水，汤分贼魔，水别灵异，山泉如何，古井如何，高峡是什么样，长滩是什么样，南零第一，还是庐山第一，东坡之雨果胜于陶谷之雪乎？"无水不可以论茶也"，所以后来雅人们说茶，"子问水，不问茶"，一听说你用的是自来水，便立刻笑倒在地。

又如煮茶的燃料，如今用电是不得已。《茶经》是提倡用炭的，雅士们就要对陆羽摇头，说他毕竟出身不高，博则博矣，不如我辈知雅啊。一种讲究，是用竹子来烧火，还是用绿竹，单听名字，烧的不是竹木，是诗意。更讲究的，用鸟窝，特别是鹊巢。"鹊巢结空林，雉雏响幽谷"，你去摘下来，多不好意思，所以捡落下来的，所谓"烹茶拾堕巢"。但落巢实在少见，所以想常玩这种雅，可能还是要把巢捅下来。这也是没办法，《茶经》里说，煮茶不能用柴薪、烟煤、麸炭，还不能用恶木、弊器、木桶等，能点着的、可用的东西实在不多了。这一轮轮的讲究，让茶只能小众化，为有钱、有闲的隐士、文人、达官们独宠。所以，真正要普及，只能不讲究，所以喝茶进入寻常百姓家是一种降维，在杯子里放茶叶，开水一冲即饮，俗是俗了点儿，但无比亲民，茶叶也终成大众饮品。

欧洲的咖啡是底层先喝起来的，然后宫廷贵族们跟着喝，最后全民喝咖啡；而中国的茶却相反，先是达官贵人、文人雅士喝，然后普通百姓跟着喝，最后大家一起喝。这种殊途同归的路径对照起来看，别有趣味。

当全民都一日不可无此君时，市场就来了。早在唐朝中叶，白居易面对浔阳江头歌女的悲愁，在《琵琶行》里留下了"商人重利轻别离，前月浮梁买茶去"的诗句。此时，祁门县已经建立，与婺源、浮梁山水相依，终唐一朝，祁门知县路旻、陈甘节先后治理阊门水道，终使"贾客巨舰、居民叶舟往复无阻"，利于官府劝六乡之民，专勤茶业。这可大约看作"要想富，先修路"在徽州的最早事例。

大约清康熙前，徽州茶叶主要靠内销。唐朝人王敷《茶酒论》中所谓的"浮梁歙州，万国来求"，只不过是一位乡间文人修辞手法的巧妙运用而已。倒是《膳夫经手录》说得比较靠谱："歙州、婺州、祁门、婺源方茶，置制精好，不杂木叶，自梁、宋、幽、并间，人人皆尚之。"包括今河南、河北、山西、北京在内的地区，都是徽州茶叶的行销之地。

徽茶外销始于明朝中叶，主要口岸是广州。那时徽州从事茶叶外销业务的多为婺源人，这也是婺源人能长期掌控徽茶制作话语权的缘故。虽路途遥远，但"做洋庄，做一年吃三年"的"洋财"梦，仍然是吸引徽州人的主要动力。

第八章 舌尖徽州

进入近代，五口通商，上海取代广州成为徽茶外销的主要口岸，休、歙茶商凭借地利，迅速在上海码头站稳脚跟，而后名扬天下。

今天再谈徽州茶业，驰名中外的当属黄山毛峰、太平猴魁，以及被誉为"镶着金边的女王"的祁门红茶。

天下名山，必产灵草，黄山景区一带林木茂盛，云雾缥缈，温暖湿润，以其独特的气候环境，为茶叶的生长提供了优异的自然条件。黄山毛峰，是没有发酵的烘青绿茶，为中国十大名茶之一，产于徽州一带，所以又称徽茶，由清光绪年间谢裕大茶庄创制。新制茶叶干茶显毫，冲泡后水中绒毛很多，而又芽尖锋芒，且鲜叶采自黄山高峰，所以命名为"黄山毛峰"。毛峰易得，但是顶尖的黄山毛峰却也难寻，更何况，好茶需得好水烹制，若无好水，自然就少了那一份独特的香韵。

相比黄山毛峰，正宗的太平猴魁更不可得。"晴时早晚遍地雾，阴雨成天满山云。"若想品尝到正宗的太平猴魁，唯有去猴坑。路程遥远、山路曲折不说，到了猴坑能否喝上一杯正宗的猴魁还得看造化、凭机缘。正品的太平猴魁核心产地在太平，太平的核心产区在新明乡，新明乡的核心产区在12个村民组，12个村民组的核心产区只在猴坑、猴岗和颜家这3个村民组，一共60多户人家。在这个产区里，每年猴魁总产量不到10000千克，以平均一人一年喝1.5千克绿茶的量来算，也只能满足6000多人的需求。相对于一个庞大的喝茶人群，这个数字少到几乎可以忽略不计。顶尖的猴魁无缘品尝，哪怕喝到点被当地村民称为"布尖"的猴魁，也算是不虚此行了。

徽州茶叶经济的强大对当地社会影响至深。唐朝张途说茶叶是祁门百姓的"衣食之源",清末许承尧称"茶叶兴衰,实为全郡所系",到清光绪年间,屯溪成为徽州"洋庄"茶叶精制中心,因茶叶产业链拉长,常住人口超万。千百年来,徽州茶叶产量越来越高,造就了一大批富庶的徽商,也逐渐成为徽州民众的生活之源。

一部徽州茶叶变迁史,也是一部徽州发展史,它见证了徽商的百年传奇!

北纬30度,是地球上一条奇特的纬线。

在这条纬线附近有神秘的百慕大三角、著名的埃及金字塔、传说中沉落的大西洲、世界最高的峰珠穆朗玛峰和世界最深的海沟西太平洋马里亚纳海沟；它贯穿中国、古印度、古巴比伦、古埃及四大文明古国，是世界许多著名文明之谜所在地，比如埃及金字塔群、狮身人面像，巴比伦"空中花园"，远古玛雅文明和中国的巴人文明等。

茶叶是北纬30度上的另一个奇迹——据史料记载，茶叶最早的栽培利用发源于北纬30度的中国四川，直至今日，中国十大传统名茶中有九大产生在这一纬度上下，中国两大优质茶区（江南茶区、西南茶区）穿线而过。黄山毛峰，恰好位于北纬30°；太平猴魁，位于北纬30°~30°26′；祁门红茶，位于北纬29°35′~30°08′；从公认的十大名茶产地来看，处于北纬30°±1°之内的有西湖龙井、洞庭碧螺春、君山银针、黄山毛峰、蒙顶甘露、庐山云雾、太平猴魁等七大名茶，位于北纬30°±（1°~2°）的有六安瓜片，毗邻这一纬度的有信阳毛尖（北纬32°13′），只有著名的乌龙茶安溪铁观音的产地不在这一区域内。

北纬30度被人们称为地球的脐带。据中国地质局专家介绍，这一带所含丰富的微量元素、矿物质、磁场、电场、重力场对人与环境都有重要影响，其中磷、锌、硒等元素和土壤富含有机质，对茶叶品质的形成有非常重要的作用。

行知
徽州

研学感悟

第二节 徽菜：味至浓时即家乡

旅行六大要素"吃、住、行、游、购、娱"中，吃可是排在第一位的，对于骆驼侠这个吃货而言，到徽州旅行，品尝地道的徽菜是必不可少的。臭鳜鱼、毛豆腐、刀板香，还有……所有著名徽菜我都要吃，骆驼侠在心里暗自想。为此，他做足了功课，还找了当地好朋友帮忙推荐。这一天终于来了，骆驼侠按图索骥，来到了已经探明的一家当地正宗徽菜馆。

骆驼侠　老板，点菜！

老　板　来啰，您点什么菜？

骆驼侠　臭鳜鱼一份！笋子一份！刀板香一份！还有……

老　板　小伙子，徽菜实惠，你一个人哪，不能点太多，吃不了浪费。

骆驼侠　您说得有理，虽说我还要在徽州待几天，可我哪一个都舍不得放弃啊。要不先来一个您这店里的招牌菜？

老 板	我这店里都是正宗的徽菜,您刚才点的个个都是招牌菜。不过如果说点得最多、评价最好的,一定是我们的臭鳜鱼,那是徽州的一绝,在别的地方您是吃不到的。
骆驼侠	臭鳜鱼不是每家徽菜馆的招牌菜吗?老板,您店里的臭鳜鱼和其他家有什么不同?
老 板	是的,确实每家徽菜馆都会做臭鳜鱼,可我这里的师傅是徽菜非物质文化遗产传承人,他在我的店里只做这一道菜,而且已经做了很多年了,这就是奥秘所在。
骆驼侠	那必须要品尝一下了!您能不能把这道菜给我详细介绍一下?
老 板	臭鳜鱼是徽州菜的代表之一,未见其"鱼",先闻其味,初次见到的人大多不敢下筷,因为鳜鱼发出的似臭非臭的气味,让人有点担心。其实,您一点不用担心,这不是菜变味而发出的异味,而是这道菜的独有风味,吃上一口,你就会惊讶于肉质的鲜嫩、味道的鲜美。

骆驼侠　这道菜制作起来很麻烦吧？

老　板　从鲜鱼到上桌，臭鳜鱼的制作至少要耗费一周的时间。生鳜鱼臭味要更浓郁一些，发酵腐败后的鳜鱼经热油稍煎，再烧汁儿炖煮，熟了之后味道就没那么大啦。

骆驼侠　您说不同的菜馆，品质有所不同，请问如何辨别臭鳜鱼的好坏呢？

老　板　我教您一个方法啊，记住一句话："微微臭，好吃蒜瓣肉。"吃之前，您用筷子把鱼肉拨开，或者用勺子按开，如果它的鱼肉呈蒜瓣状，一片一片的，就是上好的。而且，臭鳜鱼一定要趁热吃，假如你不能一下适应这种重口味的话，最好先小口小口吃。等您喜欢上了，就爱不释"口"了，除了吃鱼肉外，还可以用盘子里的汤汁做碗捞饭，味道也非常棒。等会臭鳜鱼做好了，您可以慢慢品尝。

骆驼侠　那非遗传人做的是不是有特别的手法或者技法？

老　板　肯定啊，要不然不都是非遗传人了，不过，具体我也不知道。小伙子，您看，您的臭鳜鱼来了，赶紧品尝吧。

一条鱼，还有这么多的文化，中国文化真是博大精深啊，骆驼侠想。

这年头，南来北往的，找个馆子吃顿徽菜是寻常事，可要吃上地道的徽菜则是种幸事。地道与否，外人可能吃不出来，但徽州人或者吃货行家自然是一吃便知：原材料要好，烧制要得法，火候要到位，当然，这一切还必须有一好厨子。

徽菜贵为中国八大菜系之一，起源于秦汉，兴于唐宋，盛于明清，在清朝中、末期达到了鼎盛。中国菜类虽然品种众多，但能成菜系的并不多，徽菜能自成一体，占据其一，足可见其影响和地位。

一方水土养一方人，造就影响一方饮食习惯的并不是舌尖本身，而是当地的自然地理环境、气候特征和物产。为什么四川人、湖南人无辣不欢？这是因为在当地湿冷的气候下，当地人需要用辣椒来祛寒除风湿。为什么山西

第八章 舌尖徽州

人爱醋如命？这是因为山西黄土高原含钙过多，使居民嗜酸，以利于消除体内的钙沉积。为什么盐帮菜只能在自贡发源？这是因为自贡虽然距离海盐十分遥远，但自古盛产井盐，井盐为盐帮菜提供了特殊的原材料，盐商、盐工们在这个基础上钻研出很多奇特的吃法，从而使盐帮菜成为特色。由此可见，在味觉上，从来就没有无缘无故的爱，而徽菜之所以形成重油重色重火功，有时还带一些轻度腐烂的特色，正是与徽州独特的地理环境和气候物产两相呼应、息息相关的。

盐重，自然味道偏咸；油大，难免口感油腻。梁实秋先生对吃是很有心得与研究的，因其夫人程季淑老家在绩溪，按胡适先生的说法，梁实秋是"半个徽州人"，他徽菜馆没少去，徽菜没少吃，评论起徽州菜肴倒也直中要害："缺点是味太咸，油太大。"

俗话说：萝卜青菜各有所爱，所谓众口难调，也是没有办法的事。更何况，因时代不同，生活水平存在差异，人们对吃的要求与标准自然也不一样。徽菜之所以"重油、重色"，归根结底和徽州的地理特点、自然气候以及生活状况息息相关。

在地理地貌上，徽州更像一个大的山区，因此，徽菜从其发源时就自带着山民气。成年累月居于崇山峻岭的徽州山民，历来均以农林为生，他们劳作也要比平原的住民耗费更多的体能和汗水。也正因为此，山民在日常饮食中需要比平原地区的居民补充更多的脂肪与盐，这也让传统徽菜在口味上重油且偏咸。山区的另一个特点是交通异常不便，尤其在交通工具很原始的古代，更是如此。这让食材的流通变得困难，漫长的运输过程让食材的保质保鲜成为一道难题,但古徽州人硬是在这道难题上解答出了人间至味,用各种精妙的腌制和发酵把平淡的食材打理得异香扑鼻。今天,当我们品尝着作为徽菜头牌的臭鳜鱼和毛豆腐时,在舌尖上跳动的不仅是美味,更是古老的智慧。

虽然古诗言"桃花流水鳜鱼肥",但徽州山间湍急的水流里,其实很难产出肥大的鳜鱼,食材需要从贵池、铜陵沿江获得,靠肩挑山路运进来。漫长的路途几乎让保鲜成为不可能的任务,这样的现实逼出了逆向思维,既然保鲜已不可能,那就干脆另寻出路。将鳜鱼就地宰杀,腌制后进行自然发酵。发酵时间视季节而定,夏季一般腌制三至四天,冬季腌制八至十二天,每隔八小时翻一次。腌制鳜鱼时的温度以28℃为宜,这其中的每一个数据都是古徽州人经过无数次的摸索总结出的宝贵经验。这种方法至今仍被奉为这道菜的制作正统。虽然现代城市里有些徽菜馆常先调和好卤水,把鳜鱼浸泡一天后便送去烹调,但对于真正的徽菜大师来说,这种方法是在毁徽菜。传统方法做出来的臭鳜鱼应该是异香扑鼻,鱼肉粉润,肉质不粉,呈蒜瓣状,咸鲜适口。而这种靠浸泡的"新式"做法做出来的臭鳜鱼,尽管味道也不错,肉质也能维持蒜瓣状，但入口却失于松散，尤其是颜色，绝对无法和传统做法相提并论。美食家陈晓卿曾生动地描绘出自己在皖南有幸一尝正宗臭鳜鱼的观感：新鲜的鳜鱼腌制之后，切块干烧，芳香扑鼻，肉质极其细嫩。举箸夹在眼前，鱼肉如鲜百合一样，层层散开。这时候，能看到鱼肉的横断面，中心雪白，往边上渐渐上色，到最边缘，居然艳若桃花一般。于无奈的现实中，闯出新路；在无解的难题里，逼出妙招。一道臭鳜鱼，不仅仅只是徽州奉献给人间的美味，更是徽州为人间注入的一脉独特的精气神。

  自宋朝以后，徽州人口急剧膨胀，山区被大量开发，物产总量有所下降，而且人均数量也不多。农产品的最大特点是季节性强。盛产时消费有余，过期后百金难觅。在完全靠自然的历史时期，一个普通人家如果不考虑适当储存以备将来，势必会陷入缺粮少菜的窘境。素来生活简朴的徽州山民，"有之日想着无日苦"，竹笋、萝卜、白菜、豇豆之类，多煮熟晒干或腌制，储藏一年没有问题。日常多以腌制菜蔬佐餐，逐渐形成徽菜"偏咸"的特点。

  "前世不修，生在徽州，十三四岁，往外一丢。"学徒也好，徽商也罢，涉足远行，菜蔬自备一二，借此节省些盘缠，似是习惯，即便家财万贯，可能也未免俗。明末清初小说《豆棚闲话·朝奉郎挥金倡霸》中，绩溪商人兴哥要往平江下路开典铺，其父为他凑足了一万两的同时，"照例备了些腌菜干、猪油罐、炒豆瓶子"，他这才"欢欢喜喜出了门"。豆腐乳、辣椒酱、炒盐豆之类，几乎成为徽商出门的"标配"。所谓"紫苏豆豉远堪携"，即是这一情形的真实写照。

  徽菜"重油"则是后来改良的结果。历代徽州方志均指出，徽州山民一

行知徽州

年难得有几回开荤。植物油主要来自油麻、火麻。在明清徽商输入故乡的物质中,猪油是较为重要的一种。虽然徽州山民耗油不高,但当客人进门时,招待的菜品总是油光可鉴,这是徽州人热情的待客之道。当年,胡适带梁实秋等人进徽馆聚餐,"老板对着后面厨房大吼一声……胡先生说,他是在喊:'绩溪老倌,多加油啊!'原来绩溪是个穷地方,难得吃油大,多加油即是特别优待老乡之意"。

徽州地处山区,林木众多,薪材富足。每餐烧过,火红的炭火顺手铲进陶瓷,闷成木炭。炭火炖菜也就成为本土徽菜原始的加工方法之一。炉火暗红,钵盖微颤,菜香缕缕。对于刚从山地中完成活计的农人来说,这是多么的富足与诱惑!

当然,如果没有徽商的行走天下,徽菜也许永远只是一位待字闺中的"村姑",虽然淳朴、健康,却无缘走出大山展示风姿,为世人欣赏,在青史流芳。

明朝中叶后,徽商在长江中下游一带人数众多,势力渐强。长久远离家乡的游子,难免思乡心切。能暂时抚平思念的,是家书,是乡音,还有乡味。有条件者,能在店铺内经常烧制徽菜,以解思乡之苦,但对于那些需自行安排日常饮食的底层店员来说,能吃上一顿家乡的菜肴竟成了一个难以实现的梦想。

好在,有人帮他们圆梦。一些徽菜馆开始在城市街头崭露头角。李斗是清乾隆时期知名文人,他的《扬州画舫录》记录了当时扬州很多社会生活的细节。乾隆初年,有徽州人在河下街开设"徽包店",出售"松毛包子"。包子店老板注意到,扬州餐馆多附于面馆。于是,他仿老家歙县相传是徐履安首创的"没骨鱼面"烹饪技法,开发了富有特色的鲭鱼面,且巧妙借用"五侯鲭"典故,将鱼面店取名"合鲭"。生意大发后,他又在更好地段建起大店,易名"玉坡"。"徽包店"的成功"逆袭",带出了涌翠、碧芗泉、槐月楼等高档饭馆,一时传为佳话。

徽菜馆在上海的兴起,可以视为徽菜打开市场、走上鼎盛的典范。清咸丰初年,在浙江办理盐务的绩溪人程松鹤在上海十六铺盐码头首创徽菜馆——松鹤楼,聘请师傅17人。同治年间,集贤楼、杏花天、大醋楼、其萃楼、醉白园、鼎新楼、聚宝园等先后创办。"沪上菜馆,初唯有徽州、苏州,后乃有金陵、扬州、镇江诸馆,至于四川、福建等菜馆,始于光复之后。"大致说的就是这一时期的概况。到了光绪年间,上海的徽菜馆如雨后春笋般涌现。民国初年是上海徽菜馆的鼎盛期。据时人王定九评价,"徽菜馆的牌号,可占全埠各种菜业冠军",申城是"徽气笼罩的上海街市"。

岁月如河,大浪淘沙。今天我们谈起徽菜,臭鳜鱼、毛豆腐、胡氏一品锅、问政山笋、刀板香、绩溪炒粉丝……都是绕不开的名菜,殊不知,知名的传统徽菜名品远不止这些。据清道光《徽州府志》记载,宋高宗问大学士汪藻,代表性的"歙味"有什么?汪答:"沙地马蹄鳖,雪天牛尾狸。"方西畴是清乾隆年间侨居扬州的歙县人,回故里省亲,有感于"俗朴民淳",作《新安竹枝词》36首。其中对徽州菜蔬也多有赞赏:"晚菘早韭寻常甚,烂煮猫头饭滑匙。""菘"即白菜,"猫头"即猫头笋,在徽州是最一般的家常菜,但在方西畴看来,却是"风味山乡入梦思,此君一见解人颐"。胡适是徽菜的拥趸,这位铁杆的徽州老乡,凡邀友朋聚餐,多选择"徽馆",若请好友在家小聚，做的一定是徽州风味的菜肴。有一次，当他在徽馆里品尝家乡面食"螺丝块"时，认为这名字既粗俗，外地人也弄不懂，便提议：面皮形状像花飞蝶，何不改名为"蝴蝶面"呢？自此，这个别致的"蝴蝶面"便展翅飞翔了……

民以食为天。徽州人遍布天下，却根在徽州，口味在家乡。一座徽馆、一桌徽菜，散发的是浓浓的家乡之情。所以如果一说徽菜，只言必称臭鳜鱼、毛豆腐，未免失之狭隘。徽州是山水徽州，在食材上，徽菜是"山上来，水中来"，有着水陆毕陈的丰富。除了制作烹饪上的攻坚克难外，还有就地取材上的信手拈来。茂盛的竹林，让山笋与梁上的火腿进行金风玉露的相逢，山间的石鸡石耳在慢火清炖的呢喃中共同书写着味觉的诗篇。刀板香在一片油光中绽放，一品锅于层层沸滚里盛开……一道道徽菜中，有日常的清欢，有遥远的乡愁，更有徽州人千年的家国情怀。

第八章　舌尖徽州

　　中国传统餐饮文化历史悠久，菜肴在烹饪中有许多流派。在清朝形成鲁、川、粤、苏四大菜系（根据徐珂所辑《清稗类钞》中的排序），后来闽、浙、湘、徽等地方菜也逐渐出名，于是形成了中国的"八大菜系"，即鲁菜、川菜、粤菜、苏菜、闽菜、浙菜、湘菜、徽菜。

鲁 菜

即山东菜系。由齐鲁、胶辽、孔府三种风味组成，是宫廷最大菜系，以孔府风味为龙头。

川 菜

即四川菜系。以成都菜为代表，各地风味比较统一。主要流行于西南地区和湖北地区，在中国大部分地区都有川菜馆。川菜是中国最有特色的菜系，也是民间最大菜系。

粤菜

即广东菜菜。由广府、客家、潮汕三种风味组成,在中国大部分地区都有粤菜馆。在国内外影响极大,世界各国的中菜馆多数以粤菜为主。

苏菜

即江苏菜系。由徐海、淮扬、南京和苏南四种风味组成,是宫廷第二大菜系。今天国宴仍以苏菜为主。

闽菜

以闽东、闽南、闽西、闽北、闽中、莆仙地方风味菜为主形成的菜系。以闽东和闽南风味为代表。

浙菜

即浙江菜系。以杭州菜为代表,各地风味比较统一,主要流行于浙江地区。

第八章 舌尖徽州

湘菜

即湖南菜系。以长沙菜为代表,各地风味统一,主要流行于湖南地区。在中国大部分地区都有湘菜馆,是民间第三大菜系。

徽菜

即安徽菜系。包括皖南、沿江、沿淮三种风味,以皖南风味为代表。如今,绩溪、歙县均获"中国徽菜之乡"称号,徽菜也被列入安徽省首批非物质文化遗产保护名录。在绩溪,每年均举办国际徽菜饮食文化节。

行知
徽州

研学感悟

第八章　舌尖徽州

第三节　徽州小吃：珍果园中多奇葩

引言

一天，骆驼侠逛到了屯溪老街，他一边欣赏着古街的建筑，一边盘算着到哪去买点徽州的特产，回去带给亲朋好友。古街之中，游客来来往往，其中一些三五成群围坐在摊位前，似乎在等待着什么。骆驼侠留心一看，发现许多游客都在吃一种小吃，一打听，才知道是徽州著名的特色小吃之一——毛豆腐。骆驼侠一下子来了兴趣，他特别选择了一个人气最旺、排队人数最多的摊位，等了许久，终于买到了一份，边吃边和老板攀谈。

骆驼侠　这毛豆腐味道好鲜美啊，和我们平时吃的豆腐不一样啊！

老　板　那是自然，小伙子，来，我再给你浇点香油，淋点辣椒糊，口味会更加鲜美。

骆驼侠　谢谢老板，果然味道更足。请问老板，这毛豆腐上面长满了毛，是怎么做出来的呀？

老　板　徽州毛豆腐因为表面长有一层白色绒毛而得名,这种毛经发酵霉制而成,所以又称霉豆腐。豆腐在发酵过程中,蛋白质被分解成多种氨基酸,味道比一般豆腐更鲜美。你别看这一小块毛豆腐,用料和制作可讲究了。首先,豆腐的选择要求就很高,它选用粒粒珠玑、色澄如玉的优质黄豆制成豆腐;制成的豆腐要求色清如雪,刀切似玉,坠地不溢;豆腐制好后,要趁鲜按照长12厘米、宽6厘米、厚3厘米的标准切成小块,放在阴凉干燥处发酵,五六天后豆腐表面就会生长出一层白色茸毛,就是你看到的这个。

骆驼侠　　这上面的毛似乎还形状各异。

老　板　　是的，毛豆腐根据茸毛的长短和颜色可分为虎皮毛、鼠毛、兔毛、棉花毛等四种。

骆驼侠　　可这好好的豆腐，为什么要通过发酵让其长毛呢？

老　板　　豆腐发酵后，所含的植物蛋白会转化成多种氨基酸，经烹饪后味道特别鲜美，更重要的是，这些转化后的氨基酸都是人体所需要的，所以它的营养价值高啊！

骆驼侠　　我转了一条街，似乎毛豆腐的做法也有好多种。

老　板　　你说对了，油煎、红烧、火烤、清蒸，想怎么吃就怎么吃。每个人喜好、口味不一样，所以吃法也不尽相同。传统的烹饪方法是将毛豆腐放入平底锅煎至两面发黄，再加入调味品烧烩，香气溢出后涂上一层辣酱，要趁热吃，那个味道最好。

骆驼侠 要不是在徽州，我估计这东西我根本不敢吃，这么有特色风味的小吃是谁发明的呢？

老　板 民间传说朱元璋有一次兵败徽州，逃至休宁一带，腹中饥饿难熬，命随从四处寻找食物，一随从从草堆中搜寻出逃难百姓藏在此处的几块豆腐，但已发酵长毛，因别无他物，随从只得将此豆腐放在炭火上烤熟给朱元璋吃。不料豆腐味道十分鲜美，朱元璋吃了非常高兴。转败为胜后，他下令随军厨师制作毛豆腐犒赏三军，毛豆腐遂在徽州流传下来。此传说的真假已经无从考证了，不管怎么样，老祖宗给我们留下的这门技艺，是一笔宝贵的财富，也是传统文化的传承，你说对不对？

骆驼侠 果然是高手在民间啊！请给我再来一份！

人们到一个地方驻留，留在心间的往往是通过舌尖达成的。旅行归来，你当初去过哪些景点，住在哪家客栈，遇见了什么人，听到了什么事，都会随着时间的推移而渐渐淡忘。唯独吃，尤其是小吃，会让你念念不忘，成为此生不可磨灭的记忆。这就是小吃的魅力。

　　中国是崇尚吃的国度，中国人能变着花样做出无数精美绝伦的美味，这在世界上是独树一帜的，展现的是中国人的勤劳与智慧。至于小吃，品类繁多，更是数不胜数。关于吃，梁实秋先生最有发言权，曾付诸文字，结集于《雅舍谈吃》。在他的笔下，南来北往的美食、小吃被写得活色生香，令人垂涎。可是，作为徽州女婿的他并没有将徽州小吃变成雅舍中的文字，这不得不说是徽州小吃的遗憾，当然也是他本人的一种损失，而对于广大读者来说，却也因此对徽州小吃少了一番认知和追寻。

　　小吃，自古以来就备受宠爱，从宋朝"甜食"、元朝"从食"，到明清上百种点心，小吃早已超越"果腹"的低级层次，成为展示各地丰富多彩的饮食文化的重要形式。徽州小吃历史悠久，千年传承，自然也是小吃百花园中的奇葩之一。

　　在古老的徽州，"土田依原麓，田瘠确，所产至薄""大都计一岁所入，不能支什之一"。从宣、池、赣、浙内运，路远价高。于是，山民多选择山区垦殖，多种经营。尤其明朝以降，苞芦（玉米）、番薯被引入，其以产量优势迅速被推广开来。农产品的丰富,为徽州小吃的繁盛提供了基础。

在知名的徽州小吃中,曾有些是当地山民的主食。"粿"在徽州最为普遍。因其"熬饥"、便于携带,在起早摸黑、消耗体力的大忙时节,不仅中餐时常食用,甚至也是早餐的首选。"粿"种类繁多,按粉分,有苞芦、米、面之别;照馅看,有青菜、韭菜、苋菜、腌菜、豆黄芝麻等不同种类;依制法,又有瞎粿(无馅)、挞粿、蒸粿、油粿(油炸)、煎粿等类型。

"苞芦粿"最难做,因其粉粗、黏性差,需用开水直接冲泡后才能揉成团。若以新鲜蔬菜为馅,水分多,入锅翻面烙烤时,极易破碎。深冬时节,以腌雪里蕻为馅,放上几丁猪油,烙得两面焦脆,馅心油润,香味四溢,令人垂涎。当地民谣"手捧苞芦粿,脚踩硬炭火,除了神仙就数我",传神地表达出山民此时的满足感。

"油烙面粿"是专为远行客准备的干粮。这种粿不过大号月饼大小,通体金黄,脆而不焦,香酥可口。其最大的奥妙在于制作上的独特:面粉不用水调匀,而直接用黄豆油或菜籽油,以腌菜或芝麻糖为馅,放在锅中微火慢烤而成。"油烙面馃"一般可存放十天半个月,能满足徽商远行的需求。回想当年外出的徽州游子肩背一袋"油烙面馃"的情景,那是怎样的一份亲情和期待!

米馃式样也多,通常逢年过节时才会做。常见的米馃是粳米中掺了少许糯米,口感稍硬,不似他处糯米粑粑那样既软又黏。先淘米、沥水,再用踏碓或杵臼粉碎,过筛、晾干。开水冲泡后揉透,摘成大小适度的小团,日用的就直接搓、按成扁平的"瞎米馃",要"做事"(喜庆、送礼)的就用"馃印"(印模)翻出有"福""寿"等吉祥图案的"食桃"。蒸熟出锅时,点上几个红点,清爽而喜庆。

至于"野艾馃""灰汁馃",则是在清明、立夏、七月半时制作,在制作时分别加入嫩野艾叶、嫩苎叶(均烫后剁成泥状)、油菜籽壳、稻草的灰汁。既有尝鲜的意味,也有解毒的期待。

说到徽州知名的传统小吃,黄山烧饼是绝对绕不过、不得不提的。因其外形长得像螃蟹外壳,色如蟹黄,又叫"蟹壳黄烧饼"。梅干菜加肉丁的内馅,酥皮上撒白芝麻,趁热一口咬下去,酥脆爽口,碎肉丁加上梅干菜特有的香气,咸甜中带着辣味,绝对美味。如此美味的烧饼,自有徽州的特色,真正的祖传手艺是用圆形桶,在底部加入木炭温火烘烤。这才是正宗、地道的做法。

五城茶干,又一徽州名点,从制作上来看,它跟"茶"真的没有太大关系。但五城茶干味咸耐嚼,水分极少,是佐茶佳品,因外形颜色似茶而得其名。不要小看这小小的茶干,要制成需要经历12道严格工序,6个时辰慢煮,还要配以秘而不宣的秘制好酱,如此,方能口有余香、回味悠长。

行知
徽州

徽州小吃种类繁多，不少徽州小吃主要用于待客和茶余饭后的零食。乡土气息最浓郁的当属"苞芦松"，这源于休宁流口、黟县等深山区居民的创造。明朝以后，苞芦在开发相对较迟的山区种植较为普遍。苞芦根系发达，消耗地力严重，山民多采用原始的"烧火子山"方式垦殖，生活清苦，无力采购更多精制食品，于是就有了对自然资源进行深加工的尝试。他们先将玉米磨粉，细筛除去皮层，倒入开水搅拌，煮成苞芦糊，冷却凝固，再用特制的弓刨成薄片，置于竹匾内晒干。食用时，将苞芦片投入滚烫的油中，待它舒展膨胀上浮时，捞起装盘。此时的"苞芦松"清香松脆，成为春节期间待客茶食或佐餐食品的重要角色。祁门人引入该技艺，因地制宜，又创造出以荞麦为原料的新品种——荞麦松，口感更加鲜美。

与笋干、火腿并称歙县"长陔三宝"的山芋枣，则是另一类徽州土产小吃的代表。长陔地处歙南偏僻山区，高山环绕，中部地势较低，降水丰沛，土壤适宜山芋生长。每年秋收，当地农户都会精挑细选一些优质黄心山芋，放置一段时间，以便淀粉进一步转化为糖分。之后，洗净山芋，放入大锅煮透，逐个剥皮，再切成条块状放在竹焙兜上用炭火烘烤。干透的山芋枣香甜软糯，很有嚼头。村民或赠友，或待客，或出售。首次品尝者常常笑称"打个巴掌也不吐"！

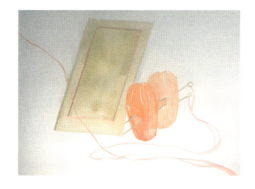

枣子自古以来与桃、李、梅、杏并列为"五果"。徽州引种这

第八章 舌尖徽州

一"木本粮食"有数百年历史。"金丝琥珀蜜枣"就是青枣深加工后的知名土产。"金丝琥珀蜜枣"以产于歙县三阳一带者为最佳。选表面光滑、形状一致的优质青枣,按个头分等,再分切。切枣这道程序最繁,那些女工左手捏枣,右手持刀,只见切刀在转动着的枣子上鸡啄米似地有节奏翻飞,转眼间,枣子上已留下刀距均匀、深度相近的数十道淡黄色刀痕。切过的枣用白糖熬煎,再经烘焙、挤捏、老焙、分拣,终于成为色泽金黄、缕纹如丝、光艳透明、形似琥珀的成品,味道甜美,久藏不坏。

在徽州,每一款小吃都有其"秘诀",甚至背后还隐藏着一个个动人的故事,这些故事或者传说赋予了这些小吃更鲜活的生命力。据传一位年轻徽商新婚不久即外出谋生,三年未归,商妇思夫心切,"写"了封信捎给丈夫:两枚缝衣针,连着两颗蜜枣。丈夫读懂了:真真(针针)想你,早早(枣枣)回家!施闰章《愚山诗集·枣枣曲(自序)》说:休宁海阳有种"香枣""取二枣刳剥叠成,中屑茴香,以蜜渍之"。这是徽州商妇发明的"信",告诉在外经商的丈夫:早早(枣枣)回乡(茴香)!独特的方式,寄托的是绵绵的情意和不尽的相思……

徽州小吃,看似只是休闲食品,蕴含的是风土人情,透露的是民间智慧,连接的却是中国优秀的传统文化,不可不尝,亦不可辜负。

小吃，由来已久。宋朝在吴氏的《中馈录》中出现了"甜食"一词，即甜点心。元朝在无名氏的《居家必用事类全集》中出现了"从食"一词，即饼类小食。

徐珂所辑《清稗类钞》中记载了中国最先出现的四大小吃群，南京夫子庙秦淮小吃（始于明洪武年间）、上海城隍庙小吃（始于明永乐年间）、苏州玄妙观小吃（始于明弘治年间）和湖南长沙火宫殿小吃（始于清乾隆六年（1741）），被称为中国四大小吃。

2016年11月18日，中国旅游协会、中国旅游饭店业协会联合公布了首届中国金牌旅游小吃名单，黄山市3项徽州小吃入选，分别是深渡毛豆腐、蟹壳黄烧饼(黄山烧饼)、徽州苞芦粿。

《舌尖上的中国》《风味人间》都对徽州毛豆腐等徽州小吃进行了报道；五城豆腐干制作技艺、徽州顶市酥制作技艺、徽州烧饼制作技艺、嵌字豆糖制作技艺、绩溪挞粿制作技艺等入选了安徽省省级非物质文化遗产名录。

第八章　舌尖徽州

研学感悟

附录一
黄山市旅游景区名录

黄山市旅游景区名录(部分)

序号	景区名称	景区等级	景区位置
1	黄山风景区	AAAAA	黄山
2	西递	AAAAA	黟县
3	宏村	AAAAA	黟县
4	唐模	AAAAA	徽州区
5	呈坎	AAAAA	徽州区
6	潜口民宅	AAAAA	徽州区
7	牌坊群、鲍家花园	AAAAA	歙县
8	徽州古城	AAAAA	歙县
9	花山谜窟	AAAA	屯溪区
10	东黄山度假区	AAAA	黄山区
11	翡翠谷	AAAA	黄山区
12	太平湖	AAAA	黄山区
13	九龙瀑	AAAA	黄山区
14	新安江山水画廊	AAAA	歙县
15	雄村景区	AAAA	歙县
16	齐云山风景区	AAAA	休宁县

续表

序号	景区名称	景区等级	景区位置
17	赛金花-归园景区	AAAA	黟县
18	南屏景区	AAAA	黟县
19	牯牛降	AAAA	祁门县
21	丰乐湖	AAAA	徽州区
22	新徽天地醉温泉	AAAA	屯溪区
23	新安江滨水旅游区	AAAA	屯溪区
24	黄山虎林园	AAAA	黄山区
25	打鼓岭	AAAA	黟县
26	休宁古城岩	AAAA	休宁县
27	新四军军部	AAAA	徽州区
28	历溪景区	AAAA	祁门县
29	黎阳in巷	AAAA	屯溪区
30	屏山景区	AAAA	黟县
31	祥源-祁红产业文化博览园	AAAA	祁门县

附录二
黄山市各级非物质文化遗产代表性项目名录

黄山市世界级、国家级、省级非物质文化遗产代表性项目名录

级别	序号	项目名称	项目类别	申报地区或单位	项目批次
世界级	1	中国传统木结构营造技艺——徽州传统木结构营造技艺			2009年入选
	2	中国珠算——程大位珠算法			2013年入选
国家级	1	徽派传统民居营造技艺	传统技艺	黄山市	第二批
	2	徽剧（黄山市）	传统戏剧	黄山市	第一批
	3	徽州民歌	传统音乐	黄山市	第二批
	4	徽州三雕	民间美术	黄山市	第一批
	5	端午节	民俗	黄山市	第一批
	6	竹刻（徽州竹雕）	传统美术	黄山市徽州区	第四批扩展
	7	绿茶制作技艺（黄山毛峰、太平猴魁）	传统技艺	黄山市徽州区、黄山区	第二批
	8	漆器髹饰技艺（徽州漆器髹饰技艺）	传统技艺	黄山市屯溪区	第二批
	9	毛笔制作技艺（徽笔制作技艺）	传统技艺	黄山市屯溪区	第四批扩展
	10	珠算（程大位珠算法）	民俗	黄山市屯溪区	第二批
	11	红茶制作技艺（祁门红茶制作技艺）	传统技艺	黄山市祁门县	第二批
	12	目连戏	传统戏剧	黄山市祁门县	第一批
	13	祭祖习俗（徽州祠祭）	民俗	黄山市祁门县	第四批扩展
	14	盆景技艺（徽派盆景技艺）	传统美术	黄山市歙县	第二批
	15	歙砚制作技艺	传统手工技艺	黄山市歙县	第一批
	16	中医诊疗法（西园喉科医术）	传统医药	黄山市歙县	第四批扩展
	17	徽墨制作技艺	传统技艺	黄山市歙县、屯溪区	第一批

续表

级别	序号	项目名称	项目类别	申报地区或单位	项目批次
国家级	18	万安罗盘制作技艺	传统手工技艺	黄山市休宁县	第一批
	19	道教音乐（齐云山道场音乐）	传统音乐	黄山市休宁县	第二批
省级	1	徽州烧饼制作技艺	传统技艺	黄山市	第四批
	2	徽州建筑技艺	传统技艺	黄山市	第一批
	3	徽州根雕	传统美术	黄山市	第二批
	4	徽州武术	传统体育、游艺与杂技	黄山市	第四批
	5	野鸡坞外科	传统医药	黄山市	第四批
	6	新安医学	传统医药	黄山市	第一批
	7	张一帖内科	传统医药	黄山市	第二批
	8	徽州民歌	传统音乐	黄山市	第一批
	9	徽州民谣	民间文学	黄山市	第一批
	10	徽州楹联匾额	民间文学	黄山市	第一批
	11	徽菜	民俗	黄山市	第一批
	12	程大位珠算法	民俗	黄山市	第一批
	13	太平曹氏纸制作技艺	传统技艺	黄山市黄山区	第四批
	14	黄山玉雕刻技艺	传统技艺	黄山市黄山区	第四批
	15	五福神会	民俗	黄山市黄山区	第三批
	16	郭村周王会	民俗	黄山市黄山区	第四批
	17	婆溪河灯	民俗	黄山市黄山区	第二批
	18	轩辕车会	民俗	黄山市黄山区	第一批
	19	徽州家具制作技艺	传统技艺	黄山市徽州区	第四批
	20	徽州古建砖瓦制作技艺	传统技艺	黄山市徽州区	第五批
	21	徽州竹雕	传统美术	黄山市徽州区	第二批
	22	跳钟馗	传统舞蹈	黄山市徽州区	第三批
	23	上九庙会	民俗	黄山市徽州区	第二批
	24	绿茶制作技艺（黄山毛峰、太平猴魁、屯溪绿茶、松萝茶、六安瓜片、霍山黄芽）	传统技艺	黄山市徽州区、黄山市黄山区、黄山市屯溪区、黄山市休宁县、六安市、六安市霍山县	第一批

续表

级别	序号	项目名称	项目类别	申报地区或单位	项目批次
省级	25	徽州手工瓷制作技艺	传统技艺	黄山市祁门县	第四批
	26	安茶制作技艺	传统技艺	黄山市祁门县	第四批
	27	祁门红茶制作技艺	传统技艺	黄山市祁门县	第一批
	28	采茶扑蝶舞	传统舞蹈	黄山市祁门县	第二批
	29	祁门傩舞	传统舞蹈	黄山市祁门县	第一批
	30	祁门胡氏骨伤科	传统医药	黄山市祁门县	第四批
	31	祁门蛇伤疗法	传统医药	黄山市祁门县	第五批
	32	徽州祠祭	民俗	黄山市祁门县、黟县	第一批
	33	徽州顶市酥制作技艺	传统技艺	黄山市屯溪区	第四批
	34	徽州毛笔制作技艺	传统技艺	黄山市屯溪区	第三批
	35	徽州漆器制作技艺	传统技艺	黄山市屯溪区	第一批
	36	徽州漆砂砚制作技艺	传统技艺	黄山市屯溪区	第五批
	37	黎阳仗鼓	传统舞蹈	黄山市屯溪区	第一批
	38	黄山贡菊（徽州贡菊）制作技艺	传统技艺	黄山市歙县	第四批
	39	徽派盆景技艺	传统技艺	黄山市歙县	第一批
	40	顶谷大方制作技艺	传统技艺	黄山市歙县	第二批
	41	观音豆腐制作技艺	传统技艺	黄山市歙县	第二批
	42	珠兰花茶制作技艺	传统技艺	黄山市歙县	第五批
	43	徽派版画	传统美术	黄山市歙县	第一批
	44	三阳打秋千	传统体育、游艺与杂技	黄山市歙县	第三批
	45	叶村叠罗汉	传统体育、游艺与杂技	黄山市歙县	第二批
	46	跳钟馗	传统舞蹈	黄山市歙县	第五批扩展
	47	西园喉科	传统医药	黄山市歙县	第二批
	48	吴山铺伤科	传统医药	黄山市歙县	第五批
	49	许村大刀灯	民俗	黄山市歙县	第五批
	50	剪纸（徽州剪纸、张氏剪纸、庐阳剪纸、翁墩剪纸）	传统美术	黄山市歙县、淮北市相山区、合肥市庐阳区、六安市金安区	第五批扩展
	51	皖南木榨油技艺（歙县木榨油、休宁木榨油、芜湖木榨油）	传统技艺	黄山市歙县、黄山市休宁县、芜湖市芜湖县	第五批扩展
	52	徽墨制作技艺	传统技艺	黄山市歙县、屯溪区	第一批

444

附录二　黄山市各级非物质文化遗产代表性项目名录

续表

级别	序号	项目名称	项目类别	申报地区或单位	项目批次
省级	47	西园喉科	传统医药	黄山市歙县	第二批
	48	吴山铺伤科	传统医药	黄山市歙县	第五批
	49	许村大刀灯	民俗	黄山市歙县	第五批
	50	剪纸（徽州剪纸、张氏剪纸、庐阳剪纸、翁墩剪纸）	传统美术	黄山市歙县、淮北市相山区、合肥市庐阳区、六安市金安区	第五批扩展
	51	皖南木榨油技艺（歙县木榨油、休宁木榨油、芜湖木榨油）	传统技艺	黄山市歙县、黄山市休宁县、芜湖市芜湖县	第五批扩展
	52	徽墨制作技艺	传统技艺	黄山市歙县、屯溪区	第一批
	53	吴鲁衡日晷制作技艺	传统技艺	黄山市休宁县	第四批
	54	五城米酒酿制技艺	民俗	黄山市休宁县	第二批
	55	五城豆腐干制作技艺	传统技艺	黄山市休宁县	第二批
	56	休宁得胜鼓	传统舞蹈	黄山市休宁县	第五批
	57	沛隆堂程氏内科	传统医药	黄山市休宁县	第五批
	58	齐云山道教音乐	传统音乐	黄山市休宁县	第一批
	59	齐云山道场表演	民俗	黄山市休宁县	第三批
	60	皖南火腿腌制技艺（兰花火腿腌制技艺、汤口火腿腌制技艺）	传统技艺	黄山市休宁县、黄山市黄山区	第二批
	61	徽州板凳龙	传统舞蹈	黄山市休宁县、黄山市徽州区	第二批
	62	徽州楹联匾额传统制作技艺	传统技艺	黄山市黟县	第四批
	63	利源手工制麻技艺	传统技艺	黄山市黟县	第三批
	64	余香石笛制作技艺	传统技艺	黄山市黟县	第三批
	65	黟县石墨茶制作技艺	传统技艺	黄山市黟县	第五批
	66	黟县彩绘壁画	传统美术	黄山市黟县	第三批
	63	利源手工制麻技艺	传统技艺	黄山市黟县	第三批
	64	余香石笛制作技艺	传统技艺	黄山市黟县	第三批
	65	黟县石墨茶制作技艺	传统技艺	黄山市黟县	第五批
	66	黟县彩绘壁画	传统美术	黄山市黟县	第三批
	67	徽州篆刻	传统美术	黄山市黟县	第一批
	68	黟县傩舞	传统舞蹈	黄山市黟县	第五批
	69	雉山凤舞	传统舞蹈	黄山市黟县	第五批
	70	美溪唢呐	传统音乐	黄山市黟县	第四批

445

参考文献

1. 武旭峰.深入黄山的背后：找寻徽州[M].广州：广东旅游出版社，2002.

2. 黄山市旅游委员会，黄山市教育局.研学黄山[M].北京：北京出版社，2018.

3. 陈文苑，朱东海.唐宋旅徽名人与徽州山水[J].黄山学院学报，2011，13（4）：26-29.

4. 马标.牯牛降凝眸[J].农业发展与金融，2018（10）：102-103.

5. 郑谊.穿越徽杭古道[J].中国地名，2018（5）：62-63.

6. 王易.徽州书院及其与徽商的互动关系[J].江苏教育学院学报（社会科学版），2009，25（2）：80-82.

7. 庄华峰.明清徽州书院考述[J].江淮论坛，1993（3）：66-71.

8. 叶显恩.论徽商文化[J].江淮论坛，2016（1）：5-12.

9. 王灿.论徽商、徽州宗族与徽州教育三者的互动关系[J].池州学院学报，2014，28（4）：84-87.

10. 张利娟.品读中国古代十大商帮[J].中国经贸，2013(6)：90-91.

11. 李琳琦，赵忠仲."贾而好儒"：徽州商帮的主要特色（一）[J].金融博览，2010（4）：68-71.

12. 李琳琦，赵忠仲."贾而好儒"：徽州商帮的主要特色（二）[J].金融博览，2010（5）：68-71.

13. 杨涌泉.徽州商帮：贾而好儒（上）[J].现代国企研究，2013（4）：92-96.

14. 杨涌泉.徽州商帮：贾而好儒（下）[J].现代国企研究，2013（5）：92-96.

15. 王颖.明清时期徽州商人文化素质探析：徽商与徽州藏书[J].产业与科技论坛，2010，9（2）：208-210.

16. 汪珺.浅谈新安医学[J].教育教学论坛，2018（20）：217-218.

17. 胡迟.张一帖内科：新安医学的家族链[J].江淮文史，2015（5）：159-168.

18 王鑫，尹浩，周轶群.士材学派与新安医学交汇交融[J].中医药临床杂志，2017，29（8）：1246-1247.

19 孙家濂，钟福寿.山回水转入新安：新安江考察综述[J].中学地理教学参考，1992（21）：25-26.

20 余是乎.闲游泛舟醉渔家：九姓渔村的生存智慧[J].杭州（周刊），2018（25）：21-26.

21 徽旅.齐云山：黄山白岳甲江南[J].新农村，2014（6）：43.

22 江志伟.让"程大位精神"永放光芒[J].珠算与珠心算，2016（1）：12-14.

23 吴立康，马骁.传统村落现状与保护方法初探：以徽州鱼梁村为例[J].四川建材，2019，45（5）：46-48.

24 姚胜峰.因渔而梁 继梁而坝：渔梁村[J].小城镇建设，2006（9）：71-72.

后 记

　　我出生在北京，大学在合肥就读，在国外取得博士学位后又回到母校中国科学技术大学任教，断断续续在安徽生活了近 20 年，已经成了一个地地道道的"安徽人"。我不仅喜欢上了安徽，业余时间还喜欢研究安徽的文化，并时常担任外地朋友来皖旅行的"导游"。2019 年 6 月底，我从黄山市文化产业投资集团和中国科学技术大学出版社接到了一项颇为意外的任务：为黄山市编写一本徽州研学书籍。这本书的编写目的，是让全国的中小学生群体，通过本书对徽文化和古徽州旅游知识的介绍，走进徽州、了解徽州、爱上徽州。委托方还给出了明确要求：必须考虑中小学生读者的特点，同时希望在内容展现形式上能够有所创新。

　　一个外地人、大学老师，以这样的视角，向全国乃至世界的孩子们介绍徽州，非常有趣！意外之余，我非常高兴。

　　接受任务后，我迅速成立了编写团队。作为研学用的参

后 记

考书,本书尽管不是一本严格意义上的教材,但我们仍然仔细研究了教育部发布的《中小学综合实践活动课程指导纲要》。在认真领会指导纲要的基础上,我们给本书制订了以下目标:

(1) 图文并茂,生动活泼,寓教于乐。

(2) 既然孩子们要走进徽州,那么内容不仅要介绍徽州文化的众多精华知识点,还需要建立这些知识点和研学目的地之间的关系。

(3) 让学生不仅了解徽州文化,还了解徽州文化与其他中华优秀传统文化之间的关系,尤其是徽州文化对其他中华文化的影响。

围绕读者是全书写作的核心。

本书的第一个特点,就是我们创设了一个贯穿全书的卡通人物骆驼侠。徽骆驼是徽州人的象征,徽骆驼精神是徽州人创新创业、艰苦奋斗、久久为功的精神内核。我们根据青少年读者的阅读特点,创设了骆驼侠的人物角色,并设定了他的形象:一位14岁的阳光少年,体格健壮,爱好旅游、读书,热爱中华传统文化,具有勇于追梦、吃苦耐劳、坚韧不拔的精神品质。骆驼侠在书中带领着大家走进徽州、走入徽州文化。

  第二个特点,则是采用了"对话"的写作方式。与专业书籍的枯燥生涩相比,对话的方式显然更为生动通俗,但真的写起来,非常需要技巧。尽管编委会的每一位成员都应算是文字"老兵",但"对话"形式的写作,还是给大家带来了不少的难度。不仅是形式,对话的内容设计,也花了不少的心血。在每一节中,围绕着徽州文化的亮点,骆驼侠与徽州人物之间进行了"跨时空"对话。"骆驼侠"来到徽州,入住民宿(村落)、饱览山水(山水)、瞻仰建筑(建筑)、品尝美食(饮食)、聆听历史(徽商)、体验科技(科技)、感悟艺术(艺术)、购买物产(物产)、收获教导(教育)、

后 记

通过"行"的过程,对徽州历史、风光、村落、建筑、商帮、教育、艺术、科技、饮食等方面,有了更多、更深入的"知",更好地体验了徽州的自然美、人文美,以及徽州文化的独特创造、价值理念和鲜明特色。

第三个特点,则是全书独特的结构。全书既是一条条的徽州旅游路线,又是一堂堂的徽州文化研学课。首先按照徽州文化的不同主题,设置8章内容;而每一章又选择了若干个该主题最有代表性的"落脚点",设置不同的"节",这些"节",既是一条主题定制旅游路线,又涵盖了该主题相关的景点和知识等内容。每一节里,又分为三个部分:"言"(骆驼侠对话)、"研"(主题知识介绍)、"延"(延展知识和信息)。通过全方位、多维度的设计,让读者更好地了解徽州和徽州文化。

所有这些特点实现,都来自编委会团队成员的精心构思和认真创作。在这里，我真心感谢每一位成员两个多月的全身心付出。

为了更好地展现徽州旅游和文化特点，我们专门为书籍创作了与主题相关的、符合目标读者群喜好的百余幅插图，这些插图为本书增色良多，在此特别感谢为本书进行插图创作的虞诺、郑琦和吴佳玲，也要感谢杨恩慧老师的插图创作指导。

感谢黄山市社会科学界联合会的徽州文化专家在徽州文化知识领域给予的指导和建议，让我们受益良多。

最后，还要感谢黄山市文化产业投资集团和中国科学技术大学出版社的支持。

在本书的编写过程中，我们参考引用了很多图书、期刊文章以及其他媒体资料，均已注明了引用出处，并在书后附上了参考文献，不过依然可能不够完整，在此向所有引用资

后 记

料的作者表示感谢。尽管我们在书籍的写作过程中小心翼翼如履薄冰，对于每一章节所涉及的知识点进行了大量考据，但徽州文化博大精深，作者水平有限，还希望得到各界方家指正。

赵 征

2019 年 12 月 16 日

徽

行知
————
徽州

行知徽州

上册

《行知徽州》编委会 编

中国科学技术大学出版社

图书在版编目（CIP）数据

行知徽州/《行知徽州》编委会编.—合肥：中国科学技术大学出版社，2020.1

ISBN 978-7-312-04858-6

Ⅰ.行… Ⅱ.行… Ⅲ.文化史—徽州地区 Ⅳ.K295.42

中国版本图书馆CIP数据核字（2019）第290857号

出版 中国科学技术大学出版社
　　 安徽省合肥市金寨路96号，230026
　　 http://press.ustc.edu.cn
　　 https://zgkxjsdxcbs.tmall.com
印刷 安徽图文彩印有限公司
发行 中国科学技术大学出版社
经销 全国新华书店
开本 710 mm×1000 mm　1/16
印张 30.25
字数 345千
版次 2020年1月第1版
印次 2020年1月第1次印刷
定价 98.00元

《行知徽州》编委会

总策划
雷连本　王奇勇

顾问
杨永生　汪大白　翟屯建

主编
赵征

副主编
鲁金茗　边冠峰

编委
（按姓氏笔画排序）
王奇勇　边冠峰　杨振宁
赵征　赵媚　鲁金茗

前言

"望得见山,看得见水,记得住乡愁。"这是黄山市的鲜明标志,也是深深烙在游客心中的记忆。作为国际文化旅游胜地,徽州自古是文人墨客的游历之地,而今更是青少年学子的研学之所,吸引了全国各地青少年学子的目光。

习近平总书记十分重视青少年工作,常常鼓励青少年追求梦想,努力奋斗。他说过,"青年最富有朝气、最富有梦想""中华民族伟大复兴终将在广大青年的接力奋斗中变为现实"。而当下,全国研学旅游方兴未艾,在这样的背景下,出版《行知徽州》一书,让更多青少年学子认知徽州、了解徽州、热爱徽州,在研学徽州之中追逐梦想、接续奋斗,无疑大有裨益。

徽州的"徽"系美好之意，拆开来看，中间是山水，左右是人文。自然风景是徽州的外在，是其形；历史人文是徽州的内核，是其魂。有山，有水，有历史，有故事，徽州是"诗与远方"的最佳"打卡"地。

行知徽州，要领略徽州的山川秀丽。徽州自古就以风光秀美、钟灵毓秀闻名于世，早在南朝时期，梁武帝就曾盛赞"新安大好山水"。著名教育家陶行知说："我们徽州，山水灵秀，气候温和，人民向来安居乐业，真可谓之世外桃源。"时至今日，"新安大好山水"成了世界旅游胜地。徽州大地处处皆景，令人赏心悦目、心旷神怡。

行知徽州，要领悟徽州的灿烂文化。徽州文化既是古代徽州的地域文化，又是中华民族的典型文化。徽州文化以新安山水为依托，以徽州人缘为纽带，以程朱理学为核心，以徽商经济为基础，奠基于隋唐，崛起于两宋，鼎盛于明清，影响于当今。徽州文化博大精深，如一颗颗璀璨的星星，闪耀在中华民族传统文化的深邃时空中。

行知徽州，要领会徽州的精气之神。历史上徽商异军突起，

前言

称雄明清商界数百年，创造了"无徽不成镇"的辉煌，铸就了徽州人创新创业、艰苦奋斗、久久为功的精神内核。祖籍徽州的一代文豪胡适先生，形象地称之为"徽骆驼"精神，多次手书"我们是徽骆驼""努力做徽骆驼"，徽骆驼精神由此传扬海内外。

"纸上得来终觉浅，绝知此事要躬行。"习近平总书记曾对孩子们说："想象力、创造力从哪里来？要从刻苦的学习中来。知识越学越多，知识越多越好，你们要像海绵吸水一样学习知识。既勤学书本知识，又多学课外知识，还要勤于思考，多想想，多问问，这样就能培养自己的创造精神。"

研学不是走马观花，更不是到此一游。研学是青少年学子的"第二课堂"，拥抱自然，以天地为师，在行走中发现，在交流中观照，在追寻中探索……如此，方能真正实现研中有学、学中有研，最终研有所获、学有所成。

"少年强则中国强，少年独立则国家独立。"青少年是祖国的未来、民族的希望，不管是在学校课堂，还是在户外课堂，都要构筑属于这个时代的精神，秉持这个时代的价值观念。毛泽东有句名言：人是要有点精神的。这个"精神"是一种情怀，一种境界，一种超越，一种不甘平庸、不甘屈从、不甘得过且过的血性和品节。

时代变迁，精神永驻。实践已经证明并将继续证明，"徽骆驼"精神是中华优秀传统文化的重要精髓，是祖辈先贤丰厚的精神馈赠，也是我们不忘本来、开辟未来的不竭动力。

青少年学子要像徽骆驼那样勤学好问，志存高远不动摇。"学而不思则罔，思而不学则殆。"一部徽商的成长史也是一部徽商的学习史，正是徽商的认真好学、善于钻研、勤学苦练，才造就了徽商的数百年传奇。

青少年学子要像徽骆驼那样勇往直前，咬定青山不放松。再荒凉的沙漠，也挡不住追寻绿洲的脚步。徽商大多十三四岁就义无反顾地承担起生活的重任，沿着新安江去追梦，踏着徽杭古道去创业，从伙计到掌柜，从杂役到老板，他们从不懈怠，永不满足，一步一个脚印，才最终成就了自我。

青少年学子要像徽骆驼那样吃苦耐劳，敢于担当不退缩。"宝剑锋从磨砺出，梅花香自苦寒来。"追寻徽商的轨迹，

前言

  我们可以发现在创业初期时他们大多从零开始、从底做起，当学徒、做伙计，白手起家，备尝艰苦，每一位徽商的发家史都是一部艰辛奋斗史。正是由于这种扎实苦干、艰苦奋斗的精神，徽商才一步一步登上成功之巅。

  青少年学子要像徽骆驼那样开拓进取，勇于追梦不懈怠。"吾生也有涯，而知也无涯。""幸福都是奋斗出来的。"从最初的小本买卖到后来的巨商大贾，从开始的林茶经营到之后的多业发展，徽商所涉足的商业领域不断拓展，成为称雄商界的一大商帮，是他们执着于自己的梦想而持续开拓进取的结果，是他们起早贪黑"捋起袖子加油干"的结晶。

  青年兴则国家兴，青年强则国家强。青少年是祖国的未来、民族的希望，要坚守中华文化立场，传承中华文化基因，弘扬中华文化精神，在"不忘本来、面向未来"中，奏响属于这个时代的青春文化之声。

编 者

2019 年 11 月 20 日

目录

I 前言

第一章 徽州印象 — 001

- 007　第一节　一府六县传千年
- 023　第二节　徽州文化星光灿
- 037　第三节　好山好水在新安

第二章 新安山水 — 053

- 059　第一节　登黄山天下无山
- 071　第二节　道教圣地齐云山
- 087　第三节　原始天地牯牛降
- 101　第四节　黄金水道新安江
- 115　第五节　黄山情侣太平湖

第三章 百村千幢 — 129

- 133　第一节　西递：桃花源里有人家
- 147　第二节　宏村：谁引碧泉到百家
- 159　第三节　呈坎：风水古村多神奇
- 171　第四节　雄村：褪尽铅华存隽秀

185	**第四章**	
	粉墙黛瓦	
189	第一节	徽州古祠堂：慎终追远民德厚
205	第二节	徽州古民居：低吟浅唱驻时光
221	第三节	徽州古牌坊：忠孝节义历沧桑
235	**第五章**	
	贾儒商教	
239	第一节	徽人徽商徽骆驼
253	第二节	世称无徽不成镇
269	第三节	贾而好儒真徽商
281	第四节	程朱阙里兴文教
297	**第六章**	
	艺术百工	
301	第一节	徽州三雕：刀尖上流动的艺术
317	第二节	新安四宝：穿越古今的文化名片
333	第三节	徽州三派：新安山水孕育的神韵

349 第七章
科技之光

353　第一节　数学天算著华章
369　第二节　新安医学映东方
383　第三节　工程奇技泽久长

399 第八章
舌尖徽州

401　第一节　徽茶：人间有味是清欢
413　第二节　徽菜：味至浓时即家乡
427　第三节　徽州小吃：珍果园中多奇葩

440　附录一
　　　黄山市旅游景区名录

442　附录二
　　　黄山市各级非物质文化遗产代表性项目名录

446　参考文献

448　后　记

第一章

徽州印象

一生痴绝处,无梦到徽州。无梦,是因为徽州的一切本就已如一场梦,只有在梦里,才会见到那么美丽的山水,见到那么灿烂的文化。这里有着优美无比的自然风貌,有着风格独特的民居村落,有着影响中国思想界近千年的程朱理学,有着在近现代产生了巨大影响的江戴朴学,有着曾经称雄中国经济界五百年的徽商,有着新安画派、新安医学、文房四宝、徽派盆景……徽州更像是中国历史小心翼翼地遗留下来的一座保存完好的博物馆,闪烁着文明的光芒,体现着岁月的痕迹,蕴含着古典的田园理想。在这里生长出的厚重文化则如一面有着岁月的铜镜,虽然布满绿色斑点、破败衰落,但在这些沧桑的痕迹中,人们总能发现一种独特的美。

北宋年间,中国历史上最富艺术气质的帝王宋徽宗赵佶,将歙州改成了徽州。当时,北方的烽烟依然逼人,这次改名寄托着一个帝王对太平安宁的渴望,也在那片如画如梦的山河里,寄托着他的艺术追求和人生理想。同与一个"徽"字结缘,帝王最终在那场靖康之耻中,于北方凛冽的寒风中化为尘土。而徽州及其孵化出的历史文化,不但日益成为显学,更成为无数游客及文人学者沉醉迷恋的梦境之乡。千百年来,人们在寻找徽州的真正内核,寻找徽州的精神和历史内涵,寻找徽州文化的历史意义和现实意义。岁月可以让所有的王朝凋零,却让徽州不朽。

一饭一粥、一砖一瓦的日常有时可以低到尘埃里,但有时也会升腾到非凡处。只有真实地穿行过徽州山水间那些高墙深宅、格窗牌楼,只有漫步过那些村廓原野、山林溪畔,你才会深刻地感受到,那一点一滴的红尘世俗,在与草木山川达成如此完美的镶嵌后,造化出了最有诗意的栖居画卷,最凡俗的非凡,最日常的非常,这是独属于徽州的灵魂。

以宗教的虔诚为驱动,以能工巧匠为执行,科隆大教堂整整造了623年,终成世界奇观。那直指云端的塔尖,象征着人间对天堂热烈而执着的仰望与向往。当科隆大教堂在一砖一瓦地架构着来生彼岸时,遥远的东方,属于古典中国的徽州正勤恳地经营着自己的今生此岸,因为这里的人们想让属于徽州的今生足以寄情,此岸即成胜境。于是,在另一个方向上,徽州开始了自己的生长,而这种生长本身就是一场社会各阶层的总动员,他们无比现实,他们诗意盎然,他们一往无前。

在地理上,徽州位于典型的山地结构中,四周群峰参天、山丘屏列、岭谷交错，山中人稠地狭，生活与生长的土壤都很稀缺。在百般艰难中如何将每一寸日常活得精彩，活得通透，活得畅然，活出样子，正是一代代徽州人在各领域不断进取的强大驱动力。依山就势的徽式楼宇，适应险恶山区环境的徽式天井，为防火灾的马头墙，如此种种原本的"不得已"，最后却在徽州人的营造中成了最精美的生活艺术。就连山区食品储备的难题，最终都催生出臭鳜鱼和毛豆腐这样的美味，古老的东方生活智慧在徽州无时不闪烁着化腐朽为神奇的光芒。

而中国传统的阴阳五行、风水学说、天人合一则指导着那些徽州村落生长。行到水穷处，坐看云起时，徽州人严格地遵守着这些原则，那些处于山水环抱中的村舍最终与山水相辅相成，造就出中国最美的画里乡村，并成为追求理想人居环境和自然意趣的样板，至今仍让人膜拜。

当布局与框架落定，内在的修炼随即开始。徽商的崛起为徽州的成长提供了强大的物质基础，而文人墨客的审美与儒家生活哲学则登堂入室。祠堂、园林、牌坊、桥梁、路亭、古塔星罗其间，梁柱、漏窗、流泉、照壁、天井极尽雕饰。而徽州的思想家们则不动声色地将那些原本属于上层贵族社会的道德伦理原则，悄然引入民众的生活世界，并最终物化为那些精美的祠堂、优雅的书院，以及斗拱飞檐间生动的三雕故事。

在粉墙黛瓦下，是耕织渔樵；在溪水回环处，是仕学孝悌；在徽商银两的碰击声里，交织着书院的吟读；在极尽镂刻的窗棂中，映射出浑然天成的明秀山川。徽州的意境从来都是多维度的，像一颗雕琢精细的宝石，每一个剖面都凝聚着一代代营造者对生活、对世界的领悟和提炼。

也正是一代代文人、学者、工匠、画师、商人、官僚，将一代代生活熔炉中的欲望、挣扎、奋进、才艺、天赋、理念，一村一廊、一针一线地缝入徽州的山丘、岭谷，最终成就不朽。

徽州，历经千年，对于生活和生存，一千年不苟且，一千年不妥协。王小波曾经自语，一个人只拥有今生今世是不够的，他还应当有诗意的世界。然而，徽州给出的答案则是，今生今世也可以成为诗意的世界。这是世界上最大的学问，也是世界上最值得深读的一页。

第一节 一府六县传千年

引言

　　骆驼侠是一位爱好读书和旅游的阳光少年，热爱中华传统文化。他早就听说过"梦幻黄山，礼仪徽州"的美名，于是决定把这个假期的旅游地点定在古徽州地区。在旅途中，他遇到了古代的、现代的形形色色的徽州人物，在与他们的对话中，骆驼侠获得了有关徽州的深度认知。

　　骆驼侠听说在徽州的篁墩挖出了清朝的"程朱阙里"石牌坊后，就决定先来这里看一看。

　　篁墩，坐落在屯溪区。村庄依山傍水，风光秀丽，环境优雅，空气清新。骆驼侠按村民告知的路线来到了挖掘石牌坊构件的现场，看见一位文物专家正在整理挖掘出来的构件，于是就上前询问。

骆驼侠　老师，这石牌坊有什么样的价值呢？

文物专家　这石牌坊让篁墩这个"徽州第一村"的底蕴更加厚重了。

骆驼侠　篁墩，为什么能被称为"徽州第一村"呢？

文物专家 篁墩，这个现在看起来不太起眼的古村落，在历史上却跟徽州的诸多望族颇有关联。篁墩就像一根绳，把很多的新安氏族都系在了这里。

骆 驼 侠 请您给我讲讲吧。

文物专家 这要先从移民说起。古徽州是个移民社会，在历史上有过三次比较大的移民浪潮，最大的一次，发生在南北朝时期，中原居民大批向南迁徙。徽州望族程、朱、江、胡、吴等姓，也是在这个时候陆续由北方迁入的。

骆驼侠 我读过一些徽州的书，这些姓氏似乎都是"徽州八大姓"中的。

文物专家 徽州历来有"徽州八大姓"和"新安十五姓"的说法，所谓八大姓，是指程、汪、吴、黄、胡、王、李、方诸大姓，倘若再加上洪、余、鲍、戴、曹、江和孙诸姓，则称为新安十五姓了。

骆驼侠 这些姓氏移民到徽州的原因是什么呢？

文物专家 这其中最主要的原因就是躲避战乱，但南方富庶、肥沃的土地以及宜人的气候，也是吸引他们迁居的重要原因。

骆驼侠　那么，篁墩与移民有什么关系呢？

文物专家　在南北朝和隋朝时期，迁徙徽州的各个望族，在沿着新安江深入屯溪之后，都会先到篁墩歇一下脚，篁墩就成了第一站。移民们盘整一下，然后再到其他地方定居下来。

骆驼侠　原来篁墩就像一个"凉亭"，让远道而来的行人可以停下来歇脚休整。

文物专家　你这个比喻很恰当。据史料记载，由外地迁入徽州的家族达88个，其中有三分之一的家族都曾迁到篁墩。许多大姓迁来徽州，都先在篁墩落脚，这里成了徽州许多族姓的"始迁地"。"篁墩"更被这些族姓后裔认为是自己的"祖根"之地，是徽州文化的发祥地。也正因为此，篁墩才被誉为"徽州文化第一村"。目前篁墩村民共有56个姓氏。

骆驼侠　篁墩真是个包容的地方，能几十个姓氏和谐共处。那么这块石牌坊又有什么来历呢？

文物专家　这就要回头说说徽州望族之首的程姓了。

骆驼侠　这个程姓应该也是"程朱理学"中程颐、程颢等大师的祖先的姓氏吧？

文物专家　确实如此。新安各姓中，程氏位列于《新安大族志》中各姓氏之首，而且据史书记载，"新安程氏，自墩始"中的"墩"指的就是篁墩。

骆驼侠 "自墩始"，到底是如何开始的呢？

文物专家 西晋末年永嘉之乱，程元谭起兵镇守新安，遂为当地太守，程元谭被后人尊为新安程氏的始祖。过了200余年，南朝梁武帝末年，程元谭的后人程灵洗又从徽州起兵镇压侯景叛乱，后来被梁元帝萧绎任命为新安太守，并封"忠壮公"。程家子孙一直居住在篁墩。这就是"自墩始"的来历了。

骆驼侠 程颢和程颐也是徽州人吗？

文物专家 程颢和弟弟程颐是河南洛阳人，不过他们都是"篁墩忠壮公"程灵洗之后，世称"二程"，同为北宋理学的奠基者，其学说在理学发展史上占有重要地位，后来为朱熹所继承和发展，世称"程朱学派"。朱熹出生于南剑州尤溪（今属福建省尤溪县），祖籍也是徽州府婺源县（今属江西省），靠近篁墩村的富仓山前的朱家巷是朱熹先世的故居。

骆驼侠 "程朱阙里"牌坊也在篁墩吗？

文物专家 是的。作为朱熹、程颐、程颢等程朱理学大家的祖先故里，篁墩人文极其厚重。清朝，篁墩建造了程朱三夫子祠，祠前有获赐建的"程朱阙里坊"，乾隆曾御赐"洛闽溯本"四字并镌刻于牌坊之上。后来由于保护不善，这座牌坊曾被推倒，好在今天又能重见天日。

骆驼侠 这里的"洛闽溯本"是什么意思呢？

文物专家 "洛闽溯本"是指"二程"虽然是洛阳人，朱熹虽然出生在福建，但程朱理学的本源在篁墩。所以乾隆御赐"洛闽溯本"，就是要说明本源所在啊！

骆驼侠 皇帝也关心源头，这也算是重视知识产权保护吧！

文物专家 其实真正的创新，可能正是来自对多元的包容。近些年，篁墩引来全国甚至世界各地不少寻根问祖的各姓氏宗亲。这些姓氏文化都有着徽州宗族发展和中国历史变迁的印记，篁墩村的包容，正在成为一座千年村庄源远流长的文化自信。

第一章 徽州印象

如果想要了解一座城,就要先了解它的历史。今天我们把目光聚焦在一座历史悠久的"古城"——徽州。人们常说的徽州,是指徽州一府六县,府衙在歙县,下辖歙县、休宁、黟县、祁门、婺源、绩溪。如今除婺源属江西省、绩溪属宣城市外,其他基本上在今天的黄山市。徽州的格局已经形成千年左右,我们先以此为界来了解城市的地理位置。

首先了解一下徽州的地理情况,这将有助于了解徽州的历史发展。徽州的主要区域在一块盆地内,大致为今休宁、屯溪和歙县一带,盆地的最低点在屯溪。盆地的北部是由黄山和牯牛降组成的山脉,山脉北边的水流入长江,属于长江水系,东部和南部由清凉峰和白际山脉隔断浙江临安和淳安,西南部由五龙山脉隔断婺源县。徽州最主要的河流是新安江,它发源于休宁的六股尖,在与屯溪横江交汇处往上叫率水,到歙县的练江这一段叫渐江,再往下就称为新安江。屯溪也叫作昱城,东边有昱岭关,昱岭关是徽州和临安的分界关隘。而"昱"字有阳光直射的意思,说明这里还是非常适宜人居住的。而由山脉隔绝的盆地,在古代也避免了平原地区经常遭受战乱洗劫的处境。

如果能够在徽州来一次穿越,你最想回到哪一朝哪一代?很多人的答案可能是宋朝,可以面对面地和朱熹聊聊儒学;也可能是明清,能在新安江的百舸争流中,在那些豪华的宅门初开时,亲眼见证古徽州最鼎盛的风貌。但如果从探源徽州文化的角度说，最值得穿越回去的时间应该是汉朝以前。汉朝以前的徽州文化有值得一看的景观吗？答案是不知道。由于很少见于史载，无多少资料可供征信，徽州"汉朝之前的历史几乎完全埋没在黑暗之中"。如果真能穿越回去，我们就能找到更清晰的答案，能重新点亮那片历史的暗区，更能解开被称作"世界第九大奇迹"的花山谜窟的秘密。因为这座谜窟正是西汉前后的人工杰作，是早期江南越文化的重要遗存。

穿越当然是笑谈，但目前徽州已出土的一些遗址却能为我们带来更多的信息。从出土的器物来看，远古即生息于徽州土地上的苗越先民，在农耕和手工业生产上都达到了一定的水平，精美的徽州釉陶表明其当时已具有艺术性质，屯溪西周墓出土的两件"钟形五柱乐器"和一只铜鼎上所绘的舞蹈图，透露了先民们文化娱乐的情景。这也印证出，从远古到春秋，苗越土著山民长期生息于斯，有自己的图腾崇拜、巢居农耕，有以印纹陶为代表的越族文化，文明开始发芽，文化开始孕育。因此，早在新石器时代，徽州地区就有人生活了，江南的越文化可谓是徽州文化婴儿期的摇篮。

徽州在公元前473年以前属吴；公元前473年以后，吴亡属越；公元前306年以后，越亡属楚。实际上，当时吴、越、楚三国并存，战争频繁，徽州作为拉锯战争之地辖属时有变动。先秦时期徽州地域一直属于古越土著的势力范围，前人说徽州属于"扬州之南境"也好，说徽州"春秋时属吴，吴亡属越，越灭属楚"也好，这些说法其实只是就地域版图而言的，并非真的存在着实质性的行政管辖。真正在徽州这片土地上设立行政区划并且实行管辖的，那还是到秦朝才有的事。《新安志》记载："秦并天下，置黟、歙二县，属鄣郡。"黟、歙二县的建立，就是徽州地域最早的行政区划设置。徽州开始进入其历史传承轨迹。歙县、黟县之名取之于山水。歙县城郊有水口曰歙浦，因而歙县以"歙"为名。黟县坐落在黟山之阳，因而黟县以"黟"为名。二县既得新安大好山水之名，也凝聚着新安山水灵秀之气，从此掀开了徽州文明的新篇章。

秦始皇在世的最后一年，曾经东巡到原吴越之地会稽一带，在此祭奠了大禹，随即将原来越国的大越更名为山阴（今浙江绍兴），并将原来越国中心地区的大部分民众迁徙到乌程、余杭、黟县、歙县、芜湖、石城以南地区。迁徙大越遗民的意图显而易见，在于彻底摧毁越国遗民对抗秦王朝的集体意志和社会基础，以便实现秦王朝一统天下的长治久安。此举使得歙、黟二县的居民人口得以显著增长，且由于大越遗民的群体徙入，吴越中心区域的发达文化异乎寻常地移植到歙、黟境内，很快就与二县的古越土著文化实现深层交融，强劲地推动了这一地区历史文化的全面化发展。秦王朝的"大越徙民"，正是古徽州文化超常发展的第一次历史性机遇。

西汉初期，汉高祖刘邦分封藩王，黟、歙二县作为藩王封地，先后归荆王刘贾、吴王刘濞、江都王刘非。汉武帝元狩二年（前121），改鄣郡为丹阳郡，黟、歙二县隶属丹阳郡，歙县则由丹阳郡的军事长官都尉实行管理。都尉的治所通常是驻军的重地，可见当时歙县的地位相当重要。到了东汉末年，歙县、黟县为东吴的领地，仍然隶属丹阳郡。

汉朝之后，徽州文化发展的脉络则更为清晰。三国时，孙吴政权对徽州的山越族进行了一系列的征服战争，东汉建安十三年（208），在征服完成的基础上，徽州始立新都郡，置六县。徽州文化的地缘框架至此正式定形。但另一个更具深远影响的转折也同时出现，那就是山越民族文化独立发展的进程被中断，中原汉文化第一次真正意义上开始影响这片土地，这也为此后中原士族南迁后，汉越文化最终走向同化提供了先天条件。

西晋是个相当短暂的王朝，但西晋太康元年（280）在徽州设立新安郡成为了新安文化的标志。从此以后，徽州地域的建置名目世移时变，辖属范围增减消长，但是始终存在一个基本稳定的主体结构，那就是这个同饮一江水的新安六县共同体。到了后世，徽州一府六县的行政格局

长期不变,更是彰显出这种"以江为母"的新安文化基因的强大生命力。新安江作为徽州人的母亲河,孕育了历史悠久的新安古郡。新安文化是徽州文化的发展前期,为徽州文化的辉煌灿烂奠定了坚实基础,举世闻名的徽州文化正是由此起步,一路高歌长吟,走向隋唐,走向两宋,走向明清时期的全面鼎盛。

在"八王之乱"和"永嘉之乱"的烽烟将西晋拍得粉碎后,一场中原政治文化中心最大规模的南渡开始了,这是一次文化的逃难,也是一次文化的重生。事实上,从西汉时期开始,就已出现中原士族的南迁,他们或因徽州的山水而来栖,或因徽州独特的地理环境而来隐。但这类南迁更多的是因为个体的向往,是零散的。而到了晋代的衣冠南渡,中原士族和中原文化才开始了真正有规模意义的南迁。在此之后,则是唐末黄巢起义有两次中原文化的大规模南徙,以及北宋亡后,南宋开启了第三次,也是最后一次中原文化大规模的南渡。宋、元时期的徽州获得了长足发展,至于明、清两朝,徽州人在哲学、经济、社会、教育、学术、文学、艺术、工艺、建筑、医学等各个方面,创造出令世人瞩目的辉煌业绩,形成了博大精深的徽州文化。

入清之初,徽州府隶属江南省。江南省管辖范围大致相当于今天的江苏省、安徽省和上海市。到了康熙六年(1667)七月,安徽省建立,既然省名取自"安庆""徽州"两府首字,徽州府的归属也就毫无疑义。后来曾于省下设道,徽州府先后属徽宁道、安徽宁池太广道。宣统三年(1911),武昌起义爆发,徽州也进入了民国时期。

1949年以来，先后设立徽州专区、徽州地区，"徽州"之名再度得以延续。直到1987年黄山市建立，沿用千年之久的"徽州"之名，最终由市辖徽州区承袭下来。

在徽州的历史上，从唐大历五年（770）到清宣统三年（1911），从"一州六县"到"一府六县"，前后1142年间，六县一家，如同手足！这种六县一体的格局，延续千年，保持不变，在整个中国的行政区划中实属罕见；而徽州文化之所以能以特色显著的地域文化享誉四海，正与这种稳定千载的行政格局密切相关。

方储、程灵洗、汪华是古徽州历史上的传奇式重要人物。他们忠贞爱国，广惠百姓，清廉勤政，是民间百姓敬仰的国之重臣。

在中华炎帝之后，榆罔帝长子方氏雷公始祖，其裔孙大司马长史方纮，出守河南，为避王莽之乱，在平帝元始五年（5）挈家自河南平陵方山避居江左歙县之东乡（今淳安）漕湖。方纮之孙方储，聪明博学，精治《孟氏易》，知天文五行，善占卜吉凶，善识星文，知未来，能预知灾异。汉章帝元和初年被举贤良方正，两次殿前对策第一，授洛阳令，升太常卿，是国之重臣。方储以快刀斩乱麻的胆识，贡献治国理政智慧，诚毅忠贞，后因忠而见疑，以死明志。

方储逝后，东汉永元五年（93）汉和帝刘肇追封方储为黟侯、太常尚书令。命官护尸，归葬丹阳郡（徽州前身）之歙东。因方储曾在歙南霞坑昌山（后改柳亭山）炼丹修道，当时方氏族众和各姓乡民即在歙县霞坑柳亭山上建"仙翁庙"祭祀，徽州之域的百姓共同崇奉方储为地方神灵。民间广泛传播方储能预知灾异，福佑民众康泰，南朝宋明帝刘彧应百姓之请，又加赠方储为龙骧将军、洛阳郡开国公。北宋政和七年（1117），宋徽宗赵佶又特地钦赐方储的"黟侯祠""仙翁庙"为"真应庙"，以表彰方储"功德及民最为深远"。

徽州程氏始祖程元谭十四世孙程灵洗是南北朝时期南陈的著名将领，少年时即"以勇力闻，尝手殪妖蜃以安乡井"。梁朝时程灵洗率兵拒侯景之乱，战功显赫，授谯州刺史。陈朝时，官兰陵太守，以讨伐之战功拜都督、郢州刺史，封重安县公。程灵洗治军号令分明，与士卒同甘共苦，又坚持躬勤耕稼，插秧莳田，连老农都不能及。程灵洗去世之后，被朝廷追赠为镇西将军、开府仪同三司，谥号"忠壮"。南朝陈太建四年（572），朝廷还特别将程灵洗配享陈高祖庙庭。南宋嘉定年间，皇家敕建世忠庙，追封广烈侯。元泰定三年（1326），加封为忠烈显惠灵顺善应公。在程灵洗故居地古徽州歙县的篁墩，遗存有相公宅、程灵洗墓、相公坛、浴马池、射蜃湖、鼓吹台基址、蜃滩、千年木、卜铧桥等关于程灵洗的史迹和神话传说遗迹。

汪华出生在歙州歙县登源里（今属安徽绩溪），从小就有许多神勇智慧的传奇故事，传说其母梦黄衣少年，身长丈余，拥色云自天而下而有孕，生汪华时则香雾覆室，三日始散。汪华年少时，其居室就常有奇气，九岁为舅舅牧牛时，指挥群儿嬉戏，就有将帅气象，等等。在其投军、起兵过程中，每遇危难时，都有神祇辅助，连开建歙北箬岭古道时，都得到神的佐助。在隋末天下大乱之时，汪华起兵保境安民，统领歙州、宣州、杭州、饶州、睦州、婺州等六州，建立吴国，

第一章 徽州印象

自称吴王,促进当地各民族之间的融合。汪华治理六州,实施仁政,百姓安居乐业,为徽州文化作了重要奠基。唐武德四年(621)九月,为了促进华夏统一,汪华审时度势,不计个人得失,说服文臣武将,主动放弃王位,率土归唐,被唐高祖李渊授予上柱国、越国公、歙州刺史,总管六州军政。唐贞观二年(628),因忠诚勤政,唐太宗李世民特授予汪华忠武大将军,参掌禁军大权,委以九宫留守,辅佐朝政,位极人臣。逝后,唐太宗赐谥"忠烈",赠予东园秘器。此后,宋、元、明、清,共十九个皇帝颁诰敕圣旨先后封赐,对汪华忠君爱国、勤政安民、始终维护华夏统一的历史功勋大加表彰;江南六州百姓因其有功于国,有惠于民,都奉其为"汪公大帝""太阳菩萨""太平之主",遍建汪公庙,四时祭祀,千年不辍,抬汪公民俗历史悠久,内容丰富多彩,许多关于汪华的神话传奇故事经久不衰。

研学感悟

第二节 徽州文化星光灿

在来徽州游历之前,有人告诉骆驼侠,徽州人不仅为人热情,而且知书达理,为人谦和,言谈举止之间透露着独有的自信。来了几日后,骆驼侠对徽州人的这些特点深有感触。可是,这些特点来自何方呢?带着心中的这个"谜团",他专程登门拜访了徽州文化的研究者。

骆驼侠 来到了徽州,我发现徽州人特别自信,而且知书达理,为人谦和,这些特点究竟是如何养成的呢?

研究者 你说得很对!徽州人确实挺有自信的。我认为这种特有的自信,应该来自博大精深、源远流长的徽州文化。

骆驼侠 那么,徽州文化又有哪些特点呢?

研究者 徽州文化是中国文化的一个缩影,自成体系,具有鲜明的独特性。

骆驼侠　　什么样的独特性？

研究者　　你看，徽派建筑和山水融合，讲究人与自然的和谐；徽州商人贾而好儒，贾儒结合；新安画派，师承有自，风格独特。这些都充分体现了徽州文化的特点和魅力。

骆驼侠　　虽然刚来了几天，不过您说的这几点确实与众不同。

研究者　　不仅如此，其实徽州的土地制度、宗族制度、教育制度、商业文化和民俗文化，都是当时时代的典型样本；而徽州文化的现存，不论是从哲学、历史学、社会学、教育学、建筑学，还是从旅游、经济、贸易等方面来说都具有重要的价值。

骆驼侠 徽州文化成就辉煌,影响深远,是历史的印证。它是怎么形成的呢?

研究者 和任何一门文化一样,徽州文化的形成也不是一朝一夕的,它是"天时地利人和"的结果。首先,独特的地理环境是徽州文化形成的一个重要因素。徽州地处万山之中,川谷崎岖,峰峦掩映。虽然山川秀丽,风景绝佳,但"其地险狭而不夷,其土驿刚而不化"。特别是其中能够开垦的土地所占比例很小,俗称"七山一水一分田,一分道路和庄园",人们不得不在石头缝里种庄稼,这与平原地区得天独厚的耕作条件形成了鲜明对比。在农耕时代,这样的生存环境是非常恶劣的。徽州人并没有向恶劣的自然条件屈服,世世代代"勤于山伐,能寒暑,恶衣食",不畏险阻,艰苦劳作。

骆驼侠 看来,正是在与峭山激水的反复搏斗中,徽州人培养出了坚忍不拔的精气神!

研究者 你总结得很对!还有就是徽商。商业的发达是徽州文化繁荣的基础。中国历史上的三次移民潮,给徽州带来了大量人口。人口众多、山多地少,于是外出经商便成了一条出路。

骆驼侠 徽商确实非常了不起！

研究者 徽商曾经雄踞中国商业舞台四百多年，富甲天下。一是徽商有钱了，回报乡里，对徽州文化的发展起到了至关重要的作用；二是徽商遍及天下，"无徽不成镇"，又有力促进了徽州文化的四海传播。

骆驼侠 徽商还办了很多书院，这应该和徽州文化也有密切关联吧？

研究者 你说得对。徽州人历来十分重视教育，对教育事业的重视是徽州文化繁荣的前提。有一个非常知名的楹联："几百年人家无非积善，第一等好事只是读书。"这副对联表达的正是徽州人的心声，充分体现了徽州人对读书的重视和期望。徽州有比较完善的教育体系，除了官办的府学、县学外，还有宗族建立的私塾、书院等各类学校，科举发达，人才辈出。教育作为徽州文化的一部分，增加了徽州文化的底蕴。这是一种积淀，也是一种沉淀。

骆驼侠 我觉得徽州人还特别亲切，不见外。

研究者 这就是徽州文化的包容，徽州人非常智慧，能够博采众长，不断丰富自己，形成了独特的徽州文化内涵。

骆驼侠 虽然只来了几天，但我发现自己已经喜欢上了徽州，已经舍不得离开了。

第一章 徽州印象

研究者　"生活中不缺少美,只缺少发现美的眼睛。"徽州的每一个角落,其实都展现着徽州文化的美,越多停留,越不想离开!哈哈!

研

徽州文化是一只看不见的手,在岁月的长河中,无声却执着地塑造着这片土地上的风土人情,一笔一画地创造着这片山水间的烟柳画桥、白墙黛瓦。俯瞰那些八卦图形的村庄,仰望天井之上的风雨,道家文化天人合一的理想在其间徘徊。走过那些庄严的祠堂、矗立的牌坊、雅致的书院,儒家文化中的家国情怀在每一个细节中流淌。回望过那些古老的商帮,漫步过条条徽商古道,当那一盘毛豆腐端上来时,扑面而来的是中国最独特的地理人文气息。徽州文化本身,正是徽州人在历史进程中创造的物质、精神财富的总和。

第一章　徽州印象

徽州文化在历史上有纷呈的流派，其内容几乎包括文化的所有领域。徽州文化浑厚，它的文化价值不仅在于历史的意义，更在于千年传承间深入人们生活的每一个片段。回味徽州文化无穷的韵味，感受徽州文化沸腾的脉搏，无论是从史学、人文学、哲学、艺术欣赏的角度来说，还是从民风民俗、宗法礼教、工艺制造、技术发展的角度而言，徽州文化都是光彩夺目的瑰宝。从大量的古民居、宗祠、牌坊、谱牒的遗存中，人们可以感受徽州文化的浩瀚；即使已经进入信息化时代，徽州人生活的每一层面还散发着淳朴与恬淡，而这些就是徽州文化鲜活的生命力。

徽州在南宋以后崛起，于明清时期达到鼎盛，至清末以后衰退。而伴随着徽州历史的浮沉，徽州文化或起或伏，经受着风雨的洗礼。回看宋朝以前，徽州已由六朝的"武劲风盛"转至隋唐的"渐习儒风"，所以步入两宋之后，蓄势待发的徽州便适时崛起，成为"儒风独茂"的礼仪之所，为明清时期享誉天下的"东南邹鲁"开了先河。宋朝"崇文抑武"的基本国策，强劲地促进了全国的文化教育；更兼中原移民植入的儒学传统，徽州社会的尚武之俗很快让位于崇文之雅，学士辈出，文风馥郁，宋朝徽州的科举业绩和文人著述盛况空前。

北宋末年，朝政黑暗，赋役繁重，人不堪命，民不聊生。于是北有宋江，"替天行道"；南有方腊，"仗义而起"。北宋宣和二年（1120）十月初九，祖籍歙州的方腊在睦州青溪县万年乡帮源峒（今浙江淳安县西北）发动起义。宋徽宗镇压了方腊起义，改歙州为徽州。从此，直到清宣统三年（1911），前后长达792年间，徽州作为一个行政区划的专用名称一直延续不变，歙、绩、黟、休、婺、祁六县，打着同一块"徽州"名牌，"同'州'共济"近千年之久，地域意识日益强化，文化认同深入人心，终使徽州文化以鲜明的地方特色凸显于世。

徽州六县地域与南宋都城临安近若比邻，徽州人由此顺天时、占地利、尽人和，竭力而为，大展身手，为徽州文化的发展繁荣奠定了坚实的基础。经过宋、元时期的长足发展，至于明、清两朝，徽州人在哲学、经济、社会、教育、文学、艺术、工艺、建筑、医学等各个方面创造出了令世人瞩目的辉煌业绩，形成了博大精深的徽州文化。

南宋时期，朱熹理学成为徽州文化的思想核心。理学起于北宋周敦颐和程颢、程颐，到了南宋，朱熹集其大成，从而将儒家思想推上新的里程。徽州素称"程朱阙里"，既是程颢、程颐的先祖居地，又是朱熹不能忘怀的桑梓之所，自然成为传播和践行理学的典范之区。随着"新安理学"的发祥和发展，陈栎、郑玉、赵汸等一批理学名家也在学术史上留下了深刻的影响。

元朝虽然短暂，只维系了不到百年，但在入元以后，徽州文化竟然"逆势生长"，新建书院22座，数量超过两宋300多年的总和。除了州、县所办官学之外，每50户民众为一社，设置社学一所；甚至"十户之村，不废诵读"，即使是偏远的山乡，莫不有学有师。出人意料的是，宋朝形成的程朱理学竟然在元朝产生了全国性影响，确立了"唯我独尊"的权威地位。元皇庆二年（1313），科举取士重新启动之时，朝廷即奉程朱理学为正宗，将其作为科考的统一标准。从此，程朱理学成为元、明、清三朝的主流思想。徽州文化就此从一时一地的地域文化"一飞冲天"，成为当时社会的主流文化。

入明以后，徽州商人的经营活动渐趋活跃。明朝中叶，成化、弘治之后，徽州人"十三在邑，十七在天下"，富甲天下的徽州商帮开始崛起。徽州有民谣说："前世不休，生在徽州。十三四岁，往外一丢。"正是这么一"丢"，"丢"出了徽州人的"第一等生业"，"丢"出了徽商独有的财富传奇。

不过真正理论起来，还是"儒风独茂"的徽州文化造就了"贾而好儒"的徽商集团，然后反过来，徽商经济的繁荣兴旺又造就了徽州文化的灿烂辉煌。"贾而好儒""亦儒亦贾"是徽商的成功之道，也是徽州文化的发展之道。在外的徽商一旦发迹，衣锦还乡，便大兴土木，建楼院、祠堂、修路桥、会馆，特别是热衷于开学堂、办试馆，培养人才。同时自唐朝以来一千余年稳定的"一府六县"格局，也为徽州文化的形成创造了有利的条件。

从明朝中叶起，至清嘉庆之前，其间的300多年是徽商经济的黄金时代。明清时期的徽州，可谓仕成林，商成帮，学成派，艺成风，泱泱气象，蔚然壮观。诸如新安理学、新安志学、新安医学、新安文学、新安画派，诸如徽派朴学、徽州教育、徽州科技、徽派建筑、徽派刻书、徽派版画、徽派篆刻、徽派盆景，诸如徽菜、徽剧、徽雕……正如明朝人所说，"新安文化无所不备"；又如当代人所说，"徽州文化博大精深"。灿烂辉煌的徽州文化，在中国的思想文化发展史上产生了强烈的震撼和莫大的反响。

然而，"荣枯有数""盛衰无常"，清朝末年，社会政治的腐败、经济政策的变化、近代市场经济大潮的冲击、外国资本主义势力的入侵，如同阵阵凄风苦雨，使得徽商备受摧残，清朝的徽商和徽州父老都曾品尝过时运的苦楚，留下了刻骨铭心的伤痛。社会支离破碎，文化又岂能逃脱厄运？正所谓"昨日繁华如梦，转眼遍地荒凉"。

清宣统三年（1911），武昌起义爆发。徽州知府许月涵、歙县知县宋灿弃官而逃，徽州各县相继光复，历史进入民国时期。徽商在近代失去了领袖群伦的地位，徽州社会的转型亦步履蹒跚。尽管如此，徽州文化在向近代转型的进程中仍不乏亮点。戴震、王茂荫、黄宾虹、胡适……这些在徽州文化转型中闪光的人物，都离不开深厚的徽州文化沃土的孕育，传承与延续着徽州文化的文脉。

回顾徽州历史文化的发展进程，交织着人与自然的磨合、不同文化的融合以及经济与文化的互动。徽州文化是一个极具地方特色的文化，其内容广博深邃，深切透露了东方社会与文化之谜，全息包容了中国封建社会后期民间经济、社会、生活与文化的基本内容，被誉为中国封建社会后期的典型标本。学术界对它的研究，经历了大半个世纪，20世纪80年代以后更是日趋火热，逐渐形成了一门相对独立的社会科学学科——"徽学"，它与敦煌学和藏学齐名于世，并称"三大显学"。

徽州是中国历史上遗留下来的一座保存完好的近古历史博物馆，它闪烁着文明的光芒，体现着岁月的痕迹，蕴含着古典的田园理想。对于

第一章 徽州印象

很多人来说,徽州的一切就像一场梦,只有在梦里,才会见到那么美丽的山水,见到那么灿烂的文化。徽州文化又好像一面有着岁月的铜镜,虽然布满绿色斑点、破败衰落,但在这些沧桑的痕迹中,人们能发现一种独特的美。

  徽州文化的形成与发展并不局限于徽州本土。正如胡适所言,对徽州人来说,有所谓的小徽州与大徽州。小徽州即指徽州本土,大徽州则指徽州以外的华夏大地乃至海外的广大空间。徽州文化发达于徽州本土,活跃在华夏大地。徽州本土地域的狭小促成了徽州人口的向外扩张。最初当是一种不得已的行为,而后则成了一种社会风尚。徽州人通过经商、科举、出仕、游学、移居等种种途径,与外界建立了广泛的联系和交流。

  较早以徽州区域文化为研究课题的是日本学者。继牧也撰发表休宁吴氏家族研究的成果之后,藤井宏发表了关于新安商人的研究成果,根岸佶也专门就"徽州商"作了探究。美国学者约瑟夫·麦克德谟特对徽州文化进行探究之后,明确提出"徽州资料是研究中国后期社会与经济史的关键"的观点。此后,许多海内外学者都纷纷把目光投向徽州文化,以此作为解读中国封建社会后期的一个入口。

  在中国文化发展史上,自宋以来,历代都有不少先贤、先哲、大学问家对徽州地域文化给予特别的关注。而徽州文化真正在学术文化界引起国人的广泛关注，则主要是在20世纪80年代以后。改革开放以后，文化学术界许多有识之士对徽州区域文化进行了整体性的把握和思考，专门以徽州文化为学术研讨内容的各类专门机构和学术团体应运而生，特别是2000年安徽大学徽学研究中心作为教育部首批人文社科研究重要基地的正式设立，标志着徽学研究有了国家队。

研学感悟

第三节 好山好水在新安

听说新安江畔的九龙山上有一处巨型摩崖石刻景观，可谓徽州文化的精华浓缩，骆驼侠慕名而至。刚走近摩崖石刻，骆驼侠就见一老者也在凝视石刻，便上前询问。

骆驼侠 请问老人家，这石刻上的"新安大好山水"几个字，是朱熹所书吗？

老　者　　哈哈，可以说是，也可以说不是。

骆驼侠　　不知此话怎讲？

老　者　　这六个字确实是朱熹所书，但不是原迹，而且原迹也并非题于此处。此处的石刻景观是近代建造的，这里的几个字，是后人从朱熹文章中搜寻组合而成的。

骆驼侠　　原来是这样，那您说的原迹到底题在何处呢？

老　者　　朱熹题字原迹，刻于歙县长陔南源寺后的燕石岩上，现在仍有残存。这在1935年的民国《歙县志》中有记载。

骆驼侠　　您跟我详细说说吧。

老　者　　据说当年朱熹自遂安"瀛山书院"去往歙县，走的是歙岭官道，曾经寄宿在南源古寺。寄宿时夜读经书，突然想起当年梁武帝御赐的"新安大好山水"，于是即兴挥笔。寺僧如获至宝，将其镌刻于燕石岩上。这就是石刻的来历了。

骆驼侠　这"新安大好山水"六字，可谓是对徽州山水的绝佳表述啊！

老　者　其实这六个字也有来历。

骆驼侠　愿闻其详。

老　者　"新安大好山水"六字，出自南北朝时期梁武帝萧衍。梁武帝自己是个文学家，因此特别喜欢当时的文学家徐摛，当得知徐摛因年事已高，想去一处风景绝佳的地方当官以颐养天年时，他就任命徐摛出任新安郡太守，同时说道："新安大好山水，任昉等并经为之。卿为我卧治此郡。"

骆驼侠　梁武帝也来过徽州吗？他又是如何知道"新安大好山水"的呢？

老　者　梁武帝没有到过新安，不过他读过多篇文章，都是赞许新安山水的。新安郡前任太守萧几曾专门写过《新安山水记》，介绍新安山水。另外，梁武帝早年曾与沈约、任昉等结成"竟陵八友"，过从甚密。而沈约的作品《新安江至清浅深见底贻京邑同好》中也对新安山水有刻画和表现，任昉也曾经对新安山水大加赞赏。这些都是梁武帝对"新安大好山水"认知的来源。

骆驼侠　不过新安山水确实值得称颂。

老　者	其实新安值得称颂的不仅仅是山水，更有文化。新安山水自身的钟灵毓秀和自然的造化，赋予了新安山水与众不同的景观和特色。久负盛名的新安山水，更为历代文人雅士所陶醉，也孕育出博大精深的"新安文化"，这也是徽州文化的前身。
骆驼侠	原来如此！新安文化与徽州文化还有这么深的传承关系！
老　者	在新安这方水土上，文成风、学成派、商成帮，成为世人尊崇的"东南邹鲁"，养育了朱熹、戴震、商辂、胡适、陶行知等旷世才俊。清朝赵吉士在《寄园寄所寄》中不无感慨地说："新安名贤辈出，无论忠臣义士，即闺阁节烈，一邑当大省之半，岂非山峭厉、水清激使之然哉？"
骆驼侠	我明白了，原来新安文化和徽州文化，都离不开这"新安大好山水"！
老　者	尽管"新安大好山水"中的"新安"已被后来的"歙州""徽州"和现在的"黄山"取代，但这一历史地理区域的山水格局依然存在；虽然这方水土历尽沧桑，频遭灾变，但仍旧山清水秀，日丽天蓝，使人心旷神怡。
骆驼侠	原来这个"新安大好山水"的摩崖石刻，以及新安江畔九龙山重新构建的"新安胜境图"，正是今天的黄山人

老 者　念念不忘的"新安大好山水"这一历史美誉的真实写照啊！它还寄托着人们对历史文化的乡愁情怀，更是对美好山水的炽烈追求啊！

"徽"字，本意美好，上山下水，左人右文，最核心部分是其间的"丝"，在中国古汉语中寓意为"美好"。无比美好的山水人文，徽州之"徽"，只着一字，尽得妙境。徽州气象万千，而自然造化出的那一片山水，却是千年来最入梦的胜境。此间山深却不偏远，不慌不忙，生出千树万花；水看似悠闲，回眸已流深万里，清越而缠绵。黄山傲居云海，以"天下无山"的气魄吞吐天地，齐云道法自然，九华佛钟悠扬，名山列峙竞秀。山重岭复间，是新安江的百转千回，是太平湖的如镜如玉。此间明月曾照古人，此方山水曾映古时明月。当今天的游人在徽州山水间痴迷赞叹时，它其实倾倒众生已有千年。

南朝作家徐摛酷爱山水胜境，但当时既无旅游攻略，更无媒体推介，想去风景绝佳处颐养天年却不知该去哪儿。好在他的"领导"梁武帝不仅是一个"佛教铁粉"，更算得上是当时旅游界的达人。梁武帝指点他："新安大好山水，任昉等并经为之。卿为我卧治此郡。"这不仅让徐摛得了美差，更让徽州的山水有了"大好"的响亮知名度。到了南宋，朱熹当然不会放过这个为家乡增光添彩的机会，他手书"新安大好山水"六个大字，镌刻在歙县长陔南源古寺后面的岩石上。作家向往，皇帝背书，大儒加持，这一波操作让原本"藏在深山人未识的徽州"山水名满天下，引发了无数后人对新安山水的审美自觉，世间文人雅士、大咖达人，像发现了新大陆一样奔向徽州，流连于这方大美山水之间而不能自拔。于是，一个以新安江为主线、以黄山和白岳为中心的新安山水文学脱颖而出，并从此形成了璀璨夺目的新安山水文学长廊。

皇帝说"大好"当然有广告效应，但只有山水本身"真好"，才能让这一效应千年不衰。而想了解新安山水的"真好"，最捷径的方式就是从历代文人墨客的"打卡"记录中领略。最早游历徽州的文化大咖是南朝诗人谢灵运，他是中国山水诗的创始人，李白都是他的粉丝。而要写最好的山水诗，又怎么能不来徽州找灵感呢？因此，我们今天得以从谢灵运的诗作中了解他眼中的徽州山水："江山共开旷，云日相照媚。景夕群物清，对玩咸可喜。"而这首《初往新安至桐庐口》，也是现存最早的提及新安山水的诗，虽然其主要描绘的是桐江风光。在山水诗创始人的带头示范作用下，各路雅士纷纷跟进。永明体诗派的主将沈约写下了《新安江至清浅深见底贻京邑同好》："洞澈随清浅，皎镜无冬春。千仞写乔树，万丈见游鳞。沧浪有时浊，清济涸无津。岂若乘斯去，俯映石磷磷。"

到了唐宋，徽州山水虽还未像今天这样彰显天下，黄山也还远未名满海内，但南朝诗人们打下的底子，仍让这一方绮丽山水通过诗歌的传唱被圈内很多人知晓，也让更多的文人名士前来探访。这个访问阵容可谓相当豪华，以李白领衔，杜荀鹤、岛云、贾岛、许坚、权德舆、杨万里等大牌诗人尽列其中。而作为谢灵运的隔世知己，李白对山水的痴迷一点也不比他的这位偶像差，与徽州山水的相逢，让李白诗兴大发。他至新安，游黄山，开咏黄山诗文之先河，在黄山留下了《赠黄山胡公晖求白鹇》《夜泊黄山闻殷十四吴吟》《送温处士归黄山白鹅峰旧居》等诗篇。李白在游览黄山脚下的黟县时除了留下诗句"黟县小桃源，烟霞百里间，地多灵草木，人尚古衣冠"外，还与泾县的仰慕者汪伦发生了一个小插曲，继而吟出一首脍炙人口的好诗《赠汪伦》："李白乘舟将欲行，忽闻岸上踏歌声。桃花潭水深千尺，不及汪伦赠我情。" 告别泾县的李白，后来还去了九华山。可以毫不夸张地说，李白把徽州当作自己的第二故乡，他对新安山水可谓真爱。

  吸引贾岛的则是黄山,他尝慕黄山奇秀,不远数千里,两次入黄山探胜并写下了《纪汤泉》诗。僧人岛云,曾慕东国僧掷钵神异来游黄山,是记载以来最早登上天都峰的人,"登峰之人,莫之或先也"。他也是唐朝诗人中歌咏黄山最多的人,有《黄山怀古》《仙僧洞》《汤泉》《仙桥》诸诗传于后世。杜荀鹤则对黄山的温泉情有独钟,他"闻黄山有汤泉之胜,独携瓶探寻",有《汤泉》诗表达了逃离尘世的渴望。庐江人许坚曾游历过徽州,留有《入黟吟》等诗。权德舆在其《送歙州陆使君员外赴任序》中曾言到,"新安有佳山水"。权德舆曾游历新安,并有名篇《新安江路》,意境优美,笔调清丽。诗中"人远禽鱼净,山深水木寒"是名句,与王维的"人闲桂花落,夜静春山空"有着异曲同工之妙。杨万里曾在出任江东转运使驻节金陵的3年任期内，游历与驻地毗邻的徽州，足迹遍布"广、德、宣、徽、歙、太平诸郡"，写下了《明发祁门悟法寺溪行险绝六首》《过闾门溪》《闾门外登溪船五首》等大量诗篇。"平生快意何曾梦，老向闾门下急滩"，表达了杨万里游历徽州的"平生快意"。

  除了专程探访外，或因迁仕为官，或因旅途经过而来徽州，也算是另一种因缘际会。其中以苏辙、崔鸥、范成大、王安石、岳飞等为代表。当官、写诗两不误，是唐宋文官体制的一大特色。诗人官员们为政之余常常游山玩水，寄情山水，而徽州则成为文人情怀最好的寄所。苏辙和崔鸥都曾担任绩溪县知县，苏辙诗写得好，为政也非常出色。南宋绍兴年间，绩溪人为了纪念这位贤明县令，将城东南隅的"秋风堂"改为"景苏堂"，并汇集苏辙在邑任职时所写的诗文30余篇，由范成大手书镌刻石上，并在堂内悬挂绒像以作纪念，范成大本人也曾任职徽州司户参军5年，其间游历了徽郡诸县众多胜景，写下了多首感慨民生和描写景色的诗篇。崔鸥则把他对新安山水的热爱近乎狂热地表达在诗作中，曾写过均以"我爱新安好"起头的《新安十咏》组诗，这一写法可谓将爱表达得淋漓尽致。王安石则是在路过徽州时留下了《寄沈鄱阳》："离家当日尚炎风，叱驭归时九月穷。朝渡藤溪霜落后，夜过翚岭月明中。山川道路良多阻，风俗谣言苦未通。惟有鄱君人共爱，流传名誉传江东。"锦绣的河山不仅引出了文人的雅思，也激发着武将的豪情。千古名将岳飞曾两次取道徽州：第一次为靖康初年途经绩溪县华阳镇，曾留有题赠诗《靖康初过华阳镇宿胡殿中东麓书院》；第二次在南宋绍兴元年（1131），岳飞又因赴江西，经歙县、休宁、祁门等地，在祁门县城城西东松庵留下了《题东松寺记》："万木森郁，密掩烟霭，胜景潇洒，实为可爱。所恨不能款曲，进程遄速。俟他日殄灭盗贼，凯旋回归。复得至此，即当聊结善缘，以慰庵僧。"字里行间无不洋溢着诗人对徽州幽景丽致的浓郁热爱之情。

到了明清之际，书写唐宋灿烂诗词的文豪们已经退场，徽州的山水胜境引来更多元化的寻梦者。仕途落魄的唐伯虎在新安山水里寻找着另一种慰藉，面对齐云山的千尺丹崖和漫山五彩斑林，他写下了《齐云岩纵目》："摇落郊园九月余，秋山今日喜登初。霜林着色皆成画，雁字排空半草书。曲蘖才交情谊厚，孔方兄与往来疏。塞翁得失浑无累，胸次悠然觉静虚。"这个浪子终其一生诗画无数，但仅有一块碑铭《紫霄宫玄帝碑铭》（又称为唐寅碑），这仅有的一块碑铭却留给了徽州，至今立在齐云山紫霄崖下。汤显祖曾作诗《游黄山白岳不果》："欲识金银气，多从黄白游。一生痴绝处，无梦到徽州。"此诗的后半部分成为千古名句，被视作徽州最醒目的广告宣传语。但它也引发了后世的争议，有人认为这是对徽州的爱之切，有人则认为这是对徽州为物欲所浸染的痛之切。但无论爱恨，诗句本身实在太美，足以让人放下所有爱恨，而沉醉于美的意境。而在明朝最伟大的旅行家徐霞客一生中，只重复去过两个地方，一个是雁荡山，另一个则是黄山。徐霞客曾经于明万历四十四年（1616）和万历四十六年（1618）两次登临黄山，并写下游览日记，赞叹道："薄海内外之名山，无如徽之黄山。登黄山，天下无山，观止矣！"这样的赞叹足以让他成为黄山的千古知己。

　　上下两千多年间，徽州行政虽变更频频，称谓虽多次更迭，但这一方山水却静守岁月，容颜不改，始终以"风光这边独好"的姿态吸引着世人的目光。在现代，新文化运动的旗手胡适，早年即已暴得大名、举世皆知，他却始终以徽州为自豪，无论置身何地，开口就是"我们徽州"。人民教育家陶行知，更是将徽州视为东方瑞士，平生所愿就是不负新安大好山水，"把我们一个个的小生命捧出来，造成徽州的伟大的新生命"。

　　无论是前人对新安的一往情深，还是后人对徽州的倾心眷恋，都不可能完全出自一己的好恶和取舍。归根结底，所有这些情感表现，总是契合着自然的钟爱，体现着文化的自信，回应着历史的感召，都是时代人文的一种表征。

　　1979年是徽州发展史上极不寻常的一年。这一年的7月11~15日，世纪伟人邓小平来到徽州视察，徒步登上黄山，他在兴致勃勃地游览了黄山胜景玉屏峰、光明顶、鳌鱼峰、始信峰之后，发表了著名的"黄山谈话"。他说："黄山是发展旅游的好地方，你们要有点雄心壮志，把黄山的牌子打出去！"这是改革开放的时代呼唤，是催促发展的洪钟巨响。"徽之黄山"由此演绎着"春天的故事"，追随着时代的风云，跻身当代国际的大舞台。

　　梦幻黄山，礼仪徽州，从此沐浴着改革开放的大好春光。打好黄山牌，做好徽文章，当代黄山人在建设更美丽更富裕更文明新黄山的伟大实践中，又有了文化复兴的新希望。习近平总书记指出："实现中华民族的伟大复兴，就是中华民族近代以来最伟大的梦想。"徽州文化的复兴、中华民族的复兴，也正是当代我们一心追逐的黄山梦、中国梦。

"直挂云帆济沧海""乘长风破万里浪"。奋力搏击世界风云，迎头追赶时代大潮，古徽州、新黄山必将实现我们宏伟的梦想，拥抱前所未有的新辉煌！

在徽州，如果你钟情于古村，有幅鲜活的"清明上河图"叫宏村，有个粉墙黛瓦、油菜梯田一派诗情画意景象的地方叫婺源，有个"江南第一村"叫呈坎，有个卧虎藏龙的千年古村叫南屏……如果你钟情于山水，有种气吞山河的景观叫黄山云海，有道山水画廊叫新安江，有个让李白留下千古绝唱的地方叫桃花潭，有个中国最古声古色的湖叫宏村南湖……如果你钟情于田园，有个十万亩油菜花田叫江岭梯田，有个媲美蜀南竹海的地方叫木坑竹海，有条最浪漫的徒步道叫桃花坝，有个"养在深闺人未识"的高山梯田叫谷丰梯田……如果你钟情于色彩，有种黑白碰撞的惊艳叫徽派建筑，有种彩墙黑瓦的明亮叫土楼，有种五颜六色叫篁岭"晒秋"，有种漫山粉黛的浪漫叫卖花渔村……在徽州，有说不全、道不尽的美。

徽州山水秀美、文化灿烂。截至2019年1月，黄山市A级景区共49家、54处，其中AAAAA级8处，AAAA级23处（具体见本书附录一）。

美丽黄山，优美山水与灿烂的徽州文化交相辉映，吸引海内外游客慕名而来。黄山市依托徽州文化生态保护实验区这一平台，坚持非物质文化遗产保护与物质文化遗产保护相结合，深入推进徽州古建筑保护利用、非物质文化遗产保护传承利用等工作，守住徽州文化的"筋骨肉"，传承徽州文化的"精气神"。其中已获批的非物质文化遗产种类和数量在安徽省各市中均位列第一，徽州传统木结构营造技艺、程大位珠算法被列入联合国教科文组织人类非物质文化遗产代表作名录。目前，黄山市拥有国家级非物质文化遗产项目19项、省级非物质文化遗产项目70项（具体见本书附录二）。

研学感悟

第二章

新 安 山 水

徽州，一生的痴绝处，新安，既是它的前世，也是它的今生。徽州故郡，自古称新安，郡内流淌的水系也因此得名新安江。"深潭与浅滩，万转入新安"，奔流于千山之间，新安江如一幅流动的山水画卷，激荡着千年的诗意，孕育了灿烂辉煌的徽州文化。徽州文化与新安山水相生相守，自然与人文相互成就，构成一个相对独立的地理文化单元，并最终凭借明清徽商的鼎盛之势而大放异彩。

新安山水，钟灵毓秀。在它似水的年华里，帝王、圣贤、诗人、雅士……可以同赴一个山水梦境。梁武帝萧衍爬上歙岭为它"打call"；朱熹干脆为它改了名字，自称"新安朱熹"；李白更直接，提起笔就是"他年一携手，摇艇入新安"，诗仙要在新安江中自驾游。对新安山水的各种人间痴醉，以及对其持续不懈的审美追求，历千年而丝毫不减，这本身就是一大奇观。

大美新安，大在丰富齐全，美在独具一格。一是地文风光，山岳托奇峰，幽峡惊怪石，洞中有千秋，滩涂映碧空；二是水文风光，一江碧水，湖泊星列，飞瀑倒挂，鱼游浅池，月映深潭，甘泉温泉点缀其间，步入新安水文世界，恍如人行明镜中，鸟度屏风里；三是生物景观，古树奇木林立，奇花异草丛生，峰峦叠嶂间更是诸多珍稀野生动物的乐园，黑麂鬣羚奔走觅食，白鹇猕猴闲庭信步；四是因季节、时辰、地域的差别而出现的特殊物候景观，其中尤以天象和气候风光最动人心魄。黄山的云海奔腾，牯牛降的佛光乍现，练江秋月、松萝雪霁、凤湖烟柳、夹源春雨、月沼春晓……每一道这样的风光都是一个天赐，每一处这样的景致都如一首绝句，一朝邂逅，一生痴醉。

"高台层垒、山水交融、烟雨迷蒙、如诗如画、四季分明"，可谓新安山水自然风光的最显著特征。

新安山水所处的徽州四周海拔较低，北面、东面是长江中下游平原，西面是鄱阳湖平原，东南面是浙江杭金衢开地。因为中间高、四周低，所以境内水源呈发散状四向奔流。俯瞰一路向东的新安江水系，就像镶嵌在皖南大地上的一条条闪闪发亮的银练，穿行在青山绿水、百乡千村之间，自然形成数百千米的山水画廊。向西汇入鄱阳湖的阊江、乐安江水系，源于深山巨谷之间。在陆路交通不发达的年代，阊江中下游是祁门与外界联系的主要水路通道。向北汇入青弋江而后注入长江的美溪河，源出拜年山，孕育了黄山情侣——太平湖。

徽州境内的溪流河水奔走在林间山间，形成山中有水、水上有山、山因水活、水借山媚的迷人景象。走进徽州，满目葱茏、一脉青黛，山中没有城市的喧嚣，水里满是惬意的温柔。鸟鸣幽涧，孤云徘徊。而且徽州山区多雨，一年中有近一半时间是雨天，徽州的雨，从来下得刚刚好，是斜风细雨不须归的意趣，也是空山新雨后的清雅。而氤氲的水雾，更成就了黄山云海、坡山日出的独特景观。烟雨迷蒙中看新安山水，如观一幅淋漓的水墨长卷，让人不禁有"终有弱水替沧海，再把相思寄巫山"之叹。

白云深处有人家，这是对新安山水最好的修辞。那些粉墙黛瓦的徽州民居在青山绿水中分外挑眼。远远望去，似隐非隐；近前一看，屋舍俨然。一切都显得如此自然和谐。在文人墨客的笔下，这是一片"世外桃源"，一幅自然恬淡、纯朴和谐的田园诗画。

而四季分明的物候则能让你体会到这里的四季各有各的精彩。春天的徽州，是花的国度、花的海洋，满眼姹紫嫣红，多姿多彩。夏天的徽州，荷香满地，茂林修竹，清风徐来，山雨淅沥。秋天的徽州，水清迎过客，霜叶落行舟，登高而观，硕果累累，五彩斑斓。冬天的徽州，蓝天白云，银装素裹，晶莹剔透，挺立的松柏，散落的梅花，无不催人诗兴。唐朝诗人李频看新安山水时就曾写下："纵棹随归鸟，乘潮向夕阳。"的确，要领略新安山水的大美，还有什么比一叶扁舟更好的选择呢？如果有，那也一定是一张新安江游船票。

黄山、齐云山、牯牛降、新安江、太平湖……新安处处都是好山好水。

第二章　新安山水

行知
徽州

第一节 登黄山天下无山

这天,骆驼侠终于登上了久违的中国第一奇山——黄山,来到了风姿绰约的迎客松面前。骆驼侠走近迎客松,看到了在迎客松边上的一位工作人员,他是迎客松的专职守护者。

骆驼侠 请问黄山的松树很多吗?

守护者 奇松、怪石、云海、温泉和冬雪并称黄山"五绝",当然很多了,山顶上,陡崖边,处处都有它们的身影。

骆驼侠 请问"奇"在何处呢?

守护者 黄山松有的破石而生,盘根于危崖峭壁之间;有的挺立于奇峰绝顶之上。其形态各异,姿态非凡。百年以上的古松遍布峰壑、数以万计,著名的有迎客松、黑虎松、探海松、送客松、望客松、麒麟松、团结松、竖琴松、蒲团松、卧龙松、连理松等数十株。不过迎客松肯定是黄山奇松的典型代表。

骆驼侠　它们生长得如此奇特，是因为这里独特的山水吗？

守护者　黄山松的千姿百态和黄山的自然环境有很大关系。黄山松喜光，喜欢在阳坡上生长，不过其中的关键，是其特殊的根系。

骆驼侠　根系有何特殊之处呢？

守护者　黄山松的根能不断分泌有机酸，有机酸慢慢溶解岩石，把岩石中的矿物盐类分解出来并被根系吸收。此外，黄山松的根还善于获取泥土中由空气中的氮遇到雨水变成的铵盐，帮助自身成长。正是这些特点，使得黄山松能在岩石裸露的山坡、岩缝石隙、冈脊峰岭等地正常生长。

骆驼侠　我觉得黄山松的形状也与其他松树不同。

守护者　你说得很对，黄山松的生长环境海拔较高、紫外线较强，这些因素抑制了松树的顶端生长，因此树木长高缓慢甚至停顿，再加上长年累月的雪压、山风等影响，造就了黄山松针叶短粗、叶色浓绿、冠平如削、树干坚韧、极富弹性的特征。

骆驼侠　看来黄山松果然与众不同。

守护者　正因为与众不同，所以它是植物学上一个独立的品种，是专门以"黄山"命名的两针叶松树。

骆驼侠　来到这里我发现，来黄山旅游的游客太多了。

守护者　其实黄山旅游的开拓，要感谢一位老人，他1979年登上了黄山，还提出了发展旅游的建议。

骆驼侠　我在书上读过，你说的是邓小平爷爷。

守护者　你说得对。当时他已经75岁高龄，但还是以坚韧的精神登顶黄山，我们都觉得这正是黄山松坚韧精神的最好体现呢。

骆驼侠　咬定青山不放松，这种坚韧，不仅仅是安徽人，不也是中华民族的精神写照吗。

研

地球北纬30°被人们称为神秘线,在它的附近,有诸如埃及金字塔、百慕大三角、死海、撒哈拉大沙漠等人类无法解释的奇异现象,也有诸如美国的密西西比河、埃及的尼罗河、地球上最高的珠穆朗玛峰与最深的西太平洋马里亚纳海沟等诸多神奇的自然景观,而黄山,也在北纬30°神秘线上静静站立,其神秘而美丽的容姿,惊世骇俗。

黄山原名黟山,后因唐朝皇帝笃信道教,特别推崇李氏先人老子李耳所创道家学说,且黄山自古相传,轩辕黄帝和浮丘公、容成子来到黟山采药炼丹,后来就在山中的炼丹峰上得道升天。正是出于这个缘由,唐玄宗在天宝六年(747)诏告天下,改黟山为黄山。

"五岳归来不看山,黄山归来不看岳。"黄山尽揽天下山岳之胜、风光之美,泰山的雄伟,武夷山的秀逸,华山的峻峭,庐山的飞瀑悬空,衡山的层峦叠翠,雁荡山的丛石嶙峋……黄山无不兼而有之。

黄山千峰竞秀,主要有36大峰、36小峰,在72座奇峰中,以天都峰、莲花峰、光明顶为三大主峰,海拔均在1800米左右,拔地擎天,雄姿灵秀。天都峰是黄山最险峻的奇峰,望之如同天上都会,故称。登峰极目,云山相接,江河如线,尽收眼底。第一个登上天都峰的勇者是唐朝岛云和尚。他在《登天都峰》一诗中写道:"盘空千万仞,险若上丹梯。迥入天都里,回看鸟道低。他山青点点,远水白凄凄。欲下前峰暝,岩间宿锦鸡。"莲花峰是黄山第一高峰,高峻雄奇。明清之际著名诗人屈大均认为,黄山莲花峰足以与华山莲花峰称兄道弟。他在诗中写道:"我昔入秦关,手攀太华峰……自谓天下奇,群岳不能从。何意一黄山,莲花亦次宗……峰凡三十六,此峰太华同。"

　　黄山素以奇松、怪石、云海、温泉和冬雪"五绝"著称于世。

　　"黄山之美始于松""无处不松,无松不奇"是黄山的奇绝景观,位列"五绝"之冠。黄山松生长在海拔800米以上的花岗岩分布区,十大名松有迎客松、团结松、黑虎松、连理松等,有的屹立于悬崖峭壁,有的直插云霄之巅,有的顽强生存在石缝之中,傍崖生长,下无寸土。而每一棵历经风霜雨雪依旧青翠的奇松,都充满旺盛的生命力。

　　"无峰不石,无石不奇",在波澜壮阔的黄山峰海中,怪石嶙峋,星罗棋布,形态殊异,争相竞秀。大者就像是一座玲珑剔透的小山峰——仙桃峰、笔架峰、老人峰等因亦峰亦石而得名;小者却恰似一座大盆景——猴子观海、鳌鱼吃螺蛳等如雕如塑,妙趣横生。

　　刘伯承元帅在畅游黄山后欣然留下"黄山自古云成海"的诗句。其瑰丽壮观的"云海",以美、胜、奇、幻享誉古今。其山秀峰叠峙,危崖突兀,幽壑纵横;气流在山峦间穿行,上行下跌,环流活跃;漫天的云雾和层积云,随峰飘移,时而上升,时而下坠,时而回旋,时而舒展,构成了一幅奇特的千变万化的云海大观。

　　黄山温泉,古称"汤泉""朱砂泉",源自海拔850米的紫云峰下,

水质以含重碳酸为主，可饮可浴，为天下名泉。传说轩辕黄帝在此沐浴七七四十九日得以返老还童，羽化飞升，故又誉为"灵泉"。

冬天的黄山，银装素裹，超凡脱俗，完全是一方琼设玉制的仙境。黄山冬雪，妙在雪与黄山的松、石、云、泉巧妙结合，构成了一幅动中有静、静中有动的绝妙图画。今人发现，黄山冬景最为奇特，冰挂、雾凇、云海、佛光，满目奇幻，令人叹绝。

黄山可以说无峰不石，无石不松，无松不奇，无水不媚，其2湖、3瀑、16泉、24溪相映争辉。而且晨昏晴雨万变，四季景色各异，日出、晚霞、云海、佛光和雾凇各得其趣。人在黄山，晴赏奇松怪石，阴观云海变幻，雨觅流泉飞瀑，雪看玉树琼枝，风听空谷松涛——何其惬意！春观百花竞开，山鸟飞歌；夏观苍松云雾，避暑休闲；秋观青松、苍石、红枫、黄菊；冬观玉砌冰雕，银装素裹——又是何其乐哉！

亘古以来，大美黄山畅游吟咏始于太白。李白先后两次游历黄山。《嘉靖宁国府志》记有"芙蓉峰，太白尝游此，有白马源、溪"。黄山芙蓉峰名就出自李白诗"素手把芙蓉"之句。李白还西行上汤岭，沿山而游。今汤岭至温泉的路旁汤泉溪畔还有李白所书"鸣弦泉""洗杯泉"遗迹，世传李白在此饮酒听泉。李白这次游黄山，还包括从现今的西海大峡谷古道上黄山绝顶，其《西上莲花山》就是诗证。而他离开黄山应是夏尽秋来之际，其《宿虾湖》诗中有"鸡鸣发黄山，暝投虾湖宿。白雨映寒山，森森似银竹"之句，可以说明离开时的路线和季节。李白第二次游黄山的路线较为明确。《太平县志》记有碧山为李白求鹇处，这次路线当是自广阳经穰溪过甘棠、太平县城（古名桂城）而至碧山。

"千古奇人"徐霞客也曾两游黄山。徐霞客第一次游黄山为明万历四十四年（1616）二月初六，上前山，游慈光寺。途中观望莲花、云门诸峰。当晚至北海，宿狮子庵。逗留三日，游石笋矼、仙人榜、狮子峰等地，数次入松谷庵。然后原路下前山，仍至汤泉。徐霞客把游览过的山、寺、庵，均用翔实的日记记录下来。万历四十六年（1618）九月初，徐霞客再次来到黄山。故地重游，直至文殊院，见"一庵翼然"。"昔年欲登未登"，此次得偿夙愿。民国年间，歙县人汪鞠卣在《黄山杂记》中曾据徐霞客诗意归纳出"昔人谓五岳归来不看山，余谓游过黄山不看岳"。从此"五岳归来不看山，黄山归来不看岳"一语在民间广为流传。

行知
徽州

第二章　新安山水

黄山与万里长城、北京故宫、杭州西湖、桂林山水、长江三峡、苏州园林、西安秦陵兵马俑、承德避暑山庄、台湾日月潭并列为"中国十大风景名胜区"。

1979年,世纪伟人邓小平徒步登上黄山,饱览了奇丽风光,发出了时代的呼唤:"黄山是发展旅游的好地方,你们要有点雄心壮志,把黄山的牌子打出去!"

如今的黄山,既是世界文化遗产,又是世界自然遗产,还是世界地质公园,三项桂冠,驰名全球。联合国教科文组织颁发的梅利娜·迈尔库里文化景观保护与管理国际荣誉奖、世界旅游目的地管理奖、世界遗产地旅游可持续发展观测站、全球首个世界优秀目的地旅游景区……如此众多世界级旅游名牌的加持,使得如今的黄山是中国的黄山,也是世界的黄山。

第二章　新安山水

研学感悟

行知
徽州

第二节 道教圣地齐云山

引言

骆驼侠来到了古今闻名的道教名山齐云山。走在齐云山的山道上，骆驼侠见一道人盘坐天门之下，似乎沉醉于仙境飘飘然之态，忍不住向其施礼问候。

骆驼侠 道长您好，一入齐云山，目之所及，耳之所闻，鼻之所嗅，肤之所触，似乎尽是道气。请问这浓郁的道教气息由何而来？

道　人 齐云山道教的历史悠久，相传唐乾元年间名为龚栖霞的道士隐居于此，成为开山建道的祖师。明朝起，齐云山道教逐渐兴盛，至嘉靖、万历年间到达鼎盛。齐云山也是当时的中国六大皇家道场之一。

骆驼侠 难怪乾隆也曾感慨齐云山秀色，亲笔御题"天下无双胜境，江南第一名山"。

道　人　齐云山和黄山同在徽州境内。明朝《齐云山志》载有"新安多佳山，而齐云与黄山为最"，清朝魏源又将两山作了比较，认为"黄大而怪，白横而庄；黄敛而奥，白敞而灵，各擅其胜"。所以齐云山与黄山应该说是各有千秋。

骆驼侠　您觉得齐云山的特色是什么呢？

道　人　道教文化、齐云山特有的地貌与物产等，都是黄山所不具备的。但最具特色的，我觉得是齐云山的摩崖石刻。

骆驼侠　确实如此，我一路走来，发现天然的石壁上篆刻着很多文字和画像，栩栩如生，神韵俱佳，数量又非常之多。

道　人　这些石刻和碑刻，最早的约为唐朝末年，共有1000多处。它们凿在石崖上，嵌于洞穴中，遍布全山。

骆驼侠　不知有何妙处，又该如何欣赏呢？

道　人　首先当然要从道教文化的石刻说起了。道教的碑刻以明朝居多，一方面是因为距今相对较近，另一方面则是因为齐云山道教盛于明朝。最著名的碑刻为《紫霄宫玄帝碑铭》，此碑由唐寅在弘治十三年（1500）游齐云山时，应道长汪泰元之请所作骈体文。

骆驼侠　唐寅就是传说中的唐伯虎吧。他不仅是著名的画家，书法也非常有名呢,他也来过齐云山?

道 人　是的,据说在山中还曾发现了一块唐寅的"水声鸣昼夜,山色永春秋"行草石刻,现在这块石刻收藏在黄山市博物馆中。其他与道教有关的碑刻,还有《重修齐云山玄君殿记碑》《三十六洞天碑记》《七十二福地真人名氏碑》《白岳山人传碑》《白岳文昌祠碑记》《真仙洞府记》《重修太素宫捐助名氏碑》等,其中《重修齐云山玄君殿记碑》出自书法名家詹景凤之手。

骆驼侠　我知道他,听说有人评价他的书法"狂草若有神助,变化百出,不失古法"。

道 人　明朝是草书极盛时期,草书名家辈出。景凤先生就是本地人,齐云山可以算是他的"家山",因此他是齐云山书法留存最多的书法家，其作品也是齐云山石刻中最具价值和分量的。除了草书外，三天门处还有詹景凤的楷书《重修齐云山玄灵殿记碑》，其楷法工整，深得唐人遗风，看了这块碑，始知龙飞凤舞的草书，其实都是建立在扎实的楷书功力上的。

骆驼侠 其实还有好多不同的字体。

道　人 你看得果然仔细。石壁上的很多题名、题句，都是不同的字体。此类题刻多则三四字，少则一二字，因此字都比较大，以醒目、壮观为目的。如"天开神秀"字径120厘米，"廓崖"字径113厘米，"文昌正路"字径135厘米，"白云深处"四字宽870厘米，而"寿"字的字径达230厘米。这里面的楷书多颜体，一是颜楷流行，二是颜字有愈大愈壮的特点。还有很多隶书、篆书、行书等。一路走过来，就像走过一条书法长廊。

骆驼侠 除了欣赏书法外，我觉得很多石刻的内容也很有意义。

道　人 确实如此，山中有一块南宋时"邑宰邢锐、尉詹康以，淳熙丙午望日，劝农于岐山"的石刻，刻文中的"劝农"，就是鼓励农民耕作的意思。劝农可是历朝历代的重要工作，晋朝时有劝农官，唐宋时有劝农使，苏轼的《鸦种麦行》

一诗中也提到了劝农：农夫罗拜鸦飞起，劝农使者来行水。

骆驼侠 我觉得从另一个角度来看，齐云山就是一张纸，记录了中国文化发展进程。

道　人 别忘了刻工哦！一块成功的碑刻，刻工的作用至关重要呢。自明以来，徽州名工巧匠辈出，如朱云亮、汪阳熙……还有最著名的黄钺，他不仅篆刻功底深厚，还善书法，因此更能在碑刻中传达笔意。

骆驼侠 是啊，徽州处处皆匠心！

　　描绘齐云山的诗很丰满，现实却相当骨感。因为在安徽各大名山中，齐云山可谓最委屈的一座山，更是长久以来被过于低估的一座山。人，有生不逢时；山，则有生不逢地。齐云山的际遇不幸在于，它夹在黄山与九华山之间，两头受压制。论自然造化，黄山凌驾五岳，实力实在太强，齐云难与其争锋。论宗教兴盛，九华香火太旺，齐云也显黯然。九华是佛国，齐云尊道教。佛教是舶来文化，道教是本土特产，佛教许人来世，普度众生；道教讲今生修炼，自身得道，于是众生求佛，高人问道，在人气上九华注定胜出不止一点。

限于皖南,虽在徽州山岳中,"黄白"齐名,黄即黄山,白指白岳,又名齐云山,但在"黄山白岳甲江南"的美誉中,齐云在排位上仍只能当千年老二。放眼全国,齐云虽列四大道教名山之一,但湖北武当是"亘古无双胜境,天下第一仙山",江西龙虎山则自诩"道家祖庭",而且早就一头扎进了世界自然遗产名录,四川青城山则是"青城天下幽"。而齐云山只得了一个"江南小武当"的称号,同列道教四大名山,凭什么要"小"这一头?

这世间,有名过其实,就会有实过其名,而齐云山就属后者。无论是其独特的自然风光,还是其深厚的文化底蕴,齐云山都足可自立门户,自成宗派。

齐云山由白岳、齐云、青狮、白象、岐山、太山、南山、茆山、万寿等九座山峰组成,九峰各有姿态,齐云山的海拔高度虽仅有585米,

但山势凌厉,有刺破青天的气概,有一石插天的奇绝。远望直入云端,与碧云齐,峰峦叠嶂间,36奇峰,72怪崖,24飞涧,加之境内河、湖、泉、潭、瀑,倒映流云聚散,风吟水波不兴,登此山如入仙境,天下胜境之极致也莫过于此了。

登齐云山,绕不开道教文化。道教是中国的本土宗教,距今已经有1800多年的历史。其起源可以追溯到远古时代的鬼神崇拜,但齐云道教则初兴于唐朝,旺于宋朝,全盛于明朝。为什么会这样?因为在晋朝以前,齐云山尚无人烟,也错过了南北朝佛学的兴旺期。直至唐朝,李唐尊道家始祖老子,即李耳为祖先,从开国及至盛唐,道教都受推崇,且与皇家有着千丝万缕的关系,道教经典甚至在当地朝廷的科考中都占有一席之地。正是在此背景下,唐乾元年间,道士龚栖霞隐于天门岩下,虽无建迹,却留下道教遗踪,从此开创了齐云山道教的历史。乾元是唐肃宗的年号,也是安史之乱的尖峰时刻。在举国的烽烟中,道教正迎来唐朝最后的黄昏,而齐云山正是在这样一个黄昏里与道结缘。安史之乱后,道教便彻底日渐式微。之后,便是南派禅宗的北上,也是佛教的复兴,金乔觉则走上九华开始创造佛教的辉煌,再过百年,风雨飘摇的晚唐,王朝、宗教和民众再次一齐步入循环中的黑暗。

到了宋朝,道教再次迎来春天。黄袍加身的赵匡胤是篡夺皇位,所以要解决夺位不正的问题,怎么解决呢?道教是个不错的选择,利用道教"符命"为其制造舆论,特别是华山道士陈抟,曾以此帮助他积极争取群众。这之后,赵宋王朝一直对道教大力扶持,宋真宗的年号干脆命名为"大中祥符",宋徽宗更沉醉道教,直接自任教主,把道教变成国教。所以齐云道教至宋朝开始建祠立神像,几乎是历史的必然,并从此真正踏上道教名山之路。

元朝是少数民族政权,除了成吉思汗礼遇了一下丘处机外,很难对中原土生土长的道教真正感兴趣,但好在元朝时间不长,到了明朝,齐云道教才真正迎来全盛期。

这倒不是因为明朝比唐宋更推崇道教,而是明朝出了个奇葩皇帝嘉靖,他爱道教爱得发疯。如果说唐宋尊道多少还是为了统治需要,而嘉靖帝热爱道教则纯粹是出于私欲,他真正盯上的是道教的长生不老说,当皇帝几十年还不过瘾,还想向天再借五百年。上有所好,下必迎合。当时的吏部尚书兼兵部尚书(组织部长兼国防部长)汪铉是徽州人,本着肥水不流外人田的精神,乘机向皇帝推荐了家乡的齐云山。

齐云山关键时刻也的确没掉链子,据《齐云山志》所载齐云山建醮圣旨的记录,嘉靖十一年(1532)五月,皇帝派人去齐云山为他求子,此前天天忙着修道,在生孩子这件事上太不上心,眼看人到中年,嘉靖皇帝才真正开始着急上火。无论是巧合还是偶然,求子齐云山后,从嘉靖十二年(1533)开始,皇帝一连得了四个儿子,这下彻底信服了。皇帝都信了,天下还能不信吗?正是在嘉靖时期,齐云山道教进入鼎盛,嘉靖皇帝还下旨建造了"玄天太素宫"。有皇帝加持,齐云山的道观才开始真正迎来一轮大的兴建,并一时成为天下道教的活动中心。而向皇帝推荐齐云山的徽州人汪铉,至今名字仍刻在齐云山上,完成了另一种

声名的不朽。

因此，纵观齐云山的历代道教景观，如翻一部皇权与宗教的兴替史书，在道观缕缕香烟中，有帝国统治最隐秘的心事，在幽深的洞府里，是道教对皇权统治的欲拒还迎，对权力依附的如履薄冰，对清修仙境的千年渴盼。它们立在齐云山的历史篇章里，等我们对照着去看。

其实，道教自元朝以后，就形成南北两派，北方全真教主张炼丹清修，出家为道，禁荤戒酒，寡欲苦修，俗称"清修道士"；南方正一教主张降神驱鬼，祈福之术，与全真教相反，不重修行，俗称"火居道士"。

那么齐云山道教属于哪一派呢？答案是，两派兼有之。

宗教内部的矛盾，放在齐云山上却根本不是事儿。因为齐云山的宗教文化独特之处在于它的包容，不仅异派相容，而且异教相容。道教两派在齐云山上各自修道，相安无事，你能在月街上看到开着店做生意的"火居道士"，也能在山间幽林中看到一心玄修的"清修道士"。而且只要仔细游览，你就会发现齐云山虽是道教名山，却可以道佛建筑并存一山，道佛塑像并存一寺。观石刻，佛道并存；看楹联，佛道并提，如太素宫有楹联："中国有圣人，是祖是师，咄咄西来东土；名山藏帝子，亦仙亦佛，元元北镇南天。"道佛信仰相洽相融，这才是齐云山最美的人文风光。著名学者房龙曾断言：恐惧是所有不包容的起因。在齐云山上，我们能看到宗教的信仰和美，却丝毫没有恐惧的痕迹，这才是文化和文明最美的样子。包容很平常，但决不容易，大道齐云，这种包容才是真正的大道，有此大道，齐云山足以傲世。谁说齐云"小"？有容乃大，如只以物理面积和名头招牌论大小，本身就已落了俗套的小道。

如果说宗教是齐云山的魂魄，那么独特的丹霞地貌则是齐云山的颜值担当。

齐云山素有"绿水丹崖甲江南"之称。明朝才子袁宏道游览齐云山时，写下《齐云岩》一诗，其中"山山玛瑙红，高古复飞动"形象地道出了齐云山丹霞地貌的特征。登上齐云山，放眼望去，裸露在绿树青草间的山峰、岩石、崖壁，清一色的玛瑙红，红得艳丽，红得醉人。

丹霞地貌是指由水平或平缓的层状铁钙质混合不均胶结而成的红色

碎屑岩，受垂直或高角度解理切割，并在差异风化、重力崩塌、流水溶蚀、风力侵蚀等综合作用下，形成有陡崖的城堡状、宝塔状、针状、柱状、棒状、方山状或峰林状的地形。

齐云山丹霞地貌最突出之处是"赤壁丹崖"广泛发育，形成"顶平、身陡、麓缓"的显著特点，呈现的方山、石墙、石峰、石柱无不奇险，形态各异的山石造型成为一种观赏价值很高的地貌风光。整个景区"赤壁丹崖"随处可见，比较集中在月华街、楼上楼、云岩湖、横江。这四大景区地貌风格迥异，各具特色。

齐云山的奇峰香炉峰、五老峰是最为灵幻的玛瑙红；怪岩以象鼻岩、天桥岩最具特点，是最具神工的丹霞貌；幽洞以真仙洞、楼上楼最为典型，也一样是神秘玄奥的玛瑙红；还有水光潋滟、清幽恬淡的云岩湖。这里聚集了齐云山玛瑙红的精华，在绿树青草和碧水的映衬下，丹霞地貌展现出大片的迷人玛瑙红，有的像灯笼，有的像珊瑚，更有那映衬在蓝天白云下的彩虹桥，让人不禁慨叹大自然的神奇。在如此美妙的景致里，再泛舟湖上，漂浮在云岩湖纵横幽深的湖汊之中，看前后左右青峰夹峙，船桨拍击湖水，水鸟惊飞而起，那种场景和感觉简直妙不可言。

齐云山属峰丛式丹霞地貌，集奇、险、秀、美于一身，三十六奇峰，峰峰拱日，七十二怪岩，岩岩绕云。无论是在金阳高照的日光里，还是在月色皎洁的夜幕中，似乎造物主给齐云山披上了一匹鲜艳的红绸。这里的崖是红的，岭是红的，洞是红的，连玄天太素宫的宫墙、石柱、碑碣都是红的。朱砂染峰岩，层层叠叠；丹霞映日月，蔚为大观。游人置身其中，玛瑙红、朱砂红、胭脂红，红韵律动，尽收眼底，定然会由衷地发出"天公狡狯幻丹砂，步障千山灿若霞"的感叹，这是造物主给人类留下的杰作。据地学家考证，早在中生代晚期的白垩纪，红色岩系组成的齐云山体，像一座盆景堆积在皖南腹地之中，经长期雨水、高温的淋烤和风化剥蚀，在自然流水的反复冲刷切割之下，逐渐形成峰、岩、台、岭这些独特而又神奇的地质景观。

千百年来，齐云山以灿若云霞的丹霞地貌，引得李白、唐寅、朱熹、汤显祖、戚继光、海瑞等文人墨客纷至沓来，抒发胸臆，歌咏题刻，留下了琳琅满目的摩崖石刻。他们身临其境，触景生情，吟诗作赋，题壁刻石，记游作画。他们寄情峰岩山林，激赏世外仙境，或赋诗题词，或树碑为记，留下了极为丰富而又珍贵的文化遗产。

作为名山古岳，摩崖石刻往往是最好的证书，齐云山摩崖石刻数量之多，分布之广，也属鲜见。

据统计，齐云山的各代摩崖石刻和碑铭原有1000余处（件），历经岁月侵蚀及人为破坏，尚存石刻567处，其中摩崖石刻335处，碑刻232处，主要分布于真仙洞府、石桥岩和紫霄崖一带。年代上起北宋，下至当代，俨然为历代书法大展览，构成了令人神往的人文景观。其中，紫霄崖下明朝才子唐寅所书《紫霄宫玄帝碑铭》，高8米，字迹工整，风格苍劲，气势雄伟，堪称古碑精品。正如大文豪郁达夫所说："齐云山有一部伟大的金石志好编。"

齐云山的崖刻题字堪称一绝。在赤色的崖壁上镌刻着蓝、紫、白各色题字，笔力刚劲，神韵俱佳。"天开神秀""齐云胜景""亘古奇观""寿"等崖刻，气势恢宏，令人叹为观止。大量的古碑、崖刻和自然风景巧妙融合，散布在各处景点，为齐云山增添了无限美感，更让游客赏心悦目，不知不觉中得到了中国传统文化的熏陶。

不难想象，这等风景名胜，这等人文佳境，千百年来招徕游人无数。今日可以确考的南宋名家游历者就不可胜数。理学大师朱熹、礼部尚书程珌、爱国诗人方岳、抗元英雄汪立信等，都是齐云山较早的游客。入明以后，齐云山成为深受名人雅士青睐的地方，游览观光者留下的诗赋作品简直就如恒河沙数。特别是著名旅行家徐霞客，先后两度登临齐云山。明万历四十四年（1616）正月二十六，时值严冬，白雪皑皑，他不畏险阻，游览了石桥岩、棋盘石、龙井、观音岩诸胜。两年后的九月，他再登齐云山，察看丹霞地貌，畅游各处胜迹。他在《游白岳日记》中写道："崖石中空，人出入其间，高爽飞突，正如阊阖。门外乔楠中峙，门内石崖一带，珠帘飞洒，奇为第一。"

齐云山，与江西龙虎山、湖北武当山、四川青城山并称为"中国四大道教名山"，和福建武夷山、广东丹霞山及金鸡岭并列为"中国四大丹霞奇观"。

齐云山为国家重点风景名胜区、国家AAAA级景区、国家重点文物保护单位，1993年、2001年先后被列为国家森林公园和国家地质公园。安徽齐云山国家地质公园是以丹霞地貌景观、恐龙遗迹化石、地层剖面、地质构造形迹等为主要地质遗迹景观，辅以道教文化、摩崖石刻为一体的地质公园，2006年，齐云山的碑刻和崖刻被列为全国重点文物保护单位。

研学感悟

第三节 原始天地牯牛降

炎炎夏日,阳光灼灼,热浪滚滚。骆驼侠走在路上,边走边想:此时此刻,最好的去处,莫过于阴凉森林里,淙淙涧水旁,安享浮生半日闲。想着想着,猛一抬头,映入眼帘的还真是一座真正的原始森林,绵绵数里,郁郁葱葱。

骆驼侠不知到了何处,正巧望见不远处的小路上走着一位老者,连忙上前打招呼。

骆驼侠 老人家,请问此乃何处?

老　者 此处叫作牯牛降,高峻险峭,霓霞如瀑,自古与黄山齐名,也被称作"西黄山"。

骆驼侠 看这山势如长虹卧地,敢问"牯牛降"的名称是由来于此吗?

老　者　　正是，此山南降祁门县，北临石台县，宛似一条巨大的神牛从天而降，把四蹄分跨在南北这两个县境内。

骆驼侠　　如果能俯视那肯定更为壮观。

老　者　　如果能够从山头俯瞰，那沿山生长的马尾青松，苍然一色，就像多姿的"牛尾"；站在山头放目南眺，则仿佛是一只巨大的牛头竖起了两只触角，姿态万千的黄山松相缀其间，似是神牯牛耸起的鬃毛。

骆驼侠　　您的描述让我浮想联翩！听说这牯牛降的"牛"来历不凡？

老　者　　传说这是老子骑的青牛，为灭除害鸟，舍身于此。

骆驼侠　　我最喜欢听故事，还请您细细道来。

老　者　　传说古时的牯牛降，生活着一只叫作"雀"的怪鸟。《山

海经》中还有这只鸟的记录,此鸟"狀如鸡而白首,鼠足而虎爪",以各种飞禽走兽为食,人也会闻"雀"丧胆。于是这附近方圆几百里,鸟兽绝迹,不见人烟。一日,云游四方传经授道的老子恰好骑着青牛路过牯牛降,忽听一声怪叫,狂风呼啸,一只巨大的怪鸟从天而降,直向他和青牛扑来。这时候,青牛对天一声长哞,瞪圆双眼,张开四蹄,腾飞而起,用双角向怪鸟顶去。这雀平日骄横惯了,没把这只牛放在眼里,更没想到这只牛有如此神力,一不小心,被牛角顶折了翅膀,怪叫一声跌落在一道山梁上。青牛见状,纵身跃上山梁,将怪鸟紧紧压在身下,让它永世不得翻身。时间一长,青牛化作了巨石,怪鸟的尸骨烂成了泥土,羽毛变成了许多奇形怪状的松树。

骆驼侠 原来如此。那大家是为了纪念青牛,才把这座山起名"牯牛降"的吗?

老　者 这是一种名字的由来,当然还有其他的说法。

骆驼侠 哦?

老　者 据中国科学院考察探险协会考察,牯牛降其实是黄山向西延伸的主体山脉,也是长江水系与新安江水系的分水岭。牯牛降的脊形山岭形成过程与地壳运动有关。

骆驼侠　地壳运动？那一定要花很长的时间。

老　者　你说得对，花了几亿年。大约在8.5亿年前，先是雪峰造运动，使牯牛降的主体抬起；然后又过了几亿年，到了距今约2亿年的时候，中生代印支运动又使得牯牛降的北部抬起，与先前形成的主体融为一体；后来又经过了燕山运动、喜马拉雅运动，牯牛降最终成为与黄山相连接的一座壮丽的大山。而当地人的方言中，常把脊形山岭称为"矼"，因而把此山叫作"牯牛矼"，因为"降"与"矼"谐音，就慢慢变成"牯牛降"了。

骆驼侠　太有历史了，太不容易了，难怪这山上的树木这么多，完全被绿色覆盖了。

老　者　这一方面是因为历史悠久，但更重要的是当地的风俗理念。

骆驼侠　风俗理念？

老　者　这里的老百姓认为山、石、草、木都和人类的生活息息相关，树木可以让村庄生气勃勃。所以很多家族中都有严格的族规，禁止族众砍伐树木。同样在他们的观念中，水也是一种财富，溪水清澈可以美化居民的生活环境，因此他们也非常注重水的保护。你看，这里的溪水十分清澈。

骆驼侠　我本来只知道徽州人认为水是财，所以徽州建筑讲究"四水归堂""财不外泄"。到了这里我才明白，水还通"心"、通"美"，水清了，心情就好了，生活就美了。

　　安徽皖南极致的山水名胜众多且集中，实属罕见。身处其间想争得一席之地，露出半个头角，都异常艰难。而牯牛降却不仅能头角峥嵘，更执牛耳于一方，堪称硬核。那么，它究竟凭什么？人们多以松、峰、雾、水、佛光为牯牛降"五绝"，认为它凭此笑傲皖南，但这个答案却不免似是而非。论"峰、松、雾",黄山、齐云、天柱均可独步海内,尤其是黄山,在这三项上更是已达凡间极致,牯牛降实难争锋。论"佛光",九华、黄山也都有此景观,特别是九华,本身就以"莲花佛国"享誉海内外,佛光普照之下,牯牛降很难超越。五绝已去四绝,唯剩一个"水"字,其实,牯牛降真正的绝妙所在,唯在这一个"水"字上。它其实只有一绝,所谓绝活,从不在多,而在精。有此一绝,足可纵横。一方世间至美之水,让牯牛降的一切都在天地间灵动起来,终成佳境。

如果说新安江的水是出世的,通达的是千里人间烟火,那么牯牛降的水则是避世的,抱守的是一帘山林幽梦。天赐的充沛雨量,让牯牛降溪流纵横,潺潺流水,从山顶淙淙而下,遇有石壁断崖,飞泻直下形成一道道水瀑,大的如银河落九天,空谷轰鸣,水汽升腾;小的似白练轻垂,涓涓细流,如泣如诉。十步一小瀑,百步一大瀑,飞瀑相连,蔚为壮观。溪流碧绿清澈,时深时浅,时缓时急,在山间林里穿行,每遇石凼平地,则形成一个个大小不一的清潭,晶莹剔透,异彩纷呈,如同一块块翡翠。正因避世离尘,这块翡翠出奇纯净,牯牛降以拥有安徽最清澈的水而出名。龙门潭、四叠飞瀑、鸳鸯潭、情人谷等更是让人流连忘返。净水洗尘,牯牛降的空气极为纯净,徜徉其间,无异于一次洗肺之旅。正是有了水的加持,牯牛降的一切于恬淡中返璞归真,宛如遗落在人世间最后的仙境。如今,作为国家AAAA级旅游风景区,牯牛降分为五大景区:主峰景区、奇峰景区、双河口景区、龙门景区和观音堂景区。

牯牛降主峰牯牛大岗,海拔1727.6米,似牯牛顶天而立,以此得名。

登临极顶,南望群山连绵,黄山诸峰尽收眼底;北眺长江如练,蜿蜒西去,美不胜收。但论山色,黄山实在过于巨大,皖南诸山似乎都要不自觉地向黄山靠。牯牛降也是如此,它的古称就是"西黄山",境内有36大峰、72小峰,有36大岔、72小岔。《江南通志》记载:"西黄山有三十六垣,与歙县之黄山相峙,其最高者牯牛大岗可望匡庐。"可见,牯牛降自古就积极向黄山靠拢。其实不必如此,自然之手,鬼斧神工,在造山上向来都是各具其妙。黄山雄、奇、险,而牯牛降则是以一个"秀"字尽得风流。二者都是山,却风格迥异。奔腾的云海让黄山如一首壮丽的山岳史诗,而氤氲的水雾则让牯牛降诸峰如一曲婉约的小令。牯牛降主峰东南,清溪环绕,远观有巨大的睡佛以山为榻,斜仰于众峰之上;清水映山色,稍近则有犁充、犁箭、犁尾、牛头等景点缀其中。在巨牛的腹脊之间,幽潭掩映下,由西南向东北依次有凤凰松、鹦鹉石、飞来石、迎宾神龟、大头鼋、太白金星等。东南侧的大峡谷中,伴着飞瀑直下,巨大的"排刀峰"拔地而起。主峰北侧分布着高山草甸、原始森林以及各种珍禽异兽。整个奇峰景区由西库、中库、东库、高山田园风光、银杏林、观孝寺、七井泉等景点在水的滋润下秀丽天成。当地所谓"库",实指山谷,奇峰又称"灵山"。旧时曾有"观孝寺",传说有求必应,非常灵验。民谚曰"先有观孝寺,后有池州府",可见观孝寺至迟建于宋朝。深山、古寺、清泉、碧水,共同成就了牯牛降。

水色升腾,则化作雾的变幻。牯牛降天气一日数变,可谓"山中一日游,十里不同天"。晴时苍崖吐烟,雾霭升腾,云雾缭绕,绵延不绝,变幻万状,瑰丽神奇，一会儿似玉带，缠绕于峰峦山巅；一会儿似白絮，铺泻在峡谷缓坡。有时云带万里，蔚为壮观。伸出雾层高高的山尖，如同蓬莱瀛岛，人间仙境。若是山风激荡，则云涌雾奔，如大海怒涛，汹涌澎湃，变化万端。有时阳光普照，为云层镶上道道金边，金碧辉煌，琼楼玉宇，景象奇绝。

在变幻的雾色光影中，牯牛降的松正展现着自己独特的魅力。牯牛松漫山遍野，形成浩瀚松海，郁郁葱葱，树冠如华盖，干枝似虬龙，或怪兽张牙舞爪，或仙女广袖轻舒，有的游龙走蛇，有的凤凰展翅，千姿百态，各显神奇。那"连理松"原本是两株，日久天长，长成一体，"在天愿作比翼鸟，在地愿为连理枝"，人类美好的愿望得到如此生动的印证。"探海松"长在危崖之上，主干挺直，枝丫曲折，探出崖外很远，那力道和执着令人遐想无限。令人叹为观止的是"蟠龙松"，长在石磴上的千年古松，高不到1米，九枝十八丫却都长达数米，枝干长满金黄色苍苔，远望活像一条金甲巨龙盘于石上。奇松处处倒映深潭，枝蔓时时横斜清溪，于山海苍茫中勾出世间清欢，在郁郁葱葱里托出山间灵气。

地上的水造化着牯牛神秀，天上的水则铺陈着峰顶的神奇。每当雨过天晴、云雾汇聚之时，阳光穿云透雾，洒向山谷，云海上常会悬起一轮五彩光环，光芒四射，艳如花盘，缤纷柔和，仿佛一台缓缓滚动的佛辇，若隐若现，那是独特的牯牛佛光。佛光是阳光照耀云雾表面，经过衍射和漫反射形成的一种自然奇观。牯牛降佛光清晰规整，且显现次数多、时间长。通过阳光的作用，若游人奔跑跳跃，牯牛佛光光环中的佛影也会随之摇曳，配合默契，实为奇观。

第二章　新安山水

水不仅赋予了牯牛降自然风光以独特魅力，更让它的人文景观显得与众不同。牯牛降厚重的人文历史集中在双龙谷景区，这里也曾经是晚明抗清英雄吴应箕抗击清军南下的大后方。最具盛名的景观当属严家古村，古村里住着东汉严子陵的后裔。严子陵是著名的隐士，和东汉光武帝是同学，光武帝即位后，觉得老同学才高八斗，多次恳求他来当高官，他不从，最后跑到富春江隐居起来，最终以一位世外高人的形象留在了史册上。

而严子陵的后人们显然比他还会"隐"，从富春江畔迁居至牯牛降中，隐得更深，但也隐得更美。现在的严家古村是一处静谧的古村落，至今还保留着古老的徽州趣味，直到20世纪以前，严家古村一直隐于群山之中，因为交通的闭塞几乎与世隔绝，当地的村民也一直过着

第二章 新安山水

日出而作、日落而息的生活。严氏祠堂是严家村最主要的，也是唯一的历史性文物建筑。它是整个严家村甚至整个牯牛降最具有发言权的历史古迹，真正见证了这里的一切。祠堂里除了严子陵的画像外，还有古往今来严家的名人。村里的建筑风格和徽州仿佛一脉相承。一样的小桥流水、青瓦白墙，尽管也有那翘角飞檐的古民居，层层叠叠的马头墙……但这里的建筑风格似乎要简单得多，严家古村的建筑不讲究"四水归堂""五岳朝天"，却有一种去尽雕饰的自然古朴，这种气韵与牯牛降的天然清纯是如此相配，两相呼应，浑然天成。

在生活工作节奏越来越快的今天，慢下来，静下来，成为一种新的奢侈。而牯牛降则正是一个能让人的脚步慢下来，让心灵静下来的地方。它的婉约，它的避世，它的自然古朴，恰好都站在了世间繁华和喧闹的对立面，对当代人来说，存在这样一个面，本身就多了一种选择，这份选择很宝贵，不是吗？

牯牛降山区成陆历史悠久，地形变化复杂。由于生态系统完好，牯牛降蕴藏的生物种类极其丰富。据不完全统计，这里有各类植物230科726属1348种,其中包括国家重点保护的植物13种。这里的山野丛林之中，隐藏着一个喧嚣而繁盛的动物世界，野生动物种类繁多，其中脊椎动物就有271种，属国家一级保护的有金钱豹、云豹、梅花鹿、黑麂、白颈长尾雉、黑鹳等，属国家二级保护的有22种。特别是蛇，这里简直就是一个蛇的王国，首次考察就发现38种，品种之多，国内罕见。因此，牯牛降被称为亚热带边缘的生物天然基因库，被生态学者称为"绿色自然博物馆"，还被列为"中国青少年科学考察探险基地"。

牯牛降自然保护区，地层古老，生态优越，山高林密，人迹罕至，保存着较为完整的天然森林植被，是我国东部中亚热带常绿阔叶林带的重要典型地区之一。区内森林覆盖率高达97.96%，空气清新，含有大量的负氧离子和芬多精，大有清心洗肺的保健功效。每立方厘米中负氧离子含量高达25000个，高于正常值8倍以上，故有"天然氧吧"之称，被誉为"森林浴场"。

1988年5月，牯牛降成为国务院批准的安徽省第一个国家级以森林生态系统和野生动物类型为主的自然保护区。

2004年2月，牯牛降自然保护区又被国土资源部录入国家地质公园名录。

2010年9月，牯牛降被国家旅游局正式批准为AAAA级旅游景区，同时又被32个国家驻华使节公推为"中国原生态首选旅游目的地"。

研学感悟

第四节 黄金水道新安江

新安江素有东方多瑙河之称。江面曲折弯延,时而宽阔壮丽,时而秀丽柔美。两岸徽派民居点缀,青山绿水,粉墙黛瓦,仿佛一幅生动的水墨画。

一日清晨,骆驼侠来到了新安江畔,坐在江边欣赏风景,也许是旅途劳顿的缘故,不知不觉睡着了。

恍惚间，他听到有人问道："那位小哥可是要去杭州？"

骆驼侠一看，问话的是船上的一位老者，便答道："您的船要去杭州吗？好啊！"

老　者　我去杭州谈生意，正担心路上无聊，可巧遇上你，可以一路聊聊。

骆驼侠　从这江上去杭州的人多吗？

老　者　当然，明朝徽州人黄汴所著的《天下水陆路程》一书记载："由休宁县出发至杭州水路总计730里。"从徽州一路沿江东下即可抵达杭州，杭州既是丝织业中心、木材集散地，又是两浙盐业经营中心，徽州的丝绸商、木材商和盐商都把杭州作为经商发财最重要的据点呢。

骆驼侠　徽州前往杭州，只有这条水路通道吗？

老　者　从徽州到浙江的道路有多条，比较知名的有以下几条：一条是以新安江为路线，走水路，沿着新安江到达浙江建德、淳安，然后到达杭州；一条则是陆路"徽杭古道"，西起安徽省绩溪县渔川村，东至浙江省临安市浙基田村；还有一条官道，是由歙县走三阳，经过昱岭关到达临安。这些都是联系徽州与杭州的重要纽带。

骆驼侠　水路更为方便吗？

老　者　是的,杭州也是大运河的起点,一可方便地转往扬州、苏州、南京、上海;二可北上,通过大运河往来于京、晋、冀、鲁、豫之间;三可顺畅地进入长江商道和淮河两岸。水路上的渔梁码头,既是徽商的起航地,也是明清时徽州通往浙江、江苏一带的货物集散地。

骆驼侠　由此看来,历史上一些著名的徽商一定都在杭州了?

老　者　非也,杭州是徽商人生进取的重要一站,也算是徽商文化线路的中转站,但并非徽商的巅峰之处。很多徽商沿大运河北上,在江南的苏州、镇江等城市造就了富庶的财富和风雅的文化,但还有很多徽商的辉煌,是在扬州实现的。18世纪的扬州旅游指南《扬州画舫录》中屡屡提到扬州盐商奢侈的消费风气,而从明嘉靖至清乾隆年间移居扬州的80名大盐商中,徽商就占60名。当时扬州盐商提供的盐税,占全世界8%的经济总量。由于乾隆皇帝多次南巡及扬州盐业经济的支撑,扬州成为当时中国造园最活跃的市场,瘦西湖畔的古典园林群,很多都是由徽商建造并居住的。

骆驼侠　看来徽商对于中国很多区域的经济发展,都有着深远的影响。

老　者　经济的影响是一个方面，文化的影响更为关键。

骆驼侠　文化的影响是什么呢？

老　者　徽商在新安江、大运河和长江流域的经营活动，使他们自己获取了丰厚的利润，从而积累了巨量的商业资本，不仅促进了这一地区商品经济的发展和城市的繁荣，更促进了"新安文化"的产生和发展。

骆驼侠　新安文化对这些区域产生了什么样的影响呢？

老　者　徽商从事贸易经营活动既具有开明性，又极富进取性，他们乐观、精明、开放的经商行为，给轻商重仕的传统社会带去了巨大的挑战。

骆驼侠　　徽商在很多行业的做法都与众不同吗？

老　者　　是的。徽商投资的农业，其经营方式发生改变，自给性农业开始演变为商品性农业；徽商进入手工业生产，使商业资本转化为产业资本；一些徽商为了收购手工业原料，甚至深入穷乡僻壤，明清时期财雄势大的徽商促进了中国资本主义的萌芽，对中国古代社会向更高水平发展起到了重要的刺激与推动作用。

骆驼侠　　看来，黄山固然秀美，但有了新安江，徽州文化才更加丰满。

老　者　　山是安全的屏障，水是开放的大门。新安江，是徽州文明孕育的重要摇篮啊。

　　下雨了，几点雨水落在骆驼侠的脸上，他一睁眼，醒了，原来是南柯一梦。骆驼侠擦擦脸上的水珠，两眼远望那江中远去的一叶叶船儿，就好像看到了智慧的徽州人们正去开辟他们的天地。

新安江从来就不仅仅只是一道风景，一种审美，一个如诗如画的艺术梦境。对于古老的徽州和世代生活在此的人们而言，它更重要的角色是一把开万山之锁的钥匙，是一条走出困顿的大道。从这个意义上说，它如黄金一般的珍贵，也如黄金一般的闪耀。

新安江，发源于安徽省与江西省交界的怀玉山脉率山主峰六股尖的东坡，干流长373千米，流域面积1.1万多平方千米。东入浙江省西部，经淳安至建德与兰江汇合；东北流入钱塘江，是钱塘江的正源。它就像血脉般铺展在古徽州这片多山的大地上。如果从空中俯瞰，新安郡在西，杭州湾在东，两地之间那一条曲曲折折、碧蓝碧蓝的江流就是新安江。它支流众多，在徽州地区穿山越岭，如血脉和经络般将古徽州的"一府六县"揽入怀中，形成独立而统一的地理区域。

不同于北方的沃野千里，徽州自古就是山区，这样的先天地理条件，让徽州人在农耕经济时代陷入窘迫。土地的贫瘠哪怕辛勤劳作也无法改变现实，困境逼迫徽州人只能另找出路。最后，他们选择了从商。在重农抑商的古中国，商人地位低下，为各行业之末。但冰冷的现实并没有给徽州人更多的选择，从商是一种无奈，但更是徽州人辉煌的开始。徽州崛起于一个"商"字，商业不仅为徽州奠定了强大的物质基础，让徽商和他们的商业文化、商业精神、商业伦理名满天下,更为徽州人在科举的博弈中提供了强大的后备力量,经济带动着教育,教育哺育着英才,古徽州自古人才辈出,文化灿烂,在困境中杀出的路终让徽州走向辉煌。

  商业的本质是交换,是流通。无论是古希腊的爱琴海商业文明,还是近现代的资本主义商业发端,无不起源于交通便利的沿海。然而,徽州却被万山围困,交通的不便成为勒在其商业脖子上的绳索,没有一种商业模式可以在困守下展开,从商不仅要走出去,更要开辟出商业流通的通道。古徽州人

在这方面做出了艰苦卓绝的努力和尝试,今天为户外徒步运动爱好者们所青睐的徽杭古道,就是昔日徽商在万山丛中一步一步地开辟出来的。古徽州通向浙江、江西的各种古道多达 15 条,只要看看这些古道上那些以艰险闻名的关隘,就能深深地体会到徽州人对走出去的渴望有多么强烈。但那些崎岖艰险的古道对于商业来说仍远远不够,在这样的古道上,哪怕在今天大宗货物的流通都是不可想象的。幸好,天佑徽州,因为徽州还有一条新安江,它的存在让水运成为可能,而在交通工具极不发达的古代,水运是最经济最便捷的运输方式。万山终许一溪奔,新安江为徽州人走出万山丛、走上商业路提供了比黄金还要珍贵的有利条件。

第二章 新安山水

一条新安江,为徽商打开了长三角的大门,直接刺激了徽州人前往长三角贸易的积极性。毫不夸张地说,是这条黄金水道让徽商得以赚取了第一桶金,完成了必要的原始资本积累。新安江东接富春江、钱塘江,北上可取道大运河,是一条"上接闽广,下接苏杭"的交通大枢纽。商业需要流通,而流通是为了交换,古徽州拿什么去交换呢?在群山环抱的地理环境中,徽州注定不可能是农耕产品的盛产地,只能靠山吃山。所以,产于山林的木材、茶叶和中药原料成为古徽州最重要的大宗商品,这些大宗商品正是通过新安江这条黄金水道,进入明清时代商品经济最发达,也是消费力最强劲的长三角市场的。大量的徽州土特产由此运往长三角的大城小镇,大量的钱财货物又都伴随着历史的足音和时代的心声由此回归徽州本土。新安江水就是徽商的财气、财神,成就了许多徽商的传奇故事。新安江又是徽州人沟通大千世界、集成时代文明的"丝绸之路"和"茶马古道",博大精深的中华文化由此汇聚于徽州本土,积淀成深厚而精致的徽州文化。商业的发达也催生出许多繁华的商埠。威坪、港口等市镇都成为重要的商贸中转站,是徽商自歙县、屯溪等地通往浙西的水陆交通要冲和重要的商埠口岸,驿马往来,商贾汇集,可谓极一时之盛。20世纪五六十年代,为建新安江水力发电站,一些明清古镇被彻底淹没,这其中就包括威坪和港口。但在新安江的上游,深渡却得以保留。如今的深渡只是一个风景优美的小镇,可在明清时代,这里曾是新安江内陆水运较大的港口之一。

现在我们出门旅行都离不开旅行指南或攻略,交通如何、住宿情况、注意事项等,都是前人的经验累积。明清时期,徽州商人编写了大量的"路

109

程"，作为外出经商或旅行时的指南书籍，一般都标明某处至某处的距离，何处有山，何处有水，哪里可以歇脚，哪里有物美价廉的土特产……"路程"是当时徽商行旅的必备书籍。新安江如此重要的水道，自然留下了众多极具价值的"路程"。为了方便记忆，很多"路程"被编写为诗歌和口诀。下面一首被称为最为简明的新安江水"路程"，描述了从歙县到杭州的水路情况：

  一是渔梁坝，百里至街口。

  八十淳安县，九十严州府。

  钓台桐庐首，潼梓关富阳。

  三折拢江口，徽郡至杭州。

  水程六百走。

一代又一代的徽州子弟正是念唱着这样的号子，怀抱着生的希望、闯的勇气，由此走向大江南北，走向五湖四海。

在培育了举世无双的徽州商帮的同时，新安江也滋养了徽州无数的传统村落。新安江汇聚的千壑万溪遍布于锦峰秀岭之间，就像无数闪亮的银练连缀着星罗棋布的山乡村落。溪河成为村落的命脉，生命因为溪河而澎湃。一座座古村落遗存至今，依然如诗如画，风韵动人。

从歙县浦口到浙江淳安千岛湖，一条美轮美奂的山水画廊映入眼帘。新安江两岸群山蜿蜒，生态环境极佳，呈现高山林、中山茶、低山果、水中鱼的立体生态格局，与掩映其间的粉墙黛瓦的古村落、古民居交相辉映，是画里青山，是水中乡村，若泛舟江上，随处可见一幅幅美妙的山水画卷。

新安江山水画廊位于歙县南乡,在瀹潭、漳潭、绵潭一带划出了一个大写的"之"字形状,形成了一个独特的小气候区。这里江面相对开阔,水波比较平稳,土壤湿润,气温适中,特产有全国著名的"三潭"枇杷。"天上王母蟠桃,地上三潭枇杷。""三潭"枇杷以果大、皮薄、肉厚、入口香甜赢得了世人的赞誉。一叶扁舟,漂流至此,沿江两岸,枇杷林绵延20余千米,气势蔚为壮观。如果恰逢五月枇杷成熟季节,枇杷林上一片黄灿灿的色彩,大块大块地涂抹于青山绿水的画图之中,更是一种色彩斑斓的奇妙景观!

　　再看另外三个相互毗邻的古村落:正口、新溪口、街口,据说这一带早在夏、商、周时期就已开始了柑橘培植,至今已有4000年的历史。现在这一带的柑橘闻名遐迩。当地民谣有云:"三口橘林百里香,甜甜蜜蜜新安江。三潭枇杷三口橘,新安江畔花果山。"

　　今日之新安江沿线,除了诱人的"三潭"枇杷、"三口"蜜橘可观可尝以外,沿江点缀着很多景点,如千年古樟、九砂古村、新杨民居、古老作坊、绵潭徽戏、龙门瀑布、大川岛、凤凰岛,还有很多农家乐,设置了人人都能参与的活动项目,捕鱼、采茶、养蚕、榨油、磨豆浆等,饶有趣味,让人流连忘返。

　　山好水美必定激发诗情画意。中国文学史上山水诗派的开创者谢灵运、南朝齐梁时期的文坛领袖沈约,还有南朝写景高手吴均、唐朝田园诗人孟浩然、唐朝诗仙李白、宋朝诗人杨万里、元朝著名诗人傅若金、明朝画家李流芳都被这里的新安江水迷住了,他们诗兴大发,寄情新安江。"新安江水碧悠悠,两岸人家散若舟。几夜屯溪桥下梦,断肠春色似扬州。"1934年的新安江在现代著名作家郁达夫的笔下，又与"三分明月夜，二分是扬州"的胜景联系起来，增添了秀美迷人、恬淡闲适的韵味。

新安江，也称徽港，干流长373千米，流域面积1.1万多平方千米。如果从更大的地理概念来观察新安江，便会发现，它实际上是一条江河长龙的龙首和上半段。向下，长龙的腰腹被称为富春江，而虎虎生威的龙尾则叫作钱塘江。俯瞰一路向东的新安江水系，就像镶嵌在皖南大地上的一条条闪闪发亮的银练，穿行在青山绿水、百乡千村之间，自然形成数百千米的山水画

第二章 新安山水

廊。向西汇入鄱阳湖的阊江、乐安江水系，向北汇入青弋江而后注入长江的美溪河，源出拜年山，孕育了黄山情侣——太平湖。

新安江素有"锦峰秀岭，山水之乡"的美誉，沿线山清水秀，游人至此，仿佛进入山水画廊，乐而忘返。新安江两岸，青山夹峙，步移景换，层峦叠嶂，外形秀美，且林木茂密，山色苍翠。这里水清，沁人心脾。孟浩然说："湖经洞庭阔，江入新安清。"沈约有诗云："皎镜无冬春，百丈见游鳞。"明朝唐仲贤也说："信道新安水，常看彻底清。"

钟灵毓秀的清江水浸润了无数徽籍名流：程朱理学在这里初萌；新安画派在这里展卷；"杏林第一枝"在这里抽条；徽墨歙砚在这里产出；徽商巨贾在这里发迹；徽派盆景在这里成型；京剧之父在这里登台；万世师表在这里诞生。程颐、朱熹、汪士慎、罗聘、汪道昆、张杲、吴承仕、陶行知、黄宾虹……徽州因他们增色，他们也把山川的灵秀复制到后辈的构想中。

研学感悟

第五节 黄山情侣太平湖

  仁者乐山，智者乐水。骆驼侠欣赏过了山，就来到了太平湖，他认为这样或许就能"亦仁亦智"了。

  骆驼侠走近太平湖，远远看去，远处那绵延的山脉，就像是坚实的臂膀，怀抱着这静谧的太平湖，清清湖水碧波荡漾，空气也因这山之水而让人心旷神怡。正行走间，看到湖畔站着一位老人，面对湖面一动不动地凝望，等了许久，骆驼侠走上前去搭话。

骆驼侠　您好！您在看什么呢？

老　人　看城！

骆驼侠　城？哪里有城，不都是水吗？

老　人　城在水下。

骆驼侠　我听说太平湖是后来建的水库，原来水下还有城市。

老　人　太平湖以前是一条流了五千年的大河，20世纪50年代末，与浙江的新安江水库一起开始修建陈村水库，新安江水库成了千岛湖，陈村水库则成了太平湖。1970年，太平湖在搬迁了附近的县城后蓄水，古老的集镇就被淹没水底了。

骆驼侠　原来是这样啊！下面的城镇叫什么呢？

老　人　广阳。从古时设县开始，它一共有两千多年的历史。

骆驼侠　那一定有很多的故事吧？

老　人　是的。由于地势地貌，它在战争时期是兵家必争之地，和平之际则是物产富饶的鱼米之乡。广阳辖域北以陵阳山为起点，南濒舒溪河为边界，连成一片平畴沃土，是皖南山区中心地带的著名粮油库。舒溪河流经广阳，河面宽时可达200米，水量洪大，是皖南山区重要的水运通道。广阳物产富饶，水陆交通便利，所以这里历来都颇为繁荣，人称"小秦淮"。

骆驼侠 这里打过很多仗吗？

老　人 这里地势险要，是个战略要地。历史上的战役无数，比如在大家熟悉的三国时期，由于董卓专权，宦官跋扈，汉献帝刘协已成了傀儡，诸侯纷纷割据，天下开始大乱。东吴孙坚势力壮大，已逐渐占据整个江左，即沿江两岸直到湖北荆州和江西九江以东至海边大片土地。东汉建安三年（198），孙坚派大儿子孙策大战广阳，将广阳纳入东吴管辖范畴。后来的隋朝和清朝时期，这里都打过多次战役呢！

骆驼侠 对了，老人家，我想起来了，似乎徽州有一道菜，与广阳也有点关系。

老　人 哈哈，你说的是"一品锅"，说这个菜，绕不开一个人：毕锵。

骆驼侠 毕锵？您详细说说如何？

老　人 毕锵，是历经明嘉靖、隆庆、万历三朝的元老。

骆驼侠 做了很多年的官吗？

老　人 有起有落。毕锵自幼好学，言辞伶俐，才思敏捷。明嘉靖二十二年（1543）27岁中举，翌年廷试第五名。任京官不久却遭排挤被贬，曾任安徽、湖广地方官；万历初期因与宰相张居正政见不合而辞官回家；张居正死后被召回京师，历任工部、吏部、户部尚书。万历十四年（1586），70岁告老还乡。历经嘉靖、隆庆、万历三朝，为官约34年。

骆驼侠 我想起来了，毕锵改革赋役制度，提出了"一条鞭法"。

老 人 是的，这是在张居正死后，毕锵被召回京里，与海瑞合作的改革。他做应天府尹时，与时任江南巡抚的海瑞政见相合，成为莫逆之交，后来在朝同理朝政。当时改革实施的"一条鞭法"，减轻了老百姓的经济负担，对后来的赋役征收也产生了积极的影响呢。

骆驼侠 对了，您还没说那道菜呢。

老 人 年纪大了，扯远了。传说毕锵退休后，皇帝亲自来探视过，毕夫人亲自下厨，烹制了一锅炖的菜，口味甚是香醇浓厚，皇帝见是一品夫人亲自做的菜，便名为"一品锅"。

骆驼侠 一品锅里面都有些什么菜呢？

老 人 一般最底层为干笋，避免焦糊，依次上来是油豆腐、五花肉、肉圆子、白豆腐、粉丝、鸡蛋饺子、菠菜等，也有根据口味加放豆腐皮、香菜、腌菜的，不一而足，用炭火炉炖成，锅中菜味醇厚，肉不腻人，是徽州地区民间过年过节和宴请宾客的传统风味菜。

骆驼侠　听起来就令人垂涎啊！

老　人　太平湖现在物产更加丰富，除了著名的太平猴魁外，还有种类繁多的水产品，每个季节来这里都有尝不尽的美食呢！

　　仁者乐山，智者乐水，名山须有水做伴，方可无憾，太平湖东引黄山，西招九华，一湖担两大世界名山，在山水格局上，堪称天赐的完美。名山做伴，自己的颜值又如此在线，引来世人无尽的赞美赞叹也就是意料中的事了。它名片上的头衔有"水中的黄山""皖南的阳朔"；它获得的赞语有"太湖之坦荡""西湖之妩媚"；更有人称道它："天池无此亲切，太湖无此幽深，三峡无此青翠，漓江无此烟乡，富春无此高寒，西子无此胸襟，乾隆无此眼福，江南无此水程。"这种赞誉虽不无偏爱的夸张，但太平湖之美，却是共识。

太平湖其实不太平，正因不太平，才在千年的岁月中强烈地渴望着太平。在太平湖如镜的水面中，其实另有沧桑。湖名太平，是因为湖面主要在太平县。太平县本属宣城郡，唐天宝十一年（752），以地居东南僻远，游民多结聚为"盗"，治安太差，"非别立郡县无以治乱"。为寄托人们对天下晏然的渴望，立为太平。但太平时节的偷拿扒抢跟真正的战乱相比，不过小巫见大巫。太平之所以难太平，是因为它的地理位置决定了它自古就是兵家必争之地。三国时，孙策、陆逊在这里与割据势力血拼，隋末农民大起义中，"六十八路烟尘，七十二路草寇"屡屡在此拉锯，接着唐末农民大起义，黄巢来了，历史再次以此为舞台，上演着烽火连天的剧集。到了清朝，太平军8次攻占这里，大规模的战火让当地人口锐减，村舍凋零。在1000余年的历史里，每当有大规模的改朝换代的战乱或是民间暴动，太平县几乎无一幸免地被裹入其中，这几乎成为了它的历史宿命。如今烽烟散尽，太平湖也终于迎来了它渴盼已久的静好岁月，所幸青山不老，烟波依旧。

一如真正的太平终究需要人的努力，今天太平湖的潋滟湖光同样来自人的改造。事实上，太平湖是安徽省最大的人工湖。在中华人民共和国成立前，此处是青弋江上游的一条河，两岸自古山城古镇林立。明清两朝时，沿河街市店家灯火与河中游船灯火交相辉映，人称"小秦淮"，可见其繁盛一时。1957年中华人民共和国兴修水利，几乎在同时兴建了两大水库，一为陈村水库，即今天的太平湖，一为新安江水库，即今天的千岛湖。随着水库的兴建，昔日的千年古镇沉入水底，据《太平湖志》

介绍,太平湖水下古村镇主要包括广阳城、秧溪街、龙门街、广阳桥等。这些古村镇的布局基本没有受到现代化建设大潮的影响,仍然完整地保留着明清时期的特征。今天,很多地区的传统农耕文明已消失殆尽,而皖南古村镇可以说是中华文明在徽州文化中的积淀和浓缩,因此保存完好的水下皖南古村镇具有较大的发掘、保护和利用价值,太平湖水下考古也已成为近年来考古界的新热点。

虽是一座人工湖,但除了唯一的一道拦水坝外,太平湖没有任何人工雕琢的痕迹,处处呈现出浑然天成的自然美,这让它赢得了"未经雕琢的翡翠"之美誉。如今的太平湖风景区,根据有关部门的测算,总面积为315平方千米,水域面积为88.6平方千米,湖面东西长达48千米,南北最宽处有6千米,最窄处仅150米左右。太平湖的平均水深40米,最深处70米,总蓄水量达24亿立方米,是安徽省面积最大、湖水最深、跨度最长、生态最佳、景色最美的高山峡谷型湖泊。湖水分布于群山环抱、千峰错落的锦绣丛中,青山倒映,绿树影染。随着四季阴晴雨雪的变幻,太平湖之美惊艳着时光,装扮着天地。春天,风暖柳青,蜂翔蝶舞,鸟唱泉鸣,一派生机盎然;夏天,峰峦叠翠,湖风送爽,莲叶田田,新荷飘香;秋天,金风轻卷,似火的丹枫掩映于青松翠竹间,时有雁群掠过秋水飞向远方;冬天,雪压层峦,湖水中又倒映着白雪点缀青山的景象。晴天,湖面浮光耀金,锦鳞闪烁;雨天,山色空蒙,湖山似烟。湖中有无数宁静幽深的河汊港湾以及形态各异的小岛,错落有致,似断似续。偶有舟楫,划破平静的湖面,漾起层层轻波。湖边的村舍星点,三家五户,碧瓦粉墙,时有炊烟升起,倒影湖中,溢出田园诗意。山村周围是重叠的茶园,采茶时节,茶歌悠扬,似新茶一般清醇。月夜,一湖月色,天地皎洁。

大自然更赋予了太平湖丰饶的物产,湖中盛产白鱼、鳊鱼、黄尾鱼、鲤鱼、鲇鱼、鲍鱼、青鱼、鳜鱼、乌鱼等十几种淡水鱼和虾、蟹、鳖等水产,每年可捕鲜鱼100多万千克。岸边山上则盛产竹、木、茶、笋、香菇、木耳、中药材、石鸡等,其中尤以曾获巴拿马万国博览会金质奖的"太平猴魁茶"最为驰名。"猴魁"的产地位于黄山北麓,林壑幽深,地势险要,相传有猴子采茶之说。茶园土质肥沃,常年云雾弥漫,茶树在这样得天独厚的自然环境中生长,自然芽壮叶肥。加工后,便制作成极品名茶。"猴魁"的特点是:芽叶挺直,肥壮细嫩,色泽苍绿,宛如橄榄,全身白毫,含而不露。初沏茶汤青翠,香气馥浓,回味鲜甜,冲泡数次,仍味美爽口,被誉为"猴魁茶香百里醉"。

如果说优美的风光、丰饶的物产成就了太平湖一道道视觉和味觉的盛宴,那么厚重的自然人文历史景观则是太平湖为当代保存的特殊礼物。在太平湖大桥的北端大约1000米处,有一个黄土岭恐龙蛋化石发掘地,1995年修建合(肥)黄(山)公路太平湖路段时,人们在此发现了100多枚白垩纪晚期的恐龙蛋化石,这些恐龙蛋存在的年代距今有几千万年之久!而游湖的人们,更可以在龙窑寨和太平镇领略到古龙窑的魅力,与原汁原味的徽派建筑面对面,观赏到从新时器时代直至清朝的各类出土陶制物品,品味到各种各样表达形式的周易文化。

太平湖从诞生之日起,就受到专家、学者、作家、诗人等社会各界

第二章　新安山水

的高度关注,他们为太平湖的美景流连忘返,为太平湖的发展呼吁呐喊,太平湖的知名度和美誉度由此与日俱增。

  中国音乐文学学会曾在太平湖上举办过年会,当代著名词曲作家乔羽、曹勇、阎肃、王立平、孟卫东等人相继为太平湖谱写词曲,郁钧剑、范琳琳、蔡国庆、宋祖英等诸多著名歌唱家也曾为太平湖激情高歌。曾有人称赞道,太平湖"有'三峡'风光,有'漓江'秀色,还有'瘦西湖''桃花源'的景观,山环水绕,妙不可言……"。

  太平湖虽然成名比较晚,但是赶上了改革开放、全面发展的大好时代,发展得很快。区位优越、生态绝佳、风光优美、品质高雅的太平湖,被誉为"水中黄山""黄山情侣""皖南阳朔""中华翡翠""东方的日内瓦湖""世界明珠",它像一颗新星冉冉升起,必将闪耀出更加绚丽的光彩。

2000 年

安徽省提出"抓两山一湖,促全省旅游,带安徽经济"的发展战略,太平湖的战略地位空前提高,与黄山、九华山同等重要。

2001 年

经中国水利部水利风景区评审委员会批准,太平湖与十三陵水库等一并成为首批"国家水利风景区"。

2005 年

太平湖风景区在《中国地理》杂志社主办的首届"中国最美的地方"评选活动中荣获第八名。

2006 年

国家旅游局公布一批国家 AAAA 级景区名单,太平湖榜上有名,从此便以国家 AAAA 级景区的资质投入高速发展的中国旅游业。

2007年

在全国第一届"中国热点旅游胜地"大型推选活动中，太平湖成为社会各界公认的"中国热点湖泊旅游胜地"。

2010年

国家环境保护部公布了"全国环境优美乡镇"和"国家级生态村"名单，黄山区太平湖镇名列其中。

2014年，通过国家湿地公园试点验收专家评审会评审，太平湖景区正式成为"国家湿地公园"。

第二章 新安山水

研学感悟

第三章

百村千幢

行知
徽州

第三章 百村千幢

青山绿水白云边，黛瓦粉墙桑梓田。秦晋相传千古梦，徽州处处是桃源。

鸟瞰徽州大地，山峦起伏，溪流纵横，一座座粉墙黛瓦的乡村，点缀于苍翠无垠的松涛竹海之中，错落有致，韵味无穷。这就是千百年来徽州人根本所在、情怀所系的徽州古村落。

2000年11月30日，西递、宏村作为徽州古村落的典型代表，率先列入联合国世界文化遗产名录。千载深山人未识，一朝传名天下知。从此，徽州古村落声名鹊起，吸引了全球的目光。

徽州一府六县，号称古村五千。门前溪流无岁月，村后林木有春秋。这些古村从遥远的时代跋涉而来，经历过千年的风雨洗礼，积淀了深厚的徽州文化。

徽州古村落众多，且各有故事、各具特色。"山重水复疑无路，柳暗花明又一村。"一条石板小道的前头，一片水口园林的背后，总有一座如诗如画的徽派古村落，给你带来几分惊喜、几分温馨。西递、宏村、呈坎、雄村……都是传统村落的经典之作，每当我们步入这些村落，都会得到非同寻常的文化熏陶和审美享受。

徽州古村落是徽州文化最具原生态和直观性的物化遗存，是徽州文化形式最典型、内涵最丰富的活性载体，其中保存着太多的历史记忆，传递着太多的文化信息。

第一节 西递：桃花源里有人家

第三章 百村千幢

这天，骆驼侠来到了西递，走村串户期间，他发现西递村家家户户的门上都有楹联，而且内容既有意思，也有意味。骆驼侠慢下脚步，看到感兴趣的内容，就停下来欣赏片刻。正欣赏着，来了一位老者。骆驼侠赶忙迎面快走几步，上前拱手请教。

骆驼侠 老人家，请问西递楹联为何如此之多？

老　者 楹联正是西递村最有特色之处，我们全村300多户人家，家家户户都把楹联高挂在家中大厅的墙壁上。

骆驼侠 似乎每家的内容也各不相同，内容有什么讲究之处吗？

老　者 从内容而言，大致包含崇儒重教、传家之道、修身养性、经商之道、积德行善、抒情言志这六大方面。很多的楹联，都是祖传的家训，无不是为人处世的道理，古风幽幽，

代代薪承。对每家人来说,既是祖传的家风,更是自家人的生活哲学。

骆驼侠　一路走来,我看到了很多副耐人寻味的楹联呢。

老　者　你说得很对,比如"诗书经世文章,孝悌传家根本"和"千经万典孝义为先,天上人间方便第一",说的是崇儒重教;"传家有道惟存厚,处事无奇但率真"和"遇事虚怀观一是,与人和气誉群言",讲的是传家之道,用今天的话来说就是做人要厚道;而像"事到临头三思为妙,怒上心头一忍为高",就更是很高境界的生活哲学。

骆驼侠 内容我都明白了,形式上又有什么要求呢?

老　者 楹联作为中国优秀传统文化,最本质的特征就是"对仗"。口头表达时,是语言对仗;文字写出来,则是文字对仗。这种语言文字的平行对称,非常符合中国传统哲学中所谓的"太极生两仪",也就是把万事万物都分为相互对称的两半。所以就某种程度而言,楹联是中国传统哲学和民族文化的一种表现形式。

骆驼侠 既然分成了两半,又是平行对称的,是否悬挂楹联的地方也有要求呢?

老　者 你观察得很细致!楹联不仅是语言艺术,也是装饰艺术,一般书写、悬挂或镌刻在对称的建筑物或器物上,给人一种和谐对称之美。它既具可读性,又具可视性;既有哲学的原则,又包含着美学的要求。

骆驼侠 西递楹联有好几百副,哪一副最受大家喜爱?

老　者 楹联有很多精品,都深受大家喜爱。不过有一副因为构思巧妙、寓意深刻,知名度较高,被誉作"西递第一联"。

骆驼侠 我知道我知道,一定是挂在"瑞玉庭"古宅里的"快乐每从辛苦得,便宜多自吃亏来",对不对?

老　者　是的！这副楹联之所以被称为"西递第一联"，是因为该联巧妙地在入联关键文字的笔画上，用增、减的方式做了更多寓意，用心良苦、耐人寻味。

骆驼侠　这副楹联我见过，上联的"辛"字，多了一横，寓意"要用更多一点的辛苦去换得快乐"；下联的"多"字和"亏"字上，从"多"字上面取一点，添加在"亏"字上，寓意"吃小亏可以占大便宜"。

老　者　还有一点，只去一点到"亏"上，说明亏只可吃一点，吃多了，你就成冤大头了！

骆驼侠　太厉害了，什么都想到了！

老　者　另外，还有一副楹联也得到了很多人的喜爱，就是"几百年人家无非积善,第一等好事只是读书"。在徽州地区,家族兴旺,百年不衰,原因就是能积德行善,而最大的好事唯有读书。西递楹联内容千变万化,每家不同,但传递出的人生哲理、持家理念,都是人生最重要的经验啊!

骆驼侠 我想这也是西递村的楹联能够代代相传的缘由吧!老人家,谢谢您啦!

研

古往今来,若论女子之美,自是西子;若赏湖水之美,当是西湖;若观聚落之美,还属西递。

居黟县之东,而偏称"西递",乍看古怪,其实另有深意。古人比今人会取名字,因县城东旧称西溪、西川,取村中三条溪水自东向西流之意。后因村西1.5千米处为徽州府西古驿道,设有"铺递所"而改称西递。因此,古道、西风、溪流、炊烟……种种最美妙的古典田园意境从此凝于西递二字,让人仅闻其名,就能"不必知生平,入目即惊艳"。

西递自古常被人喻为现实中的桃花源,并冠以"桃花源里人家"之美称。从自然胜境的角度,它当然完全当得起。古村居霭峰脚下、西溪源头，青山云外，烟霞百里，白屋炊烟，双溪环绕，处处是避世出尘的妙境。但这只是西递最表层的皮相，这个古村真正的秘密隐藏在皮相之下，隐藏在西递那些曲径通幽的深宅里，隐藏在那些龙飞凤舞的楹联碑刻中，隐藏在那些肃穆庄严的中堂内。

真正的西递其实一点也不"桃花源"，因为"桃花源"是避世的，而西递是入世的；"桃花源"是隔世的，而西递是进取的。世事风云无论如何变幻，西递从来就不以独善其身为追求，而是以兼济天下为己任。

其实，西递更像是一块活化石，完整地保留了古中国传统农业社会乡村与庙堂的所有联结密码。在白墙黛瓦间，是"耕读传家，诗书继世"的儒家理想；在古祠廊柱间，是"朝为田舍郎，暮入天子堂"的志向追求；

第三章 百村千幢

在清幽的院落中，是功成身退、归隐林下的悠然。它是庙堂的孵化器，也是庙堂的后花园。它所有的荣耀与辉煌皆归于此，它所有的含蓄与低调也皆因如此。

高大的胡文光刺史牌坊以最醒目的姿态立于村口，这是徽州第一座，也是国内为数不多的、为人生前建造的功名牌坊，象征着王朝时代的最高荣宠和礼遇。用坚硬的石块，将浩荡的天恩、光宗耀祖的时刻精雕成永恒的存在，在村口向世人永远昭示着西递与庙堂的完美互动。

而如果你能扶摇直上，从高空俯瞰，将会在更直接的视角上看到这座古村以形寓意的真实形态。百户连片的古民居，参差错落地立在狭长的山谷中，整个村子呈船形：村头的牌坊和树犹如桅杆和风帆；鳞次栉比的古民居如同船上的一间间船舱；四周连绵起伏的山峦仿佛大海的波涛……远望西递，仿佛一艘巨轮泊在平静的港湾。在蓄势待发的姿态中，是直济沧海的心志。而在以水路为主要交通方式的古代，船有着特殊的寓意，西递船形村落的布局，正寄托、象征着西递人对兼济天下的理想追求和对后辈的殷殷期望。

"今人不见古时月，古月依旧照今人。"提起西递，就不得不提到胡氏。不仅因为胡氏宗族创造了西递，更因为在胡氏几十代子孙繁衍延绵中所上演的一幕幕精彩绝伦的故事，最终让西递的岁月有了鲜活的历史血肉。

正因为此，穿行在西递的时光空间里，你可以于一几一椅、一宅一堂、一梁一栋间，清晰地观察到历史深处的民生诉求和世俗风情，翻阅到明清时期的仕宦人生和财富传奇。而西递那副最著名的楹联则如所有这一切的一个谜底:"读书好营商好效好便好;创业难守业难知难不难。"当年,西递居民普遍以贾代耕,外出经商,一个华丽的转身,带来奇迹般的变化,造就了古村落的兴旺发达。

这世间所有的兴旺发达都必须要有落地的物证,或是名车,或是豪宅,或是证书。而对于西递,还有什么比村口的那座"走马楼"更能落地有声的呢?这座楼是清道光年间,徽商巨贾胡贯三为迎接自己的亲家、军机大臣曹振镛来西递会亲,重金兴建的,上下两层,粉墙墨瓦,飞檐翘角,在此凭栏远望,远山近水尽收眼底。人走楼不空,这次会亲大获成功,精致的"走马楼"犹如一位红娘,促成了显贵与富商的牵手联姻,更展现了权势与金钱携手所产生的巨大能量。自此,西递商贾胡贯三更是富得流油,他所经营的36家典当、20余家钱庄遍及长江中下游的各大商埠,所有资产折合白银500多万两,很快成为江南六大富豪之一。

大夫第是胡文照在西递的官邸,是一座四合式的豪门大宅。堂上挂着郑板桥手书的楹联:"以八千岁为春,之九万里而南。"隔扇门上是一幅冰里寒梅图,寓意历尽苦寒方能成才。大宅内有一座精巧的阁楼,飞檐下悬有"桃花源里人家"的牌匾,下有自题的"作退一步想"门额。阁楼设置十分讲究,比正屋往后退一米,这一"退",退出了主人的心态与心境,更退出了庙堂的幽暗曲折,退出了鲜花着锦、烈火烹油背后的那一丝不安与惶恐。展现着权势的同时也畏惧着权势,向往着权力的同时也畏惧着权力。一座大夫第,几百年心事。

但好在心事可以用艺术来包裹,还可以用诗书来阐释,这也让西递最终成为古民居艺术的集大成者。如论"布局之工，结构之巧，装饰之美，营造之精"，履福堂无疑是世上所罕见的精品，作为徽派建筑经典代表之一，去西递，履福堂不可不观。这是一座分前后厅，三间三楼结构的民居建筑，古风盎然，书香扑鼻，具有中国古代典型的书香门第风貌。建筑、字画、楹联是其"三绝"——前厅挂有一幅很大的"松鹤"中堂画，中堂上方悬挂"履福堂"匾额，字体遒劲。中堂两侧和东西列柱上挂有泥金木质楹联，上刻古训"孝悌传家根本，诗书经世文章""世事让三分天宽地阔，心田存一点子种孙耕"，尤其是"几百年人家无非积善，第一等好事只是读书"更是赢得世人的百年称道。板壁上挂有古代画家的字画，有程兰舟楷书、黄元治书法木雕、郑板桥竹黄贴画和"猫戏蝶"图等。后厅右侧墙上挂有一把木质古扇，上刻"清风徐来"四个古隶字，古朴典雅。

　　深入西递，不仅可以欣赏到徽派建筑的艺术风格，还能感受到源远流长的乡风民俗，体验到博大精深的徽州文化。

　　走进村落中心的胡氏宗祠敬爱堂，走进矗立各处的明经公祠、霭如公祠、仁让堂、追慕堂，就如同走进西递胡氏的历史博物馆，读到一部宗族发展的历史篇章。尤其是那座粗犷古朴、雄伟壮观的敬爱堂，直观地演绎着古代徽州的宗族文化，昭示着徽商经济的昔日辉煌。

　　步入走马楼、大夫第及其彩楼，步入惇仁堂、履福堂、西园、东园，步入瑞玉庭、桃李园、笔啸轩、青云轩以及临溪别墅兰舫斋，就仿佛置身于前人遗留的文化宝库，可以尽情地欣赏徽派建筑的艺术奇葩，潜心体悟徽州先民的歌哭悲欢。

西递,宛如一部线装古籍,那三条西流的小溪便是装订古籍的银丝线。走访西递,仿佛在逐页翻阅一部厚重的线装书,那精美的三雕艺术、构思奇妙的庭院以及古民居中富有哲理的楹联字画无不散发着文化的魅力与魔力,让人惊诧,更令人叹服。四海宾客热情推崇西递为"中国明清民居文化博物馆""东方文明的缩影"。西递,完全担得起并无愧于这一名号!

西递村最大的亮点与奇特之处就是全村300多户人家家家户户都把祖传的家风楹联高挂在家中大厅的墙壁上,为自家人座右铭,最老的楹联已有一二百年的历史。这些家风楹联千姿百态,有用宣纸精裱而成的,有用红木雕刻的，有阳雕在竹片之上的……祖传家训，古风幽幽，代代薪承。只要一进家门就能读到家风精华，并时刻传承家风文化。

也许一个地方，无论它具有怎样与众不同的魅力，如果没有记忆的留存，没有情感的怀念，没有那些值得一提的事或景、人或物去引起关注，终将只是一种简单的"存在"，只有当人的关注与活动挖掘出它的"存在"意义，才能让它有机会鲜活起来。西递古村，这样一个人间世外桃源，是留存记忆美好时刻的不二之选。

西递，安徽黟县南部古村落，是一处以宗族血缘关系为纽带、胡姓聚族而居的古村落，该村源于公元11世纪，发展鼎盛于14~19世纪。2000年11月30日，在澳大利亚凯恩斯召开的联合国教科文组织第24届世界遗产委员会会议做出决定，将西递列入世界文化遗产名录。

2001年6月25日，西递被国务院批准为国家重点文物保护单位；随后，依次获得"中国十佳最具魅力名镇""全国文明村镇""全国环境优美乡镇""中国最值得外国人去的50个地方"等荣誉。西递全村有14~19世纪祠堂3幢、牌坊1座、保存完好的明清古民居建筑224幢，其中124幢被列入全国重点文物保护单位。中外游客盛赞西递："我们终于找到了中国古代和现代历史的衔接点。""西递是古民居

建筑的艺术。"

"处事无奇但率真"和"遇事虚怀观一是,与人和气誉群言",讲的是传家之道,用今天的话说就是做人要厚道;而像"事到临头三思为妙,怒上心头一忍为高",就更是很高境界的生活哲学。

研学感悟

第二节 宏村：谁引碧泉到百家

骆驼侠走进宏村，首先映入眼帘的就是月沼。骆驼侠在水边仔细端详了一会，吃了一惊，村中居住了这么多的人家，水却清澈见底。骆驼侠有些不解，恰巧看见一位老者正在水边散步，于是迎上前请教。

骆驼侠 请问老先生是本村人氏吗？

老　者 是的。我是这宏村的老村长，世代生活在这里。

骆驼侠 原来是您，向您致敬！我是骆驼侠，特别喜爱徽州，这次专门来研学。正好有一疑问，请老人家指点。

老　者 什么疑问？

骆驼侠 我看着村中居民众多，为何这池中水如此清澈？

老　者 宏村的水都是活水。通过人工的古水系布遍全村，九曲十弯，绕家穿户，贯通月沼和南湖，数百年长流不息，

	当然清澈了。
骆驼侠	这古水系有何奥妙？
老　者	宏村古水系，也被称为牛形水系。整个村子的形状和水道共同构成了整个牛形水系。
骆驼侠	是因为形状像牛吗？
老　者	不错，首先是形状。你看，雷岗山是"牛首"，村口的两棵古树是"牛角"，村里民居就像庞大的"牛躯"，月沼呢，就是"牛胃"，南湖是"牛肚"，溪河上的四座桥是"牛腿"。
骆驼侠	那水道呢？

第三章 百村千幢

老　者　水道连接了村中的所有住户，好似"牛肠"。泉水在流入村中的月沼后，又绕屋穿户，流向村外的南湖，最后流入河流，涓涓流淌，永久不息啊。

骆驼侠　牛形水系实在太"牛"了，这个水系又是从何而来的呢？

老　者　这可不是哪一个人的功劳，是宏村多少代人智慧的结晶和汗水哦。元朝中叶，汪玄卿等人就有开掘月沼的设想，并把设想写进了汪氏族谱；明朝前期，汪思齐等人做了具体勘察，制定出了整体施工规划；一代接着一代干，到了明万历年间，随着南湖建成，整个村落才圆满完成。

骆驼侠　花了几百年，真是不容易！

老　者　更重要的，月沼是"内阳水"，南湖是"外阳水"，这一阴一阳，内外结合，成就了中国建筑史的一大奇观呢！

骆驼侠 据说汪氏宗祠里供奉的一个女人,也与水系有关?

老　者 这位女性名叫胡重,是明永乐年间宏村族长汪辛的夫人。汪辛要到山西去做官,便将一切家族事务交给夫人胡重打理。胡重知书达理,有文化,有魄力,对风水学很有研究。她请来高级工匠,并与工匠一同走遍全村,对宏村的水利工程进行了总体设计,制订出扩大宏村基址及进行村落全面规划的牛形水系蓝图;带领汪氏宗族成员,筹集资金,凿引活水进村,牛肠水圳九曲十弯,把水引入村中心天然井泉处,建月沼,以水防火、饮用、洗涤。汪辛年老还乡,看见宏村在夫人主持下建成这样规模,十分感动。汪氏子孙为感恩戴德,便将她的画像与"巾帼丈夫"的牌匾一同供奉在祠堂中。

骆驼侠 在一个男尊女卑的年代,能被摆进祠堂,这位夫人太了不起了!

老　者 这就是宏村人的善良、大度和包容啊!

宏村，其实并不姓"宏"，而是姓"汪"，自古是汪氏人的聚居地。乳名："弘村"，年龄：800多岁。

毫无疑问，从颜值到内涵，宏村都是中国最"牛"的村落，没有之一。宏村，独一无二的"牛"形布局，独步海内的徽风古韵。如果说徽州是那个"一生痴绝处"，那么宏村就是"痴绝"之巅上那颗最耀眼的明珠。

除了国王和皇帝的宫殿外，欧洲的古典建筑以林立的古堡为代表，而在中国，则是以古民居村落为标志。长期的分裂和纷争让欧洲为战争而建古堡，大一统王朝的中国则是为生活而建村落。欧洲人打仗是认真的，石质的古堡很硬很暴力。中国人生活是讲究的，木质的古民居精致绝伦，再以水系相环绕，灵动中透出生生不息的古典生活美学，而宏村，正是这种美学最杰出的中国代表。

怎样才称得上热爱生活？首要的四个字就是：绝不随便！尤其是在栖居之地的建设上，更是如此。现在我们看中国的古民居，那一砖一瓦，一树一窗，一水一池，无一处不用心，无一物无寓意。在建筑上，以形喻义，寄托对家国美好生活的向往，向来是中国的传统。福建古民居中就有"富"字楼，外形如"富"字，寄托了沿海的闽人对财富的渴望，而宏村，则是整个村舍处处依"牛"而建，寄托的则是皖南山区的农业社会对丰收的无比渴望。

在古代中国,牛有着尊崇的地位,远非现在的一块牛排可比。在祭祀上,牛是与帝王相配的"太牢"之首;在田间,牛是农业最重要的生产工具;在地头,牛是中国人田园牧歌的诗意;在民间,牛是中国农民勤劳诚恳的人格象征。直到民国,鲁迅还要说"俯首甘为孺子牛"。《水浒传》中,梁山好汉虽然喜欢来两斤牛肉下酒,但事实上在北宋杀牛是犯法的。原因很简单,在任何一个时代毁坏生产工具都会涉嫌犯法,宋朝的皇上都只吃羊,不吃牛,大宋朝的酒店里卖牛肉就像现在的普通超市里卖违禁品一样不可想象。所以,如果说西方的教堂以哥特式的向上表达了对人间对天堂的向往,那么,"牛形"的宏村,则是古老中国对诗意的生活,对勤恳的品德,以及对脚下的这片土地的致敬。

现在让我们从空中降落,由凌空的俯瞰,转为地面上的移步。轻轻走过烟柳荷声中的画桥,慢慢步入宏村的老巷、深宅、轩窗、雕梁,和那个古典中国的乡村梦。在这个最"牛"的村里也有着最多的名"堂"。培德堂、敦本堂、务本堂、根心堂、树志堂、乐叙堂、望月堂、敬修堂……在精妙的布局中一一展开,从它们的命名中,人们很容易读出儒家关于修身齐家的理想。但这其中真正的"老大"是乐叙堂,因为这儿是汪氏的总祠堂,在传统宗族文件中,祠堂掌握着祭祀祖先的秘密,宗族权力在这里诞生,被垄断、分配或肢解。宗族权力来自家族的谱系,即血缘和排行,祠堂所蕴含的权力更左右和掌控着乡村的总体命运。宏村的所有名"堂"如众星捧月,簇拥着汪氏总祠;而全部的民宅和建筑秩序也都围绕着汪氏总祠四方展开。而总祠门口护栏之下便是月沼，碧水满池如月环拥。明媚的波光消解着古祠堂门内的阴郁，对于威严刚性的宗族权力，月沼完成了最精妙也是最温情的修饰。

当月沼的水波在午后的阳光下变得慵懒，承志堂高大的院墙却正在

蓝天下尽情舒展着自己的线条。这是清末大盐商汪定贵的宅院,这栋一流的豪宅,更像是一块包裹着历史密码的精美琥珀,让今天的人们可以透过它的一砖一瓦,纤毫毕现地观看到昔日徽商的鼎盛与惶恐、辉煌与不甘。承志堂背倚雷岗山,前接上水圳,外观显出的是起伏跌宕之气势,但门脸却小心翼翼地保持着平庸和内敛。堂宅的建筑装饰,精雕细刻,不惜工本,美轮美奂,但又处处恪守着分寸,不张扬,不夸饰,不越位,处处保持着一种低调的奢华。在小心翼翼地观察着权力的眼色时,心底却涌动着对财富最激情的呐喊。在难以扼制的世俗欲望冲动中,又夹杂着对传统儒家克己理念的纠结。而这一切,都最终投射到承志堂那让人细思极妙的一园一景、一梁一栋之间。毫不夸张地说,只有读懂承志堂,才能真正读懂明清徽商的历史人格。所以,它虽然名为堂,但其实对于今天的人们来说,更像是一本书。

在权力的威严和事业的造极之外,还有寻常的生活,还有那些炊烟袅袅的日子。而在这一章节,宏村同样书写了非凡的篇章,它标题可以只有一个字:水。宏村,以水为先,依水而建,其水系水景本身已是一种举世无双的存在。在绝妙的设计下,淙淙水流在整个宏村绕屋穿户,涓涓流淌永远不息。在每一个曲径通幽的宏村天井里,风在上,水在下,以四水归堂引喻着财富的创造和累积。事实上,以天井为核心的水体神学,是农业文明的水体崇拜的精密延续。从禹的时代开始,水就是农业财产的象征,水的流动性和永恒性,也灵动地描绘了关于财产的简洁幻象。它是财产生长的秘密源泉,象征着财产的自我繁殖能力。风与水,向来

第三章 百村千幢

　　是来自房舍空间最热烈的爱意，它环绕在主人的四周，赞美并庇佑着他的灵肉。而宏村则用它建构的奇观，将这种热烈的爱意表达到了极致。独特的水园民居则是这种极致表达的最好代表，树人堂、居善堂、松鹤堂、德义堂以及碧园，都是著名的水园庭院。门口碧泉长流，院内池水盈盈，居家可倚栏观鱼，开门即随手戏水，这一切都将徽州乡村的闲居情调，以及空间引喻打理得兴高采烈，诗意盎然。

　　德义堂内，花开四季，池水清幽；碧园之中，引泉入庭，水榭映波。栖居其中，食一碗人间烟火，饮几杯人生起落，伴清风活水，正是宏村日常最得趣的生活美学。

　　水园民居的生机源于水圳活水，源于祖先创建的人工水系。宏村水系由四个部分构成：在村西的水溪修筑石坝以抬高水位；长达几百米的水圳导引溪水穿行全村各户；村中开掘一方月塘用以蓄水；村外修建一座南湖扩大蓄水容量。利用这套完整的水系设施，溪水由西进村，经过九曲十八弯，汇入村中月沼，然后走家串户，最终注入南湖，浇灌良田。今天看来，宏村水系的成功创建，不仅实现了饮用、浇灌和消防等实用功能，还在改善生态、调节气候的同时，创造了如诗如画的宜居环境。联合国世界旅游组织的专家称赞说："宏村是非常和谐地利用当地自然山水，在儒家文化和徽州当地文化思想影响下的东方传统村落的人居环境的代表，是独一无二的。"宏村水系——徽州乡村一绝，桃花源中奇葩。有诗赞曰："青山绿水本无价，谁引碧泉到百家？洗出粉墙片片清，映红南湖六月花。"

1986年，宏村南湖被选为有"国家名片"之称的邮票图案，而且是经常使用的30分钱面值"中国民居"普通邮票；2004年，国家邮政局还专门为宏村发行了特种邮票，被誉为"中国画里的乡村""中国传统的一颗明珠""研究中国古代水利史的活教材"。

1997年，世界著名的华裔建筑大师贝聿铭先生来宏村观光，对宏村的古建筑和人工古水系赞誉不已，他说："宏村人工水系最微妙的就是这活水,流水不腐,长流不息,比苏州园林水流速度还快,还活。这种几百年前的水系设计,它的流速、坡度设计得这么高明,值得好好研究一番。"贝聿铭先生在承志堂现场题词:"黟县宏村建筑文物是国家的瑰宝。"

2000年,作为徽州古村落的杰出代表,宏村被联合国教科文组织评价为"人类古老文明的见证,传统建筑的典型作品,人和自然结合的光辉典范",成功入选"世界文化遗产名录",成为全人类的瑰宝。

2001年,宏村被国务院确定为第五批国家级重点文物保护单位。

2003年,宏村被评为中国十大古镇。

行知徽州

研学感悟

第三节 呈坎：风水古村多神奇

这一天，骆驼侠来到了一个村庄，走着走着，他发现自己似乎踏进了一座迷宫，根本无法找到来时的路了。骆驼侠急得满头大汗，正在这时，他看到一位老者，一下子找到了救星。

骆驼侠 　老人家，我好像迷路了，请问这是什么地方？

老　者	哈哈哈，这里是呈坎。在这里迷路，一点都不奇怪。
骆驼侠	呈坎，迷路不奇怪，请问有何玄妙？
老　者	告诉你一句话：呈坎街巷似迷宫，不懂八卦走不通。
骆驼侠	呈坎为什么按八卦建造呢？
老　者	这要从呈坎的始祖罗天真兄弟说起，罗氏兄弟原居江西，他们深受风水理论影响，迁入歙县后，以风水理论指导，择定了歙县西北20千米的龙溪，并改名呈坎。然后按照《易经》的阴、阳八卦布局，巧借山水形势，形成二圳三街九十九巷，村北、村南分别建有"龙山庙"和"观帝庙"，有"上道观""下道观"，并采用左祖祠、右社屋的风水理论建村。
骆驼侠	我明白了，呈坎的"坎"似乎也是八卦之一呢。
老　者	聪明！它正是取自八卦中的"坎卦"，坎卦也称"水卦"，用"坎"作为村名，意为用"水"克"火"，使整个呈坎村阴阳调和。
骆驼侠	难怪呈坎被称为中国风水古村落的代表作！徽州人是不是都比较讲究风水？
老　者	不仅徽州，中国古代上至达官贵族，下到平民百姓，都特别注重风水，"天人合一，蕴含玄机"嘛！

骆驼侠　但徽州人似乎更将"风水"与自己的生活紧密关联。

老　者　你观察得很细致,确实如此。徽州人往往更执意追求村居环境的最佳境界,不愿辜负得天独厚的大好山水。徽州古村落讲究风水,慎于选址,注重地质、水文、日照、风向、气象、景观等自然因素的综合考察,坚持趋吉避凶、避祸纳福的价值取向,追求一个最为理想的生存环境和发展空间。

骆驼侠　似乎这种对于居住环境执着追求的理念,也反映了徽州人生活的方方面面。

老　者　你说得很对,这种理念的背后反映着"天人合一"的传统哲学观念,体现了人与自然和谐相处的思想主张,蕴含着质朴而又精妙的生存理论。

骆驼侠　"游呈坎一生无坎",这句话是不是和这一生存理念有关啊?

老　者　在呈坎，沿袭着千百年来传承不变的传奇过坎文化。一方面，对易经八卦之学的深刻领悟，对地理学、环境学的完美实践，对与自然和谐相处的不懈追求，让呈坎人形成了独特的生活理念；另一方面，呈坎自始祖罗氏兄弟开始，多少代人同心同德、辛苦付出、不懈努力，形成了坚持不懈的奋斗精神，用今天的话来说就是，幸福是奋斗出来的！

"呈坎双贤里，江南第一村。"朱熹老先生显然是有远见的，当他为呈坎欣然题下此联时，或许已经料定呈坎这一古村必将载入中国史册，为后人所铭记、追寻。

"双贤"，说的是罗氏兄弟。唐朝末年，天下大乱，南昌柏林罗氏堂兄弟罗天真、罗天秩来寻避居之地，看见此处"有田可耕，有水可渔，脉祖黄山，五星朝拱"，认为"可开百世不迁之族"，于是"择地筑室而居焉"，成为呈坎罗氏始祖。

呈坎，古名龙溪，原本也是个清新脱俗的名字，可不合罗氏兄弟心意，在尊崇风水的年代，按照《易经》阴阳八卦选址、布局、定名才是正道。

"阴（坎），阳（呈），二气统一，天人合一"，呈坎由此得名，从此耀眼于中国古村落。

前面有河，中间有圳，后面有沟，加上星罗棋布的九十九口水井，整个村落依山傍水，形成三街九十九巷。街巷或通非通，或连非连，纵横交错，曲折有致，玄妙无穷。在村落建设上，呈坎按先天八卦图主四卦布局形成，诠释了水火相克生万物、天地容万物的先哲理论。呈坎村内古老的龙溪河宛如玉带，呈"S"形至北向南穿村而过，形成八卦阴阳鱼的分界线；村落周边矗立着八座大山，自然形成了八卦的八个方位，共同构成了天然八卦布局。人文八卦与天然八卦融合的巧妙布局，使呈坎成为中国古村落建设史上的一大奇迹。

呈坎，也因此历来被视为徽州的风水宝地。

美丽的自然风光，神秘的建筑风水，灿烂的徽州文化，都在这里融为一体，让人惊叹着迷。来到这里，伫立于环秀桥上，漫步于㙦川河畔，穿越于石板街巷，流连于古建筑群，徜徉于罗东舒祠，沉思于长春社屋——可以饱览扑朔迷离的山水环境和田园风光，可以兴味盎然地对两圳三街九十九巷作巡察探幽，可以尽情欣赏徽州古建筑的艺术奇葩，可以深刻体会徽州宗族发展的文化命脉和思想精髓，可以触摸一把中国农耕社会延续数千年的土地情结……

呈坎素有"中国古建筑艺术博物馆"之称，到呈坎，古建筑是非看不可的。你如果错过了这些古建筑，其实就是与中国的优秀传统文化失之交臂。而在呈坎古建筑群中，宋朝的长春社、元朝的罗会泰宅、明朝的罗东舒祠，被推崇为三大杰作。

长春社，整个建筑前后三进，原有100根柱，现在可见94根，"长春大社"匾额，原为苏东坡手书。这种祭祀土地神的宋朝建筑，在如今的徽州已属仅存实例，具有极其珍贵的文物价值。罗会泰宅，俗称"老虎洞"，古朴恢弘，宛如古堡，门楼砖雕精美异常。罗东舒祠，系前罗家族一座支祠，气势恢弘，江南无双；整个祠堂集徽派建筑艺术、三雕艺术和彩绘艺术之大成，令人叹为观止。

所有这些包含着农耕文化的传承、徽商文化的辉煌，更以古村落人居文化的集合形态，昭示着影响至深至广的宗族文化和山水文化。

匾额是呈坎的另一大"宝贝"。历代匾额多至上千，故以"古匾之乡"闻名遐迩，不能全观，但不能不观。

这里有700多年前，元朝光禄大夫、上柱国平章中书李孟题赠国子监祭酒罗绮的"大司成"匾额；有640多年前，明朝翰林院学士、太子赞善大夫宋濂为罗颂、罗愿兄弟题写的"文献"匾额；有明万历年间大书法家董其昌为罗东舒祠所题的"彝伦攸叙"匾额，其长55米，宽23米，可谓硕大无朋的民间古匾之王；还有清朝两广总督林则徐题赠的匾额，一曰"累世簪缨"，一曰"观察河东"，无不折射出呈坎罗氏的政治地位和社会影响……

从表面上看，历史是无言的，但其实，历史也是能说话的，无声胜有声，并且它从不说谎。这些无声的语言给我们留下了一座蕴藏丰厚的文化宝库。

走进呈坎，漫步在像迷宫一样的古巷中，你会被它古朴的气氛所感染。安宁、祥和、传统的生活方式，古色古香的明清建筑群，令游人仿佛走

行知
徽州

进了历史的画卷中。这里的每一片瓦,每一座桥,每一条街巷,无不透露出别样的古风古韵,历经千年风雨仍神韵依然,让人感受到其中蕴藏着的极其丰富的中国徽州文化内涵。

"游呈坎一生无坎",在呈坎,沿袭着千百年来传承不变的传奇过坎文化,在诸多人的眼中,呈坎成了一方圣洁之地。对易经八卦之学的深刻领悟,对地理学、环境学的完美实践,对徽派古典艺术的高度弘扬,

使呈坎成为一种标尺、一种向往。

呈坎，一个充满神秘色彩的徽州古村落，一个天然外八卦和人文内八卦巧妙结合，始终保持人与自然和谐的古村落。呈坎的魅力，既在它的古朴厚重，更在它的风水八卦。它像是一个神秘而美丽的梦，历经千年沧海桑田之后，成为徽州乃至中国村落建设史上留下的千古之谜。

古村呈坎，历史文化积淀深厚，人文景观遗存众多。1995年，安徽省政府确定呈坎为历史文化保护区；同年，呈坎罗东舒祠被列为全国重点文物保护单位。2001年，呈坎古建筑群又成为全国重点文物保护单位。一村两"国保"，九州称无双。

呈坎是全国独一无二的保存最完好的明朝古村落，至今完整保存着宋、元、明等朝代具有很高历史研究价值的古建筑群体。列为"国保"单位的呈坎古建筑群，包括5处公共建筑和15幢古建民宅。其实，呈坎保存完好的宋、元、明、清徽派建筑不少于140处，尚未列入全国重点文物保护范围的古建筑还有很多，数量可观，类型多样，特色鲜明，分布集中，价值极高，呈坎因此而享有"中国古建筑之乡""中国古建筑艺术博物馆"之美誉。

呈坎的古建筑汇集了徽派不同风格的亭、台、楼、阁、桥、井、祠、社及民居，精湛的工艺及巧夺天工的石雕、砖雕、木雕，把古、大、美、雅的徽派建筑艺术体现得淋漓尽致，为古徽之最。中国国画大师刘海粟曾说："登黄山不可不去呈坎。"著名作家毕淑敏到呈坎后赞叹道："中国最应该去的地方就是呈坎！"

研学感悟

第四节 雄村：褪尽铅华存隽秀

秋日的一天午后，骆驼侠逛到了歙县城郊，面前的村落古色古香，却不见什么行人，显得有点寂静，甚至有点冷清。他信步入村，见到一位老者正站在一座牌坊前，于是上前询问。

骆驼侠　您好，请问您尊姓，另外请教一下，这是什么村，为何如此冷清？

老　者　我姓曹，本村人，这个村名叫雄村，村中居住的人都是曹氏后代。孩子，如今这个村子有点冷清，但当年可是名流辈出，不仅相当热闹，更是千古名村啊！

骆驼侠　名流辈出、千古名村？这个村子出了很多名人吗？

老　者　那是，有句话"新安第一岛，徽州最雄村"，说的正是这个村啊。你看这座牌坊，立在曹氏宗祠前，上面写的

是"四世一品",不仅在徽州独一无二,在全国也是绝无仅有的。

骆驼侠　请问这座牌坊有何来历呢?

老　者　这座"四世一品"坊是乾隆年间专为褒奖户部尚书曹文埴及其祖上三代而敕建的。你看,三楼额枋上刻的是"四世一品"四个大字,二楼额枋上刻的是曹文埴及其父亲、伯父、祖父、曾祖父的姓名和官衔。因为四代人做官都做到了一品,所以取名"四世一品"。特别罕见的是,"四世一品"上面刻写的是"覃恩"两个字。

骆驼侠　这个确实与其他牌坊不同,那些奉旨敕建的,要么刻的是"圣旨",要么刻的是"恩荣","覃恩"的意思是什么呢?

老　者　覃通潭,潭即深也,说明雄村曹氏与皇上有着很深的关系,

同时曹氏还有功于国，所以才以"覃恩"二字拨款建造了这座"四世一品"坊。

骆驼侠　四世一品，确实不容易啊！

老　者　其实还不止四世，曹文埴的第二个儿子曹振镛，也官至军机大臣，做到了首辅，要把他也算在内的话，就是"五世一品"了。

骆驼侠　都说桐城父子双宰相，没想到雄村也是宰相故里，父子尚书、四代五人一品，太了不起了。

老　者　曹氏重视教育，光雄村就出了1个状元、30多个进士、

20多个举人呢！

骆驼侠　确实厉害，不过太遗憾了，这么厉害的村子，有很多人不知道呢。

老　者　是啊，正是因为知道的人少，如今这里有点冷清了。不过本来曹氏后人也不想那么高调。再说冷清也不是什么坏事，人少，安静，真正喜欢的人可以随便逛，享受清净呢。很多时候，清净了，才能更清楚地听到内心的声音，是不是？

骆驼侠若有所悟，点点头，发现老人家看似普通，其实不凡，就好比雄村一样，虽然铅华褪尽，但隽秀永存。

与宏村、西递这些大热的徽州古村落相比，雄村显得十分低调，但在低调之下，却是一部高歌猛进的家族奋斗史。去徽州，如果错过了雄村，不仅会错过整个皖南最灿烂的桃花，更会错过明清中国第一商帮——徽商"贾而好儒"的全部秘密。

雄村，原名洪村，明洪武十三年（1380），曹姓人迁入，取《曹全碑》

中"枝分叶布，所在为雄"句改名为雄村。曹全为汉初名相曹参的后代，东汉末年的名臣，曾率兵征讨疏勒国并立下赫赫战功，扬威西域，当然是曹姓人的骄傲，《曹全碑》正是颂其功绩之作。因此，雄村的名字不仅表达了当时曹氏对家族人丁兴旺的渴望，更寄托了对曹氏子孙建功立业的期许。而这次改的另一个具体历史背景是，此前的洪氏家族自宋朝迁入此地，但到了元末，仅存了五户。前人的凋零，成为后来者的殷鉴。而曹氏也终于兴起于明清两朝，衍化成大族。

雄村在清朝真正迎来了自己的鼎盛，鼎盛的序章是"盐"，古代食盐的稀缺性让贩盐成为最暴利的生意，而这门生意由官方垄断，想做这门生意，必须得到官方的许可。雄村的曹堇饴在康熙年间终于成为两淮八大盐商之一。当时曹堇饴所寓居的扬州，是两淮盐业的中心，当时在扬州，如果你能说一口徽州话，那绝对会让人肃然起敬，因为当地人认为讲这种话的人最有钱，可见当时徽州盐商的风头之盛。曹堇饴曾奉命接驾第二次南巡扬州的康熙皇帝，从而达到了一生荣光的巅峰。

但曹堇饴在无限风光的背后，却有着满满的危机感。因为在那样一个时代，仅有钱是万万不够的，还是危险的。不够是因为在商业被鄙视为"四民之末"的明清两朝，商业土豪再有钱也上不了台面，社会地位着实不够高。危险则在于，官方能捧起你，也就能随时踩死你，而且朝廷允许盐商大赚特赚的另一面，是你必须大把大把地花钱奉献，而朝廷以及各级官府的索取又是无度的。在这一点上，接驾过皇上的曹堇饴应该体会更深。徽州盐商正是善于"奉献"，朝廷和地方官员才给予徽商诸多垄断权益，但给予的越多，索取的也越多。这样走下去，迟早会被耗死。写《红楼梦》的曹雪芹也姓曹，金陵的曹家就是接驾接破产的。被称为天下最牛徽商的江春也是因为六次接驾乾隆下江南而耗尽家底。曹堇饴明白这样的套路迟早是条死路，所以必须要找出路。他找到的出路是"读书"，如果说"盐"是雄村鼎盛的序章，那么"科举"则成就了雄村鼎盛的峰值。在清朝，科举为底层士人进入社会高层提供了最清晰便捷的路径，也提供了权力地位、家族欲望和政治资源的一揽子实现方案。"盐"当然是一门好生意，但这门生意需要强大的政治资源保驾护航，必须两手抓，两手都要硬，如果只用一条腿走路，很难走得远。

但对富起来后的曹堇饴来说，"读书入仕"的欲望已成为一个老人不可能的企盼，但他却可以把它当作人生唯一的终极目标，固执地移植到子孙们的脑海里。在曹堇饴病入膏肓、辗转病榻、弥留人间之际，他嘱咐两个儿子曹景廷、曹景宸的只有一件事："建文昌阁、修书院。"这是他的最后一搏。

乾隆二十四年（1759）的春天，由曹景廷、曹景宸兄弟捐资建造的竹山书院矗立在雄村村口，飞檐画栋、八面玲珑的文昌阁则庇佑于一旁。这象征着雄村的一次决定性转折，从此前的"以盐经商"变为"以商养文"，雄村开始了自己在政治门路的拓展。在这种拓展中，书院成为新的中心。今天，雄村的著名景点桃花坝，其实也是当年为防止江水冲刷临江而建的书院的基脚，沿江岸修起的堤坝。书院右侧是保存完好的清旷轩，是开堂讲学之地，当年，曹氏家族有约："凡曹氏子孙中举者，可在庭院中植树一棵。"家族子弟的最高荣耀已经不再系于发财，而变为中举。为了激励子孙"寒窗苦读，功成名就"，书院一方面广延名师硕儒来任教，另一方面通过建立学田制度、捐助"膏火费"等形式，使族中天资聪颖而因贫不能入学者也能安心就学。

功夫不负有心人，随着竹山书院成为徽州最有名的书院，雄村很快成为徽州封建科举的摇篮，并迎来了自己的收获季，子弟中举后植下的

桂树最多时已达52株。而从雄村走出的名宦当首推曹文埴、曹振镛"父子尚书",二人先后都担任过军机大臣,历经乾隆、嘉庆、道光三朝,可谓是政坛常青树,他们成为了雄村的骄傲并为人称道。

曹文埴自幼熟读经书,25岁考中传胪,令曹家门楣光耀。他在内廷为官多年,官至户部尚书。乾隆皇帝六次南巡,他都参与接驾。由于老乡关系,曹文埴与扬州徽商关系密切,让徽商等各路商帮积极向皇上"奉献"的各种事务,都是他一手打理的,并深得皇帝的信任;后因不愿与奸臣和珅为伍,辞官归养雄村。曹振镛是曹文埴的次子,从小受到家族的严格教育,刚成年就考中进士,历事乾隆、嘉庆、道光三朝,官至大

第三章 百村千幢

学士、军机大臣；嘉庆皇帝出巡时，他以宰相身份留守京城，代君处理政务三个月，留下了"宰相朝朝有，代君世间无"的美谈。可以说雄村至此完全完成了政治资源的积累，真正实现了先人"所在为雄"的愿望。

关于曹振镛的苦读，雄村至今还流传着这样一个故事：曹振镛在竹山书院就读，不肯用功。他姐姐十分着急，规劝他："你不读书，将来如何入仕，承继父业？"曹振镛夸下海口："他日我定为官，且胜乃父。"姐姐激他："你若为官，我当出家千里之外为尼。"曹振镛从此潜心攻读，后来果然功成名就，不负姐姐所望。姐姐恪守诺言，要求弟弟在"离家千里，举目见家"的地方为她建座尼庵，供她念经修身养性。慈光庵建在渐江对岸的山腰上，正合了"隔河千里远，抬头能见家"之意。如今，慈光庵依旧掩映在竹山书院对面山腰的一抹绿树修竹之中。斯人已去，姐弟情深，代代相传的故事，直至今天，听起来仍如此令人动容。

倘若以自然景色来论，雄村最美的景致应是在春天。漫步雄村水口，碧波荡漾的渐江拍岸而过，沿河十里长堤遍植桃花，待到春天，春风拂动，桃花盛开，十里红云，一片灿烂之色。雄村的十里桃花并非今日的附庸，其盛名已久，早在清光绪年间，进士许承尧就写下了一篇《游雄村看桃花记》，描绘了当年桃花开放的胜景："雄村者，钟秀气于新安，托奥踪于石歙。山回水抱……环村为坝，满坝皆花；中无杂树，万树一色。"十里桃花，竞相开放，万树一色，当是何等的美丽与震撼！如今，当人们走进雄村的书院，漫步桃花坝，远眺新安江水时，虽时隔百年，仍能看到徽商累世培植政治与商业结合的那份苦心。也正是由于重视读书，徽商在政治资源上才广布明清两朝,这也为徽商在政治上提供了最好的保驾,而徽商在发家致富以后,也将子弟读书致仕作为保障家族累代经营的不二法宝。为何相比于同时代的晋商和陕商,徽商有着自身"贾而好儒""左儒右贾"的鲜明特色,雄村提供了一个最完整的样本,也提供了一个最标准的答案。

雄村还有座美丽的岑山,曾是香火旺盛的莲花佛国,被称为"小南海",只不过时至今日已经失落凋零,仅留下了历史的印记与沧桑。倒是依然矗立的"四世一品""光分列爵"这些牌坊,映照出当年雄村的辉煌,古朴典雅而又器宇不凡。

岁月流转,巨变沧桑,雄村的曹氏家族已失去往昔的声威,雄村也不复当年的兴旺,但它给后人赐予自然美景的同时,也给这个古村落沉

淀下了深厚的文化，以及历史的沉思，这何尝不是一种宝贵的财富？

有山，有水，有桃花；有人，有文，有故事。雄村，唯独缺少的可能只是一个你！

"徽班"，顾名思义，是徽人之戏班。四大徽班，即清乾隆年间活跃于北京剧坛的四个著名徽班——三庆、四喜、和春、春台的合称。它有着辉煌的艺术创造与贡献，最突出的是它吸纳、融合、磨炼出一个占了大半个中国和五十多个剧种的戏曲声腔——皮黄，造就了一个伟大的剧种——京剧。

清廷最高统治者喜爱戏曲，凡皇帝、太后祝寿及皇室庆典，都要进行演出。乾隆五十五年（1790），为庆祝乾隆帝八旬寿辰，扬州盐商江鹤亭（安徽人）在安庆组织了一个名为"三庆班"的徽戏戏班，由艺人高朗亭率领进京参加祝寿演出。与此同时，曹文埴奉诏二次进京给皇上祝寿，他把自己私家的"廉家班"更名为"庆升班"（谐音"庆圣"），赴京晋庆。"庆升班"由曹文埴从扬州带回的昆腔艺人及从太平、旌德、怀宁石牌等地找来的"徽池雅调"老艺人组成。曹文埴家班的这次演出，共演了《水淹七军》《奇双会》等八出戏，皇亲国戚们称赞不已。"庆升班"沐浴龙恩，给当时在京城献演的"三庆班"也壮了声威，更为后来的春台、和春、四喜等徽班进京开辟了道路。一时间,"徽戏"名声大噪,看"徽戏"成了京城一度流行的时尚。"四大徽班"进京后,经常与来自湖北的"汉调"艺人合作演出。在不断的同台演出中,逐步以徽调的"二黄"和汉调的"西皮"为基调,又吸收昆曲、秦腔以及梆子等戏曲的曲调、演技,糅合在一起,形成了日后成为国粹艺术的京剧。

"庆升班"活动时间长达近200年,江南一带民间至今还流传着徽戏唱腔,对徽州的影响十分深远。

研学感悟

第四章

粉墙黛瓦

徽州建筑是中国封建社会后期汉文化圈建筑派系中的一个重要流派，一直保持着融古雅、简洁、富丽于一体的独特艺术风格。它以其所保留的传统工艺、独特的风格和卓越的成就，在中国建筑史上写下了浓墨重彩的一笔。

至今，在新安江上游这片峰峦奇秀、水流清碧、林木葱翠之地，最引人注目的依然是粉墙黛瓦、风格独具的民居建筑。这些民居的造型、色彩、布局，都有着统一的格调和风貌，形成了自己独特的建筑体系，被称为徽州建筑，又被称为徽派建筑。它不仅具有实用价值，而且具有很高的科技、艺术研究价值和旅游观赏价值，是博大精深的徽州文化的重要载体，蕴藏有丰富的历史信息和文化内涵，成为留存至今的珍贵的文化遗产。

徽州建筑遗存丰富，被誉为露天开放的古代建筑博物馆。历年来，大量的古建筑被公布为各级重点文物保护单位，2000年由徽州建筑群组成的西递、宏村古村落被列入世界文化遗产保护名录，徽州古建筑技艺也被列入世界和国家非物质文化遗产名录，徽州建筑已成为人类共享的宝贵财富。

徽派古建筑，三绝妙天下。徽州建筑中的"三绝"，指的是徽州建筑中的三大主体——民宅、祠堂和牌坊。民宅是徽州建筑的主体，也是徽州人居文化的宝库；祠堂是徽州经济、文化以及建筑艺术的具体体现，也是徽州历史的浓缩；牌坊则是徽州建筑的一个特殊品牌，甚至是徽州建筑的一种人文招牌。

历尽沧桑，神韵长存。以"古建三绝"为代表的徽州建筑是徽州文化空前鼎盛的集中体现，它既是实用的，又是艺术的；是历史的，也是当代的。

第四章 粉墙黛瓦

行知
徽州

第一节 徽州古祠堂：慎终追远民德厚

引言

骆驼侠在徽州游历时发现，徽州的祠堂特别多，也很有特色，他一直很想亲眼看看徽州祠堂的祭祀场景是什么样的，可惜时间总是不凑巧。这天，他又来到了西递的胡氏祠堂，巧的是，当地的一位长者正在向一群孩子讲授徽州祠堂的故事。找了个空闲，骆驼侠和这位徽州长者攀谈上了。

骆驼侠　听说徽州祠祭是一种古老的传统民俗文化，我观察发现祠堂非常之多，而且大小不一，规制不尽相同，它们之间有区别吗？

长　者　徽州现存祠堂最早的建于明弘治年间，到清朝就多不胜举了。徽州祠堂大体分为总祠、支祠和家庙。总祠，作为当时重要的公共建筑，一般多置于村镇两端、傍山或有坡度的地方，气势恢宏、庄严气派，少则二进，多则

行知
徽州

徽

第四章 粉墙黛瓦

四五进，建筑依地形渐次高起，主体建筑置殿后，颇富变化。支祠平面多为四合院式。而家庙是宗祠的一种特例，一般是官宦人家有家宅处所建的祠堂。

骆驼侠 祠祭应该是最高规格的祭祀吧？

长 者 宗祠是祭祀祖宗或先贤的庙堂，在徽州，最为重大的祭祖活动就是祠祭。祠祭是在祠堂内进行的祭祀活动，是同宗族人聚在一起进行的祭祀活动，要求非常严格，为报本之礼，一般由族长或宗子主祭。祭祀分族祭和房祭。族祭由族长主持，族长由族中年长辈高、儿孙满堂、德高望重的人担当。房祭由各房头房长担任主祭。在黟县祠祭中，比如西递明经胡氏祠祀，正月初三至正月初七为各族祭祀，由族长担任主祭；正月初九至正月十五为房祭，由各房房长（即房头老官）担任主祭。

骆驼侠 看来，宗祠在徽州具有很高的地位，那么，它都具备哪些功能呢？

长 者 一般来说啊，宗祠主要有四大作用：一是祭祀祖先，安放神主，举行祭祀大典；二是光宗耀祖，显示本族的荣耀；三是励志劝学，激励后人有所作为；四是议事执法，处理宗族事务。祠堂很好地凝聚了本族人丁，也聚

第四章 粉墙黛瓦

集起力量防范外姓的欺凌，保持宗族在本村或一方的权威。

骆驼侠 徽州的祭祀时间安排和参加祭祀的人员都有严格的要求吧，是不是很有仪式感？

长　者 一般徽州宗族祠堂祭祖，有春祭、中元、秋祭、冬祭、先祖诞辰、先祖忌日等，最普遍和最隆重的祠祭是春秋二祭和冬祭。即使在徽州，各个地方也不完全一样，祁门县西部的马山、桃源、文堂、黄龙等传统古村落，至今还保留着相对完整的祠祭文化。其中，马山村祭祖分春秋二祭和冬祭，程序严格，仪式隆重。冬祭为每年腊月二十四挂祖容像，三十夜到祠堂拜祖先。春祭时间为正月初二、初四，祭后每人发一杯米酒。初七为人日，收祖容，耍舞狮。五月十三祭关云长，办关帝会。清明节要标坟拜祖。中元节做道士戏，祭祀孤魂野鬼。徽州祠祭按照朱熹《家礼》的规定，要求参祭人员必须整衣肃冠，严格遵循祠规。整个祠祭活动过程有严格的程式，其中由礼生读祭文，其祭文写作也有固定的格式，祭文第一部分为祭祀时间，第二部分为祭祀对象，第三部分为祝词。

听了长者的一番话，骆驼侠连忙理了理自己的衣服，肃然起敬。

长　者　　徽州祠堂是"徽州三绝"之一，不仅在于它的建筑之考究，还在于祠堂的祭祀习俗是古徽州劳动人民创造的文化遗产，具有强大的宗族凝聚力，也起到了丰富宗族群众文化生活的作用。这也是为了满足人民群众对美好生活的向往和追求，你说是不是？

骆驼侠点点头，一番思考之后，心中似乎明亮了许多。

　　祠堂可见，但徽州古祠堂之繁多并不常见；祠堂可观，然徽州古祠堂门类齐全，设计巧妙，更是蔚为大观。

　　中国的农业文明和农耕文明，曾到达过一个伟大的高度，而这一文明的根基是村社制度和"三堂模式"，即祠堂、庙堂和学堂。在经历了明清两朝最后的回光返照后，这一文明走向衰落，"三堂"在全国范围内几乎全部瓦解，这让徽州古祠堂的幸存显得更加弥足珍贵。

　　祠堂里安放的是祖先，是对祖先进行崇拜的遗址和标志。其实，很

第四章 粉墙黛瓦

久以前,距今大约5000年,每个民族一开始都有对图腾的崇拜。但是过了几千年后,到了距今3000~2500年,中国人把对图腾的崇拜转化为对祖先的崇拜,希伯来人和古埃及人就把对图腾的崇拜转化为对神灵的崇拜,而古希腊人则把对图腾的崇拜转化为对科学和知识的崇拜。中国人的转化,是最实用的一个。因为神是无形的,是看不到的,几千年来,西方人实际上在信仰一个他们看不到的神。而科学崇拜呢,就短时间来说,古希腊人推崇的东西,是无法在生活中使用的。真正实用的,只有中国人的"祖先崇拜"。至少,祖先是曾经活在现实中的,何况,若拉长岁月,今天的你也会成为千百年后后人们的祖先,享受崇拜。所以,古时的中国人主张"多子多福",最高的目标就是光宗耀祖,最基本的社会义务就是传宗接代,且一旦犯了错误惨遭失败、受到制裁就觉得愧对列祖列宗。

作为程朱阙里,受程朱理学思想影响,古徽州成为这种中国传统文化最坚决的捍卫者和继承者。宗族兴建祭祀祠堂不仅是件大事,还是件盛事。"举宗大事,莫最于祠",祠堂是宗族和族权的象征。徽州的强宗大族历来是聚族而居,尊祖敬宗、崇尚孝道是徽州人的重要理念和宗旨。作为祭祀先祖、慎终追远的精神依托,徽州人尤为重视祠堂的建造。徽州宗族祠堂大多规模宏大、用料优良、营造精细、装饰典雅,具有丰富的文化内涵,被誉为"徽州三绝"之一。

明嘉靖以前,民间是没有权力举行宗族祭祀的,更遑论建祠堂了。宋朝朱熹写了一本《家礼》,其中对祭祀祖先有明确详细的规定,只有家祭没有族祭。其中祭祀祖先的场所,是在家庭的房屋中专辟一块地方,可以祭祀高祖到父亲共四代祖先。嘉靖十五年（1536），事情发生了重大转折，礼部尚书夏言奏请《令臣民得祭始祖立家庙疏》，得皇帝允许，祠祭于是大行于民间。夏言奏疏中讲到官宦士人可建祠堂，但是每个姓氏都要找出先祖为官为宦的例证，祠堂中摆上先祖中显赫人物牌位，一切就都名正言顺了。徽州就有一陈姓祠堂挂上了"先祖是皇"的牌匾，概因其先祖南朝陈霸先曾称帝。如此一发不可收拾,民间建祠堂之风大盛，祭祀的祖先一直可追溯到周文王及其子、臣。

民间可以建祠堂，对于徽州人来说，简直是如鱼得水。因为徽州家族源远流长，势力庞大，经济丰裕，具备了大建祠堂的基本条件。一场修建祠堂的盛况立刻拉开了大幕，早已蓄势待发的徽州各大姓，闻风而动，大兴土木。他们当官经商出类拔萃，人丁兴旺，资本实力雄厚，在建祠堂方面不遗余力，力求高大巍峨、富丽堂皇。富商们慷慨解囊，族人有钱出钱、有力出力，几十年间，徽州大地上无数祠堂如雨后春笋般冒了出来。考察徽州老而大的祠堂，大多为明代末年建造，歙县许村的"一本堂（统宗祠）"、昌溪的"叙伦堂（太湖总祠）"都是明末建筑，被誉为"中华第一祠"的歙县呈坎村"宝纶阁（罗东舒祠）"现为全国重点文物保护单位，也是始建于明嘉靖年间。吴子玉在《沙溪凌氏祠堂记》中记载："寰海之广，大江之南，宗祠无虑以亿数计，徽最盛；郡县道宗祠无虑千数，歙最盛。"

"祠堂高耸郁云烟，松柏苍苍不记年。"行走在徽州村落，抚今追昔，每一座祠堂都是当时徽州经济、文化以及建筑艺术的具体体现，也是徽

第四章 粉墙黛瓦

州历史的浓缩。祠堂分为宗祠、支祠、家祠等不同类型，建筑方面有严格区分，不能随心所欲，不能想怎么建就怎么建，作为宗法制度的载体、宗族权力的象征，不同类型的祠堂建造有着不同规制。

宗祠为一族总祠，记录着家族的辉煌与传统，是家族的圣殿。作为中华民族悠久历史和儒教文化的象征与标志，具有无与伦比的影响力和历史价值。宗祠一般为三进，第一进称仪门，第二进称享堂，第三进称寝室。仪门又称门厅、过厅，祭祀时鼓乐之用；享堂是举行祭祖礼仪和宗族议事的场所；寝室用于供奉祖先牌位。现存比较典型的宗祠有黟县宏村镇万村韩氏宗祠爱敬堂、西递胡氏宗祠敬爱堂、屏山舒氏宗祠余庆堂，歙县呈坎罗氏宗祠，绩溪县龙川胡氏宗祠等。

宗祠不仅是祭祀祖宗或先贤的庙堂，还是村落宗族财势和实力的象征。村中部落的生活，宗族的繁衍、发展和兴衰，村落的布局结构均与祠堂相关。可以说，一个村落宗祠的数量、规划和气势折射出这个宗族的实力。祠堂建筑式样不同于民宅，一般大的祠堂有三进到五进，两个以上天井，大门有门楼，门前安放一对抱鼓石，大门两侧有"八"字形的花纹墙，外墙则用厚实的城墙砖砌就，屋脊上有镇脊兽等装饰，显得庄严肃穆而气势非凡。天井起到通风、采光、绿化等作用。穿过天井则是享堂，即祭祀大厅，大厅高大而宽广，能容数百人祭祀。享堂后面又是天井，最后是寝室，用来安放祖先牌位。祠堂还有大量的附属建筑。

宗祠不只是一座宗族聚集的建筑，还是宗族文化的聚合之地。回归祠堂原始功能，还是慎终追远。一个家族，讲究的是源远流长，香火绵延，

凡本族男女，死后灵牌得入祠堂，享受后人祭祀，永远被本族后人怀念，是每个活着的人的心愿。徽州地方最忌讳"孤幽野鬼"，一个没有祠堂、没有族谱、没有强大的宗族力量支撑的村民，显然就是弱势群体，生前受人欺凌，死后魂无所依，所以各姓氏拼尽全力要建好祠堂，就在情理之中了。

提到徽州古祠堂，就不得不提呈坎罗氏宗祠，作为徽州古祠堂的代表作，它突破一般宗祠规制，较一般宗祠前面多一个门套，门套上旧时悬有"贞靖罗东舒先生祠"木牌，用以纪念先祖元初处士罗东舒不肯仕元的骨气；在仪门至享堂、享堂至寝室之间多出两个庭院，庭院两侧设有边厅，用以陈列族人业绩；庭院左边园门上题"内侧"二字，另设一小型明堂和厅室，用于置放女性祖宗牌位。罗氏宗祠的建筑风格体现了徽州宗族社会对"忠""节"观念的重视，以及对族人的激励和对女性的尊重。

俗话说，树大分权。随着生命的传递、繁衍，家族也会不断扩大，扩大的结果是一些家族从祖居地迁居他处，另开基业，形成新的分支和新的宗族，自然也有不少家族远赴重洋，在海外定居，这些新形成的宗族和分支，往往又会建立新的祠堂，来供奉最亲近的祖先。于是，由一个祠堂又衍生出新的祠堂来。

支祠是族中一个支派的祠堂，在建筑规模上绝对不允许超过宗祠，一般只有享堂和寝室两进。现存代表性支祠有黟县南屏叶氏叶奎光支的"叶奎光堂"、西递胡氏壬派胡应海支的"追慕堂"，徽州区潜口汪氏敦本堂支的"曹门厅",歙县棠樾"鲍氏支祠"等。

黟县西递追慕堂始建于清乾隆五十九年（1794）,系西递胡氏荣祖公后裔二十三世胡应海公祠。该祠门楼翘角,大门两侧置巨型石狮和旗杆礅各一对,木栅栏横设三元门,廊下石阶三列与门相对,"八"字门楼用两块巨大的黟县青石制作,风格独具,精美壮观。追慕堂坐西朝东,为两进三间结构。前进大厅、祀堂石柱粗犷,撑托着圆拱形屋顶,气宇轩昂。后厅为一台式三间建筑,两侧有石阶,石阶中间为一大青石鱼池,在台阶下仰视享堂,给人以威严而神秘的感觉,突出了祭祀的气氛。

家祠为一家之祠,通常与宅居相连,规模更小,但非族中名绅或高官、

富商不得建。除了宗祠、支祠、家祠外，徽州还有一些特殊形式的祠堂。如行祠，专祀某名人，立祠处又不是名人故里，所以称行祠，屯溪前园村旧有程灵洗行祠；女祠，专门供奉女性神主，棠樾村有鲍氏女祠清懿堂；专祠，专门祭祀某一方面德行显著的神主，棠樾村有"世孝祠"……

人都有生老病死，祠堂让生有靠，死有归，不忘逝者，劝诫来者。徽州的古祠堂虽有规制之别、大小之异，但主旨大同小异，无不传达"仁义礼智信，温良恭俭让"的家规、家训，历经岁月侵袭、风雨洗礼，终究成为一族或一方人的精神家园。正如冯村冯氏宗祠叙伦堂的一副楹联所撰：

叙穆叙昭，祖有德，宗有功，具见诒谋远大；

伦常伦纪，孙可贤，子可孝，即能继述绵长。

2014年11月，"徽州祠祭"经国务院批准被列入第四批国家级非物质文化遗产代表性项目名录。

在中国古代，皇帝祭天形成的向上天祷告的文书，叫作金简；民间家庭祭祀形成的向上天地府祷告的文书，称为龙简。现存最早的金简是当年武则天在中岳嵩山祭天的金简，如今收藏在河南省博物馆；黟县档案馆收藏的宋朝家庭祭祀龙简，是目前国内唯一发现的民间家庭祭祀祈祷上天地府的简牍文书。龙简的载体为黟县青石中质地上乘的浅灰绿岩，通体灰白泛绿，长43厘米，宽12厘米，厚1.5厘米。龙简上一共有205个字，记载着祭祀情况，文字竖写，楷书阴刻，笔法浑厚，雕刻精美。它记载了汪义瑞的家乡位于大宋江南东路徽州黟县会昌乡延福里，文字中提到了汪义瑞为母亲开设黄篆法坛、大祥家祭、亡灵超度等活动，文尾落款时间为"岁次辛酉嘉泰元年八月十九日吉时"。

第四章 粉墙黛瓦

行知
徽州

研学感悟

第四章 粉墙黛瓦

第二节 徽州古民居：低吟浅唱驻时光

引言

这天，骆驼侠正在徽州古民居中"游荡"，迎面遇到几位游客，他们正站在一座老宅子前指指点点，好像在交流着什么。骆驼侠按捺不住好奇心，溜达到游客身边，侧耳聆听了一会，大致了解了这几位游客是建筑大学的学生，他们在老师的带领下到这里来研究徽派建筑。骆驼侠看到一位学者模样的长者，推测他是带队的老师，于是找了个机会，骆驼侠和老师攀谈上了。

骆驼侠 老师，我看您看得很认真，刚才和他们说得很详细，把这些徽派建筑的历史渊源、特点说得头头是道，肯定是专家，而且还不是一般的专家，应该是水平很高的那种。

老　师 小伙子过奖了，我和建筑打了一辈子交道，中国建筑文化博大精深，我只能说了解一二吧，不敢称专家。要了解中国古代宫殿的建筑，得到故宫去；但是，要了解中国古代民间的建筑，就要到徽州来了。徽派建筑三绝：

古民居、宗祠和牌坊，都是我们中华民族的瑰宝啊！

骆驼侠 敢问老师，徽州古民居最大的特色是什么？我说不上来，就是觉得徽州的这些房子挺美的，看着很舒服。

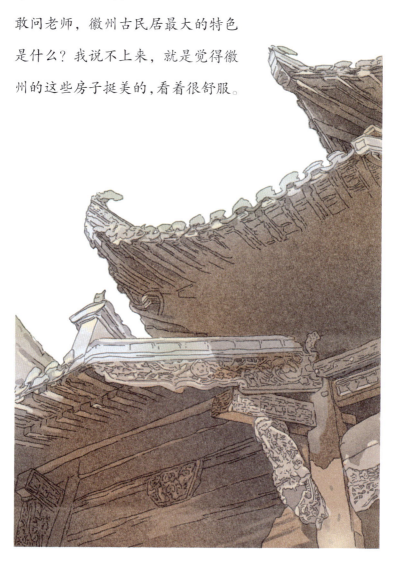

第四章 粉墙黛瓦

老　师　你的感受和绝大多数人一样,粉墙黛瓦马头墙,徽州古民居清新淡雅,而且错落有致,不管是集中的,还是散落在山中的,无论是依山而建的,还是临水而居的,都是统一的格调,和自然浑然天成,不刻意、不迎合,道法自然,有天人合一的意味。特别重要的是,徽州古民居注重内外兼修,既重视外在的表现,比如马头墙,更在意内在的表达,比如三雕装饰,内外融合,形成一体,于是就有了自己独树一帜的特色,甚至成为中国建筑的一个流派,这可不简单啊!

骆驼侠　请问老师,徽州古民居之美主要体现在哪些方面呢?能说得稍微细致一些吗?

老　师　可以从两个方面来考量徽州古民居的美学特征。第一个方面是空间布局之美。类似于北京四合院,徽派建筑也是中国传统礼制的空间化的体现。以中轴线为核心，依次布置各类房屋，展示了建筑的等级关系。同时中轴线布局充分体现了"中"的思想，通过"中"来体现均衡与对称，达到"中庸"的理想状态。徽州传统建筑就是如此，以中轴线为核心，面阔三间，中为厅堂，两侧为厢房，楼梯在厅堂前后或左右两侧。在此基础上建筑纵横发展、组合，可形成四合式、大厅式和穿堂式等格局。民居前后或侧旁设有庭园，各类房屋呈现对"中"呼应的趋势，群体轴线主次分明。长幼、尊卑、主客、内外清晰而严整，"中"的观念贯穿始终。中轴线布局是中国传统建筑的共性，展示出独特的空间美学，也是中国传统空间美学的代表。第二个方面是建筑形式之美。比如徽派建筑的典型构成元素——马头墙，其平面感很强，外墙几乎不开窗，粉墙连片成块，因此增加了建筑的体量感和完整性。墙头的青瓦就像给这个围合的白色空间镶上一道边框，这道边框同墙的平面相比，形成线的运动，自由而有节制，活泼而不轻佻，节奏明快，韵律感强。

骆驼侠 您之前提到徽州古民居"内外兼修"，不仅注重外在，也很看重装饰，它的装饰之美是如何体现的呢？

第四章 粉墙黛瓦

老 师 徽派建筑中的建筑装饰不只是为了美观,也是徽州人寄托生活期望和社会宣教的重要手段。徽州"三雕"是徽派建筑装饰中最为璀璨的明珠,它是具有徽派风格的砖雕、石雕、木雕三种中国民间雕刻工艺的简称,雕刻细部生动,极具美感。当然,还有一点不能忽视的,就是徽州古民居的建筑色彩之美。全国各地的画家都到徽州来写生,为什么?不仅因为这里山美水清景色宜人,而且因为这里建筑的色彩非常美。徽派古民居大量运用黑和白这组极端反差色,民居的外部形态主要由占统治地位的大块白色墙体构成,如同一块天然的画布,在这块画布上我们能看到大自然的日光月色,以及马头墙忽起忽落、变化无穷的投影。屋瓦的黑和粉墙的白,随着雨水日晒侵蚀,斑驳脱落产生特有的复色交替,给人似水墨晕染的视觉感受。随着时间流逝,徽派建筑虽不及刚落成时刻的明朗,但是多了一份厚重的时间底蕴,在黑白统合之下的色彩碰撞融合、协调,产生了徽州民居独特的色彩艺术效果。

聆听了老师的一番讲解,骆驼侠觉得自己收获满满,他决定不仅要把老师说的记下来,还要把徽州古民居用画笔画下来,回去好好欣赏。

衣食住行,"住"排行老三,可在徽州人眼里,这个次序可能要重新调整,家观念十足的徽州人对"住"的要求并不是一处住所、一间房子那么简单,如果非要用一个词来形容,那就是"讲究",讲究实用、讲究科技、讲究风水、讲究文化,还特别讲究美。

从古至今,只要踏上徽州这块土地,古风古韵就会映入眼帘迎面扑来。早在清康熙年间,侨寓扬州回歙县省亲的盐商程庭就在《春帆纪程》中描绘了故乡的景象:"乡村如星罗棋布,凡五里、十里,遥望粉墙矗矗,鸳瓦鳞鳞,棹楔峥嵘,鸱吻耸拔,宛如城郭,殊足观也。"

如今,在新安江上游这片峰峦奇秀、水流清碧、林木葱翠之地,引人注目的依然是清新优美的粉墙黛瓦、风格独具的民居建筑。这些民居的造型、色彩、布局有着统一的格调和风貌,形成独特的建筑体系,被称为徽州建筑,又称徽派建筑。穿行其间,犹如欣赏一幅生生不息的历史画卷,又如同走进了一座天然的民居博物馆。

早期的徽派建筑并非今天的模样,粉墙黛瓦马头墙,都是因时而变、因势而为、不断"进化"的结果。徽州多山,山出美材,又有天然青石,所以,徽州古民居多为砖木结构,以两层楼的三间屋、四合屋居多,偶尔有三层楼

第四章 粉墙黛瓦

房，但也不乏高堂深院。这些老宅普遍采用屏风墙组合，高低错落、长短相间，突兀多姿的马头墙挡风防火，还有美感，其抑扬顿挫的起伏变化，犹如一段美丽的旋律，又如一首动人的诗篇，演绎出徽派建筑独特的韵味。岁月沧桑，曾经的一些老宅虽已斑驳陆离，却反倒增添了一份历史的厚重。

  古时徽州，男子长年在外经商，老弱妇孺留守家园，设计房屋时，自然把安全放在首位。徽派古民居的外墙很高，很少向外开窗，或者仅在楼上对外开小窗，这样可以防火防盗。仅安全这一项，还不足以展现徽州人的智慧。徽州建筑自成一派，别具一格，其外观、布局、梁架、采光、山墙、装饰和陈设均有其独到之处，颇具匠心。

  徽派古民居，一般都是青瓦、白墙，镶嵌在绿水青山之中，掩藏着虚灵之意趣。徽州民居建筑的线条轮廓与周围环境组合创造出来独特的视觉美，强烈地修饰着东方农耕文明承载家族的稳固容器。无论是在田园、山林，还是在城郊、河滨，那一簇簇青灰色衬托下的洁白建筑群，把大地装扮得更富田园诗意。这种青白相间的色调确实是重复的、众多的，然而，重复却不觉其厌，众多却不觉其繁，给人以一种淡雅明快的美感。这些古民居多依山临水，自然布局，借助山水自然形势，不强调一定的几何形式，更没有固定的模式。依山者因山而建，临水者沿水而筑，大多舒舒服服亮出自己秀丽多变的身姿。有重重叠叠的马头墙，有柔和而富有张力的拉弓墙，还有的墙像破浪前进的船头，弧形的，缓缓地弯过去。建筑群与周围环境巧妙结合，形成了优美的乡村风貌，加之房屋随地形自然起伏，丰富多彩、错落有致的群体空间形象也就浑然天成了。

外观封闭紧凑，内部通融开放，是徽州民居建筑格局中的又一特色。徽州房屋结构，总体来说是"封闭的，内向的"，激进者甚至痛指它们是"徽商禁锢妇女的牢笼，保藏财富的堡垒"。

在阳光不足时走进古徽州的民居，人们时常会在那些精雕细刻的幽美中，感受到一种朦胧与忧郁的情绪。徽州经商的男人长年在外，留在这种环境中的是女人与孩子。以巨大财富为支撑的宗族观念及控制手段，使女性的"节烈"观念成为一种集体意识，而在外林立的节孝牌坊，则是这种观念最直白的表达。在这种封闭的外在结构下，实用层面则更在于藏。在中国历史夹缝中生存的商人，有了钱之后首先要做的就是学会藏匿。因为无数血光之灾的经验表明，在皇权的威压下，过于露富的下场一般都很惨。徽州凭借山川之险阻，易将财富藏匿固守，这方面条件优于晋商，因为晋商只能用大宅院把自身包裹起来。而潮汕开平碉楼是闯海赚钱的归侨面对复杂的安全形势，在无险可守的珠江三角洲创造出的将西式建筑和东方碉堡融为一体的建筑形制，以此来保护其财产。这在世界上属于独一无二的创举，虽然年代不甚久远却成功地被联合国列入世界文化遗产名录。由此可见在中国藏匿财富方面的多样性以及背后所具备的聪明智慧。藏匿的最大要素就是尽量做到不显山露水。因此，富甲江南的徽商尽管在外讲究排场，在家中却行事朴素，他们多建造规模适当的中型住宅。而民居在外观上则力求素朴和简约，灰瓦白墙，线条简洁，封闭的结构则最终营造出精致的内敛生存方式，男主人不在时，更能为防范盗匪提供堡垒式的保护。但在完成了藏匿的系统工程后，徽商财富的尾巴和文化的底蕴终究要显露出来。于是在素朴的外墙内，徽州人把财富和才情挥洒在自身的宅院之中。繁复而精致的雕梁画栋自不用说,在这一表观中,最独创的手段就是天井庭院。

　　古徽州民居内部的通融开放完全是通过设置室内天井和庭院来实现的。天井和堂浑然一体,这是内外起居室。这种共有空间,以及古朴的雕刻装饰,在西欧、日本及世界其他地方的住宅里都没有见过,是徽州民居最独特的创造。走进徽州古村落,即可品味以不同方式开启的天井空间。徽州民居主要的房间位于南向,因为主次分明,所以民居的天井多为窄条形。民居天井、

庭院除了作采光、通风、承接和排除屋面流下的雨水之用外，还是建筑空间的补充，是与建筑相渗透、融会的部分。徽州民居由于天井窄小，且为高墙深院，所采光线多为二次折射光，这种二次折射光不似天然眩光般刺眼，光线柔和，给人以静谧舒适之感。人们生活在古民居的厅堂内，白天可以享受阳光的关爱，夜里可仰视空中闪烁的星星，足不出户却与自然融为一体，暗合了古时"天人合一"之思想。"水者，财也"，天井庭院具有集聚屋面雨水的功能，即所谓的"四水归明堂"，肥水不外流之意。它也似乎成为一种象征：徽州商贾愿意让家这个根基成为财富聚集的目的地与最终点。天井不但寄托徽州人聚财的愿望，还起到"聚人"的作用，徽州人讲求"民不染他姓"，喜欢聚族而居。儿子成家之后，围绕祖屋，陆续建起自己的房屋。随着子孙繁衍，房屋鳞次栉比地建造起来，因极为紧密，采光、通风就不得不依仗天井。久之，天井也就成为聚拢家族人气的象征。天井庭院是家庭的共享空间，茶余饭后，在庭院或坐或立，三言两语，或说说闲话，倒也其乐融融。

　　天井空间在徽州人精神上如此重要，所以常常需要精心装饰。多以石板铺地，安放水槽、水池或水缸，有的或添几方石凳石几，或建几处花坛果木、假山盆景。大户人家和宗族祠堂的天井上方周沿，还设有雕刻精美的门窗、撑拱、栏杆和俗称"美人靠"的弧形靠背座椅。天井能够较好地满足采光、通风、排水等各方面需要，组成了一个相对统一协调的整体，以至于人们称之为"搬进室内的庭院"。

　　徽州古民居最引人注目的是马头山墙的造型。马头山墙，民间俗称为"风火墙""封火墙"，始于明朝。明弘治十六年（1503），何歆任徽州知府，当时徽州府城火患频繁，因房屋建筑多为木制，损失十分惨重。何歆经过调查研究，提出封火隔离的方法，以政令形式强制推行，即每五户人家组成一伍，共同出资，用砖砌成"火墙"，阻止火势蔓延。这种"火墙"因能有效封闭火势，阻止火势蔓延，便被称为"封火墙"，得到了广泛推广。后来的徽州建筑工匠们又对"封火墙"进行美化装饰，使其造型如高昂的马头，"马头墙"便成为徽派建筑的重要标志与特征，延绵数百年至今。

封建时代，等级森严，盖房子是有规矩的，不可也不能随意。《明史》中说，藩王住处称府，官员称宅，庶民称家。"士农工商"，"商居四民之末"，社会地位不高，并不受待见。如果没有入仕，哪怕再腰缠万贯，盖房子也不能坏了规矩。正因如此，一些徽商另辟蹊径，在装饰上下功夫、做文章，"一不小心"竟雕出了文化瑰宝。与皇家建筑、官邸建筑不同，徽州民居建筑一般不加浓漆重彩，而是在门楼、门罩、柱础、梁架、窗户、隔扇、栏板等部位配置各种精美的雕刻，清丽而不失高雅。深入古民居，门楼门罩是"标配"，门罩多呈元宝形，象征"招财进宝"，双角飞翘，上覆青瓦，下嵌砖雕、石雕；穿过门楼，步入厅堂，仰望天花板，装饰图案中有飘忽的祥云、奔涌的波涛、展翅的白鹤；花窗、隔扇门上从不"留白"，而雕以典故戏文、飞禽走兽，以物喻理、以景寓义。徽州现存有大批著名宅第，程氏三宅、承志堂就是其中的经典之作。西递村徽商胡贯三故居内就有窗栏木雕，在"长不盈尺、宽仅三寸"的画面上，刻有山水背景、竹林曲径，一山一石，一竹一木，层次分明，纤细逼真。画中一年轻妇人倚庐眺望，流露出盼夫归来的脉脉情思；一男子背包袱携雨伞，风尘仆仆走来，一副归心似箭的神态；一男一女，一思一归，画面人物刻得情真意切、栩栩如生。这种雕刻的艺术，又何尝不是当年徽商的真实写照，是他们的一种追求与企盼呢？

如果说徽州人秀外慧中，那么，徽州古民居则是"内外兼修"，不仅讲究外观的雅致美观，而且追求屋内装饰的精美，对室内的陈设尤为考究。陈设既是宅院建筑的组成部分，又是居民文化生活的表现，突出部分是厅堂，一般布置在整栋建筑的中轴线上，多设上下两层，上层为陈设祖宗牌位祀祖处，下层为生活起居、迎亲会友的地方，也是重点装饰之所。正壁上高悬匾额，下挂中堂字画。堂前设有供案，案上所置之物，多为"东瓶西镜"，中间摆一座钟，寓意为"终生平静"。厅堂的柱面则多悬挂抱柱楹联，楹联内容或为名句，或为古训，无不体现出主人的人生信念和处世哲理，可谓是寓意深远、雅气十足。

古民居是徽州古建的主体，是徽州人居文化的宝库。透过尘封的岁月，这些古民居以独特的表达、丰富的内涵给人们以启迪、以教益，让人们领略到曾领风骚数百年的徽商的风采和徽州文化的神韵。

徽州建筑是中国封建社会后期汉文化圈建筑派系中的一个重要流派，一直保持着融古雅、简洁、富丽于一体的独特艺术风格。它以其所保留的传统工艺、独特风格和卓越成就，为中国建筑历史写下了浓墨重彩的一页。

徽州建筑遗存丰富，被誉为露天开放的古代建筑博物馆。历年来，大量的古建筑被公布为各级重点文物保护单位，2000年由徽州建筑群组成的西递、宏村古村落被列入世界文化遗产保护名录，徽州古建筑技艺也被列入世界和国家非物质文化遗产名录，徽州建筑已成为人类共享的宝贵财富。

北方工业大学教授、清华大学建筑学博士王小斌指出，经过多年的努力，徽派建筑已经走出了古徽州大地，走向了全国，走向了世界。在现代建筑设计作品中，有些建筑也吸收了徽州马头墙、粉墙黛瓦等形态要素，创造出的作品既含徽州古民居余韵，又凝结着现代人对建筑的种种需求，因而徽派建筑的价值对于现今来说仍然是无法衡量的。

第四章 粉墙黛瓦

徽州古民居走向了世界——原属休宁县黄村的荫余堂于近年被整体原封移迁到美国马萨诸塞州波士顿落户并供人们参观，荫余堂从拆迁到复原建成，历时7年，耗资1.25亿美元；2003年6月21日，有着二三百年历史的荫余堂终于加入萨兰市已有的23座历史建筑的行列，正式向公众开放。这是由中、美两国工程师共同完成的一项杰作，向世人展现了透现传统徽州文化韵味的徽派建筑的奇特魅力，从而也成为了中外文化交流的"特殊使者"。

研学感悟

第三节 徽州古牌坊：忠孝节义历沧桑

  "游罢黄山看牌坊，才不往来皖南一遭。"骆驼侠记不清在哪本书里读到过这句话，却将这句话一直记在脑海中。听说棠樾牌坊群最为出名，是徽州牌坊的代表作，他一直想去好好看看。这天，他得偿所愿，来到了歙县郑村镇棠樾村。

骆驼侠 一二三四五六七，哇，一共七道牌坊，一座连着一座，像七道巨大的石门，好壮观啊！

老　者 小伙子，你要是春天来，就能看到这面前整片的油菜花海，油菜花和这牌坊群相映成趣，浓郁的花香让人沉醉，那才叫美呢。不过，内行看门道，外行看热闹，美丽、壮观都只是表象哦。

骆驼侠有些疑惑地看着老者,并没有打断他。

老 者　棠樾七座牌坊旌表着"忠、孝、节、义",每一座都镌刻着一段历史故事,记录了徽商鲍氏家族在明清四百年间的荣耀辉煌。我们依次来看,眼前的这座叫慈孝里坊,是明永乐十八年(1420)建的,牌坊龙凤板上有"御制"二字,意味着该坊是皇帝从国库里拿出银子建造的;第二座是鲍灿坊,明嘉靖初年初建,四柱三间一楼,于清

第四章 粉墙黛瓦

乾隆十一年（1746）重修，旌表明弘治年间孝子鲍灿；第三座是鲍象贤坊，建于明朝，旌表鲍象贤镇守云南、山东有功；乾隆三十二年（1767）建的第四座有点特别，是鲍文渊妻坊，因旌表鲍文渊继妻吴氏"节劲三冬""脉存一线"而建；第五座鲍文龄妻坊也是建于乾隆年间，为了旌表年轻就守寡的节女而立，是座贞节牌坊；第六座鲍逢昌坊和孝道有关，因旌表孝子鲍逢昌而建；第七座名为乐善好施坊，建于嘉庆二十五年（1820），旌表鲍漱芳和其子鲍均行善。

骆驼侠 没想到牌坊还有这么多的学问，牌坊之间还有如此大的区别。

老　者 牌坊，表面上看是建筑，深层次看其实是历史，是故事，是文化。举个小例子你就会明白：鲍文渊继妻吴氏节孝坊是一座典型的贞节牌坊，吴氏26岁守寡后，"立节完孤"，把儿子集成培养成歙县的名医。寡妇守节、培养后嗣，被宗法社会认为是最大的孝行，所以族人打破继妻不准立坊的常规，破例为她请旌，建造了一座规模与其他相仿的牌坊。尽管得此厚爱，但在牌坊额上"节劲三冬"的"节"字上还是留下了伏笔——把节字的草字头与下面的"尸"错位雕刻其上,以示继室与原配在地位上是永远不能平等的。这个细节充分体现了古时"男尊女卑"的观念和思想。

骆驼侠　我看这些牌坊上都刻有很多图案、装饰,应该也是对当时文化的一种反映吧?

老　者　徽州牌坊上雕刻的纹样图案,都蕴含着丰富的文化内涵和深刻的象征意义。人们更多地将象征的装饰手法运用于徽州的节孝牌坊和功德牌坊上,雕刻的狮子、鳌鱼、麒麟等动物及花卉中各式纹样,象征着对牌坊主人的品格的歌颂和宣传教化,节孝牌坊和功德牌坊歌颂的是一

第四章 粉墙黛瓦

种道德境界，反映出封建社会儒家的伦理思想观念。

一阵风吹过，骆驼侠一下子醒了过来，原来自己是在做梦，可仔细回味之后，他觉得这个梦是那么真实。他果断收拾背包，向棠樾牌坊群进发。

研

倘若拿今天的眼光去审视当年徽州的牌坊，或多或少会觉得有些难以理解，甚至认为有点不可思议。十年寒窗，功成名就之后，竟将树立一座牌坊作为最大的追求；一些女子为了那一座无声的建筑，会付出终身的辛酸。牌坊在北方以牌楼的形象树立，主要为装饰之用，但南下之后，却演变出了极强的象征意义。牌坊，是必须经皇上允许才可以修建的，相当于纪念碑，是国家级的终身奖状。徽州土地上曾经有过1000多座牌坊，成为古徽州特有的一道风景线。牌坊，几乎已成为古徽州另一种标志性的存在，它是建筑，也是历史；是人文，更是一个个尘封已久的故事。

每一座牌坊，都是一个道德祭坛，既有道德的诱惑，也有舆论的导向和压力。牌坊，其实并非徽州特色，只是徽州地处大山深处，交通不便，现在保存尚好；徽州在明清时较为富裕，这一点很重要，因为修一座牌坊所花费的银两并不是一个小数目，皇上只负责确认给予牌照，但经费还需要自理，不富裕的家族，就是想修也难。而从古徽州的社会生活生态来看，如此迷恋大修特修各种牌坊不只是集体潜意识里的虚荣，更是相当实际的一种需要。男人外出经商，女人在家守业，这一切都是为了光宗耀祖。男人挣钱回乡，修桥铺路，表彰女人。所有的功绩都记录在祠堂里，旌表在牌坊上。古徽州的女孩子们，从她们出生睁开眼睛，到闭眼入土，生活轨迹就被规定好了。她们是伟大的徽商商帮背后长长的阴影。对于男人们，在外打拼出了近乎泼天的富贵，这种富贵高悬于京城的权位上，彰显在扬州那一个个奢华的园林中，但如果富贵不能还乡，锦衣只能夜行，终归留有缺憾，而要弥补这种缺憾，还有什么比在家乡树一座标功留名的牌坊更好的方式呢？

徽州的牌坊就这样一座座地立了起来，终于构建成了著名的"牌坊之乡"。一座座牌坊，用徽州山里特有的花岗岩和青岗岩精雕细琢堆砌而成。有的孤孤零零，突兀地架在村口街旁路边；有的相拥成群，在山野里耸立，一路比肩而去。在徽州，一座牌坊就是一座纪念碑，每个牌坊都有自己的故事：或旌表德行，或承沐皇恩，又或是一把辛酸史。

古徽州的牌坊就其建造意图来说，大致可分为三类：标志坊、功德坊、科举成就坊。这与徽商的发展、兴起以及程朱理学的发源、影响有着源远流长、密不可分的关系。经过千百年来的风雨剥蚀、战乱损毁，徽州现今尚存牌坊近百座。遍布全县城乡的牌坊是徽州文化的缩影，是徽州文化的一种物化象征。在众多牌坊中，有"徽州第一坊"——许国石坊；有"规模最大的牌坊"——棠樾牌坊群；有"最早的牌坊"——贞白里坊；有"最小的牌坊"——双孝节坊；有"最后一座牌坊"——孝贞节烈坊。

第四章 粉墙黛瓦

棠樾牌坊群是徽州牌坊集中的典型代表，位于歙县郑村镇棠樾村东大道上，始建于明朝。明清时期，当地鲍氏家族在村落入口处的建筑物和祠堂前，陆续建起了七座牌坊，构成一组群体，矗立在村口弯曲宽阔的青石板甬道上。这组牌坊群，由两头向中间按"忠、孝、节、义"依次排列，呈半弧形展开，自西向东依次为鲍灿孝行坊、慈孝里坊、鲍文龄妻汪氏节孝坊、乐善好施坊、鲍文渊继妻吴氏节孝坊、鲍逢昌孝子坊、鲍象贤尚书坊，充满了传统礼教色彩。以一个家族的历史延伸为背景，将多座牌坊集于一处，使之构筑成规模宏大的牌坊群，这在国内是绝无仅有的。这些牌坊雄伟高大、古朴典雅，是棠樾古村落发展鼎盛时期的产物，已被列为全国重点文物保护单位。

棠樾牌坊群甚是壮观，也很入画，尤其是到了春天，在油菜花田的映衬下，七座壮硕的大石牌坊沿甬道迤逦向东，脚下就是鲍家曾经的家族公田，

西边，粉墙黛瓦的村庄，阳光白云，千载悠悠。

徽州众多牌坊，尤以贞节牌坊为世人熟知。徽州现存的牌坊有82座，其中37座是贞节牌坊。古徽州男人外出经商、为官者多，女人大多独守空房，用柔弱的双肩撑起一家的门户，她们受三从四德伦理道德的影响极深，所以徽州多节妇烈女，贞节牌坊自然就多。一座座贞节牌坊，在岁月中被自然冲刷，却于无声之中向世人倾诉着徽州女人的际遇。

位于歙县城内南街，有一贞烈砖坊，建于清光绪年间，用于旌表全徽州府有记载的孝贞节烈者。这座砖坊是封建时代歙县的最后一座牌坊，又是旌表人数最多的一座牌坊，旌表节妇烈女65078人。

当然，如果将那些悲欢离合完全抽离，单从建筑的眼光来审视徽州的牌坊，毫无疑问，它在纯技术角度是出色的，更是出众的，被誉为"徽州三绝"之一。

徽州牌坊按建筑材质分为木牌坊、石牌坊和砖砌坊。明朝以前的牌坊都是木质结构的，由于木质结构不耐久，出于纪念的永久需要和防止火灾的发生，木牌坊逐渐被坚固耐久的石牌坊所取代。木牌坊硕果仅存的是歙县城内斗山街上明朝的"旌表江甫叶氏节孝之门"和昌溪村清朝中叶建造的"员公支祠"坊。

"员公支祠"坊又称昌溪木牌坊，位于歙县昌溪乡昌溪村。建于清朝中叶，四柱三楼，下部石质用抱鼓石支撑，一字形的四根石柱上架置重构成木枋。上部木质，有月梁、额枋。斗拱置于额枋之上，顶为重檐庑殿式，高瓴垂脊，八角翘起，小青瓦，圆檐滴水，檐板红漆雕花。该坊构造规模虽小，

第四章　粉墙黛瓦

但充分体现了高超的徽州民间建筑艺术。

徽州石坊都是仿木结构，其中的斗拱、梁柱、屋顶等细部做法，还保留着许多当时的木结构建筑特征。石坊有门楼式、冲天柱式和四面式三大类。早期石坊采用两柱三楼形制，至明弘治年间开始出现四柱三楼式，很快又被更高大的四柱五楼式所取代。明朝后期出现的四面式，是徽州石坊造型上的一个重大突破，只在徽州存在。

位于歙县城内的许国石坊是徽州石坊杰出的代表作。许国石坊,又名大学士坊,俗称八脚牌楼,坐落在县城内阳和门东侧,跨中和街而立,建于明万历十二年(1584)。当年,许国参与平息云南叛乱的决策,受到皇帝的高度赞赏,在皇帝的"恩荣"下,许国回到家乡,建造了这座标榜功勋的宏伟牌坊。许国石坊结构严谨,布局合理,形制在国内罕见。整座牌坊由前后两座三间四柱三楼和左右两座单间双柱三楼的石牌坊组合而成,呈四面八柱口字形立体结构。许国石坊的雕饰艺术巧夺天工,令人叹为观止,石雕图案类

第四章 粉墙黛瓦

似徽州民间的建筑彩绘。梁枋两端浅镌如意头、缠枝、锦地开光，中部菱形框内为深浮雕，有巨龙飞腾、瑞鹤翔云、鱼跃龙门、威风祥麟等寓意吉祥、喜庆的图案。直柱中段为散点团花式锦纹，上段为云纹锦地，缀以姿态各异的翔鹤。整座石坊的雕刻，集工整、精致、细腻、古朴、豪放为一体，堪称徽州石雕工艺中的杰作。

今时不见古时月，今月曾经照古人。斯人已去，牌坊残留。这些存活至今的牌坊历经风雨，见证着徽州的变迁，它如一位饱经沧桑的长者，又如一部凝重的历史教科书，诉说着久远的故事，也闪烁着艺术的光芒。今天，走进徽州凝视牌坊，似乎在与历史对视，又仿佛在与古人对话，内心五味杂陈，而周围全是静悄悄的马头墙。

封建时期等级森严，从官服顶戴到骑马坐轿、居家建筑都各有尺度，不得逾越。徽州牌坊林立，主要分四个等级，按级别由低到高依次为敕建、圣旨、恩荣、御制。

　　敕建：这个级别最低，某官绅事迹突出，荣耀乡里，足需旌表。由地方官或者士绅呈报朝廷，皇上准行，口头批准，即为敕建。立牌坊的工程款由乡里自筹。

　　圣旨：同样是由地方呈报朝廷，皇上准行，有圣旨书面批准，资金自筹。

　　恩荣：这个不需要地方下级呈报，而由皇上对有功臣民主动提出立牌坊旌表，取"皇恩浩荡，荣及乡里"之意。但是皇上出名不出钱，资金亦需自筹。如黟县九都村御前侍卫恩荣坊。

　　御制：最高级别，顾名思义，皇家制作生产，由皇上出钱，就是从国库中支银子，名副其实的"御制"。因为这个级别最高，而且要皇上掏腰包，所以"御制"牌坊并不多见。棠越牌坊群的慈孝里坊即为"御制"坊。

第四章 粉墙黛瓦

研学感悟

徽

行知
徽州